“十三五”高等院校数字艺术精品课程规划教材

# 互联网广告设计

全彩慕课版

郑龙伟 编著

人民邮电出版社
北京

图书在版编目（CIP）数据

互联网广告设计 : 全彩慕课版 / 郑龙伟编著. -- 北京 : 人民邮电出版社, 2021.9
“十三五”高等院校数字艺术精品课程规划教材
ISBN 978-7-115-55329-4

Ⅰ. ①互… Ⅱ. ①郑… Ⅲ. ①互联网络－广告设计－高等学校－教材 Ⅳ. ①F713.8

中国版本图书馆CIP数据核字(2020)第225755号

## 内 容 提 要

随着互联网技术的发展，互联网逐渐成为消费者获取信息的重要途径，而广告行业在互联网的加持下，也表现出了更好的发展趋势。本书从互联网广告的角度出发，以设计案例和项目实践相结合的方式，介绍互联网广告设计的相关知识与设计制作技能。全书共 8 章内容，分别是初识互联网广告设计、互联网广告策划与投放、互联网广告文案的写作、互联网广告的设计元素、互联网广告的创意表现、互联网传统媒体广告设计、互联网新媒体广告设计，以及综合案例——“绿嫲嫲”美食互联网广告设计。每章的内容讲解和项目实训等都能有效锻炼并提高读者的设计思维和实际操作能力，帮助读者理解和掌握互联网广告设计的关键知识。

本书适合作为高等院校、职业院校广告设计类课程的教材，也可作为广告设计相关工作从业人员的参考书。

◆ 编　　著　郑龙伟
责任编辑　桑　珊
责任印制　彭志环

◆ 人民邮电出版社出版发行　　北京市丰台区成寿寺路 11 号
邮编　100164　　电子邮件　315@ptpress.com.cn
网址　https://www.ptpress.com.cn
固安县铭成印刷有限公司印刷

◆ 开本：787×1092　1/16
印张：13.75　　2021 年 9 月第 1 版
字数：313 千字　　2024 年 7 月河北第 4 次印刷

定价：69.80 元

读者服务热线：(010)81055256　印装质量热线：(010)81055316
反盗版热线：(010)81055315
广告经营许可证：京东市监广登字 20170147 号

## 前言

本书全面贯彻党的二十大精神，以社会主义核心价值观为引领，传承中华优秀传统文化，坚定文化自信，使内容更好体现时代性、把握规律性、富于创造性。

随着互联网的不断发展，以及微博、微信等社交平台的全民普及，互联网广告的作用越来越明显，覆盖的领域也越来越广，这为互联网广告的发展带来了新的机遇与挑战。因此，作为一名优秀的设计人员，要紧跟时代的发展，为消费者提供符合时代审美和适应多种媒体平台要求的互联网广告作品，以满足企业在各大媒体平台进行广告营销活动的需求。

本书以互联网广告设计为出发点，对当今互联网时代下广告的设计方法进行了系统性的分析与研究。教学内容新颖，深度适当，内容全面。在形式上完全按照现代教学需要编写，较为适合实际教学；在内容上加入了不同媒体平台的互联网广告设计，使读者能够掌握不同媒体平台的互联网广告设计方法，具有较强的实用性。

同时，为了帮助读者快速了解互联网广告设计并掌握设计方法，编者在理论阐述的同时，结合了典型案例进行分析；这些案例具有很强的参考性和指导性，可以帮助读者更好地梳理广告设计知识并掌握设计方法。

本书第1章主要对互联网广告的相关基础知识进行讲解；第2章主要对互联网广告的策划与投放等知识进行讲解；第3章对互联网广告文案的写作进行讲解；第4章对互联网广告的图像、文字、色彩和版式等设计元素进行讲解；第5章讲解了互联网广告的创意表现；第6章和第7章主要从互联网传统媒体广告与互联网新媒体广告这两个方面进行讲解；第8章是一个综合案例，主要是运用前面所学知识来进行一个大型的互联网广告设计。

从结构上来看，本书在知识讲解完成后提供了项目实训，每个项目实训都给出了明确的项目要求、项目目的、项目分析、项目思路、项目实施等内容，以理论与实践相结合的方式开展教学。此外，每章的最后都有“思考与练习”板块，帮助读者课后提升对知识的实操掌握程度。

本书在需要扩展讲解的内容处配有二维码，这些二维码是对知识的说明、补充和拓展等，读者使用手机扫码即可查看并学习。

对于全书慕课视频，登录人邮学院网站（www.rymooc.com）或扫描封底的二维码，使用手机号码完成注册，在首页右上角单击“学习卡”选项，输入封底刮刮卡中的激活码，即可在线观看视频。也可以使用手机扫描书中的二维码观看视频。

另外，本书超值赠送了丰富的配套资源和教学资源，需要的读者可以访问人邮教育社区网站（www.ryjiaoyu.com），通过搜索本书书名进行下载。具体的资源有：

（1）素材和效果文件：提供了本书正文讲解、项目实训以及思考与练习题中所有案例设计的相关素材和效果文件。

（2）PPT等教学资源：提供与教材内容相对应的精美PPT、教学教案、教学大纲、练习题库软件等配套资源，以辅助老师更好地开展教学活动。

（3）附赠素材：提供常用字体、主图模板、T台背景模板、店招和海报模板、分类图标、海报背景、商品边框、淘宝艺术字、页面背景、首页装修模板、优惠券模板等。

（4）扩展案例：关注作者微信公众号“数字广告设计”，可查看更多扩展案例的详细解读。

本书由郑龙伟编著，成都金字文化传播有限公司提供了书中部分案例。在编写过程中，由于编者水平有限，书中难免存在疏漏之处，欢迎广大读者、专家给予批评指正。

编者

2023年5月

# 目录

蓝湖
在线协作 高效沟通 提升效率
不加班 轻松一夏

Chapter 3

华为教育中心
每天10分钟
高效学习有方法
立即开始
应用市场

Chapter 4

年中大促
活动时间：2020.6.1-2020.6.18
618
理想生活就看6·18
点击进入

Chapter 5

红包大派送
等你来抢
100%中奖 人人有份
活动时间：9月22日—10月1日

Chapter 6

有效补水 持久保湿
补水柔肤 肌肤活力满格
补水玻尿酸新品套装
水嫩配方 · 丝滑细腻
惊喜价：36
立即抢购

Chapter 7

全 场 半 价
前1小时买1送1
注意赠品为80g，以付尾款时间为准
滋润保湿沐浴露260g（大容量）
价值163元/瓶
现3瓶仅售244元

特色烤鸡

# 第8章 综合案例——“绿嫲嫲”美食互联网广告设计 /183

Chapter 1

# 第1章 初识互联网广告设计

互联网广告是什么？
互联网广告有哪些类型？
互联网广告有哪些构成要素？
互联网广告如何变现？
互联网广告设计流程是什么？

## 学习引导

| | 知识目标 | 能力目标 | 素质目标 |
|---|---|---|---|
| 学习目标 | 1. 了解互联网广告的特点<br>2. 了解互联网广告的发展趋势<br>3. 掌握互联网广告的类型<br>4. 掌握互联网广告的设计要素与设计流程 | 1. 掌握互联网广告的设计流程<br>2. 掌握互联网广告的设计方法和制作技巧 | 1. 培养对工作流程的把控能力<br>2. 培养良好的素材收集与整理能力<br>3. 培养严谨的工作作风 |
| 实训项目 | 情人节插屏广告的设计 | | |

高质量发展是全面建设社会主义现代化国家的首要任务。近年来，互联网的发展改变了广告的环境和人际传播关系，同时丰富了广告的内容与形式，为广告带来了新的传播方式，对广告的发展产生了深远的影响。同时，互联网经济发展也越来越迅速，为我国加快建设网络强国、数字中国提供了力量支撑。

## 1.1 互联网广告的概述

慕课视频

互联网广告的概述

互联网作为现代信息传播的主要媒介，其发展前景不可小觑。互联网广告基于互联网技术进行传播，充分发挥了互联网技术的优势，彰显出其独有的价值，成为了一种新的广告媒体形式。

### 1.1.1 什么是互联网广告

传统广告是指以传统媒体形式所发布的广告，主要包括报纸、杂志、广播、电视、户外广告等。传统广告出现时间早，积累了大量的资源，有着清晰的管理机制和结构，也有其独特的优势。随着互联网的不断进步，互联网广告在传统广告的基础上不断地创新与发展，互联网广告在广告形式、内容以及传播方式上都有了更多的变化。互联网广告一般是指以互联网为信息媒体，以商品、品牌、服务、理念等为内容，通过创新的形式，运用文字、图形、图像、音频、视频、动画等方式所进行的有关商品、品牌或服务等信息的传播。从广义上理解，互联网广告是通过互联网创新技术，利用互联网、宽带局域网、无线通信网等渠道，以及计算机、手机、数字电视机等终端，向消费者提供广告信息与服务。除此之外，互联网广告还可以采取线上广告和线下广告相结合的方式，引起消费者对广告内容的共鸣，继而自发进行传播。

图1-1所示为“拉面说”品牌联合“999感冒灵”品牌所做的插画广告。该广告以“来一剂治冷良方，暖暖的，很贴心”为主题，引发消费者的情感共鸣，同时竖屏尺寸充分考虑了移动

端消费者的阅读习惯，能让消费者有更好的阅读体验。

图1-1　互联网广告

### 1.1.2 互联网广告的特点

互联网广告的发展对传统广告行业带来了很大的冲击，根据互联网广告的概念来看，互联网广告与传统广告相比，具有表现形式多样、传播媒体多元、内容丰富、互动性强等特点。下面进行详细介绍。

**1. 表现形式多样**

随着互联网技术的不断进步，互联网广告的表现形式更加丰富多样，主要体现在动态海报、H5（HTML5）广告、视频广告、App广告（Application广告，移动设备第三方应用程序中的内置广告简称）、直播广告等方面，可通过多种表现形式在互联网媒体上进行宣传，从而快速引起消费者的注意力，激发消费者对广告的兴趣，最终达成广告效果。除此之外，以人工智能、虚拟现实等为代表的新一代信息技术快速发展，使互联网广告的表现形式更加多元，广告效果更加直观，表现形式更加丰富多样，扎实推动了我国互联网广告行业领域的高质量发展。

**2. 传播媒体多元**

互联网广告可以借助丰富多样的传播媒体进行广告宣传。如通过常见的电商媒体进行传播，传播时先将广告内容用图片或者视频的形式投放到淘宝、天猫、京东等电商媒体的核心页面，然后引导消费者点击广告进入广告落地页；或者利用微博、微信等社交媒体在网络上进行宣传，让网友通过网络讨论该广告，加大广告的传播力度；也可以利用视频媒体插播广告的方

式进行传播。图1-2所示为“芝华仕”的活动广告，该广告通过网站、微博、移动App、微信等多种传播媒体进行互联网广告的传播。

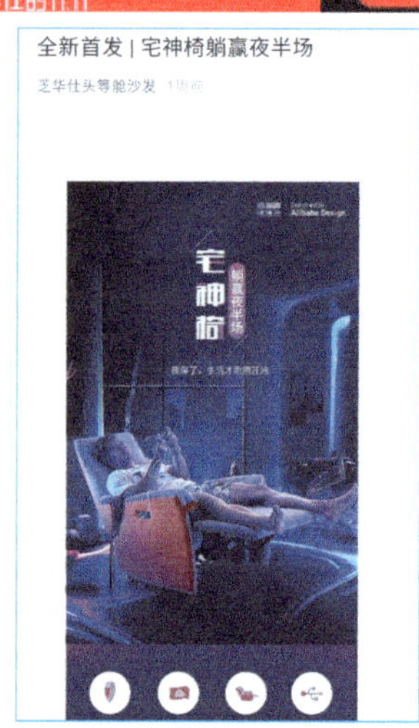


图1-2　多媒体传播的互联网广告

### 3. 内容丰富

在内容多样的互联网时代，广告设计也需要更加全面、丰富的内容才能及时与消费者进行分享与交流。图1-3所示为“佰草集”的某个广告，该广告以视频的形式讲述花丝镶嵌工艺与品牌形象相融合的故事，完整地表现了其品牌形象和工艺流程。消费者通过这个视频可以直观地感受到这些信息，并与他人分享，进行信息的传播。

图1-3　内容丰富的互联网广告

图1-3　内容丰富的互联网广告（续）

### 4. 互动性强

互联网广告可分为互联网传统媒体广告与互联网新媒体广告，互联网传统媒体广告的传播多为信息的互动传播，而互联网新媒体广告则以个性化传播为主。信息的互动传播是指互联网广告信息与消费者之间有非常强的互动性，消费者可以通过互联网及时反馈广告信息，如当消费者看到感兴趣的互联网广告时，可以通过点击广告进入新的页面，深入了解广告信息，消费者的自主选择性很强。设计人员可在具体的设计过程中运用一些动态的视觉表现和创意互动技术，给消费者带来更加丰富的互动体验，如图1-4所示。个性化传播是指让消费者也成为信息的发布者，表达自己个性化的观点，传播自己关注的信息，以更好地推动广告传播。对于消费者来说，这两种传播形式能够满足他们不同的体验，不仅能够让消费者及时、准确地获取到完整的广告信息，还能够使他们更加积极主动地表达自己的观点、传递自己的声音，加强互动效果。

该广告是淘宝和天猫App发布的"万物皆可换新机"活动广告。该广告由动态海报组成，当消费者浏览该广告时会呈现出视觉效果丰富的动感；同时，该广告在微博上发布，能够很好地与消费者互动。

图1-4　互动性强的互联网广告

## 1.1.3 互联网广告设计的发展趋势

从目前互联网广告的发展状态来看，互联网广告将会受到越来越多不同行业的关注，包括医疗业、服务业、制造业和文化业等。随着虚拟现实技术（Virtual Reality，VR，又称灵境技术，是20世纪发展起来的一项全新的实用技术）、增强现实技术（Augmented Reality，AR，是一种将虚拟信息与真实世界巧妙融合的技术）、人工智能和云计算等技术的成熟与商业化，将会进一步巩固互联网广告的竞争优势，开拓更加广阔的互联网广告市场。并且，随着互联网广告行业的逐渐成熟，借助于大数据、人工智能算法等技术的互联网广告将更注重定向投放，广告效果会更加精准。同时，5G（第五代移动通信技术）的发展与日益成熟，将会提升消费者接收或传播广告的方便性和时效性，将互联网广告更好地融入到消费者的日常生活中，激发消费者对广告传播的热情与欲望。总体来说，技术创新、内容创新推动着互联网广告设计的高速发展。

慕课视频

互联网广告的类型

## 1.2 互联网广告的类型

随着互联网技术的不断发展，互联网广告已成为品牌推广、商品促销的重要途径，同时其形式也越来越繁杂。下面将根据广告的表现形式、发布形式、媒体形式3个方面进行分类，帮助大家更好地了解互联网广告的具体类型。

### 1.2.1 按广告的表现形式分类

随着现代网络技术的不断发展，互联网广告的表现形式更加多样化。按广告的表现形式可将互联网广告分为文字链接广告、图片广告、视频广告、动画广告和富媒体广告，下面进行详细介绍。

**1. 文字链接广告**

文字链接广告是指以超链接文字形式为主的广告。文字链接广告非常简单，它甚至不需要广告设计，只注重广告的文字内容，消费者点击文字链接广告时会进入相应的落地广告页面，相比于传统媒体广告，文字链接广告的干扰力度小，广告效果较明显，常见于各门户网站中。

**2. 图片广告**

图片广告是指以图片为表现形式，传递广告信息的广告。图片广告主要靠图片的美观性、艺术性来吸引消费者，使消费者主动点击广告，了解广告内容。图片广告与文字链接广告相比，具有更强烈的视觉效果。

**3. 视频广告**

互联网视频广告是采用网络技术将传统的视频广告融入到网络中，使其可以在网络中广泛传播的广告形式。5G时代，视频广告将会有更大的发展空间。互联网视频广告分为贴片广告和In-App视频广告，下面进行详细介绍。

- 贴片广告。贴片广告一般分为前贴广告、中贴广告、后贴广告，各广告的时间长短不同。前贴广告是视频播放前出现的广告，中贴广告是视频播放中出现的广告，后贴广告是视频播放结束后出现的广告。
- In-App视频广告。In-App视频广告（即App内置视频广告）是指植入到App软件内的广告。这类视频广告可以为消费者提供有价值的内容，让消费者获取相应的奖励，提升消费者对广告内容的认可度，同时，消费者也可以自行选择是否观看广告，这可以有效地避免消费者产生反感情绪。

### 4. 动画广告

互联网动画广告是指以动画技术为基础的广告形式，它在互联网广告中的运用非常广泛。互联网动画广告生动形象、风格多样，强烈的视觉效果很容易吸引消费者的注意。图1-5所示为京东超市的动画广告“春日唤醒之歌”，该动画广告以充满童趣的动态图像和软萌的歌曲来吸引消费者眼球，为品牌宣传提供了强大的助力。

图1-5 动画广告

### 5. 富媒体广告

富媒体并不是一种具体的互联网媒体形式，而是包含动画、声音、视频的一种信息传播方法。富媒体广告具备一定的交互效果，能够与消费者进行互动，为其提供更丰富、细腻的创意展现。与文字链接、图片类广告相比，富媒体广告的表现形式更具趣味、活力与动感，信息的传递也更加直接，尤其是以H5为代表的移动富媒体广告的传播，为富媒体广告的发展带来了新的活力，如图1-6所示。

该广告是一个互动类H5广告，消费者在60秒内找到19个隐藏在广告长图中的声音元素，就会播放动画效果和音效。该H5广告在设计时巧妙地结合了图像、动画、声音等元素，视听一体的效果具有很强的趣味性。

图1-6 富媒体广告

## 1.2.2 按广告的发布形式分类

互联网广告在网络上的传播非常广泛，其形式多种多样。一般来说，根据广告的发布形式，可以将互联网广告分为网幅广告、搜索广告、浮动式广告、插屏广告、电子邮件广告和App广告，下面进行详细介绍。

### 1. 网幅广告

网幅广告的图像文件格式有很多，如GIF、JPG/JPEG、SWF等，主要出现在各大网站页面中，有静态、动态和交互3种方式，下面进行详细介绍。

- 静态形式。静态形式的网幅广告是指网站页面中固定的广告图片，是网站页面中非常常见的一种广告表现形式，其文件格式一般为JPG/JPEG。其制作方式简单，并且大部分网站都可以投放。但目前互联网技术不断发展，这种广告形式相对于动态图像和视频来说，显得有些单一，对设计人员的审美与设计功底提出了更高的要求。
- 动态形式。动态形式的网幅广告常包含一些动态的效果，如移动、闪烁、变大、变小等，其文件格式一般为GIF或SWF。动态形式的广告能给消费者传达出更多的广告信息，同时加深消费者对广告的印象。而且，动态形式的网幅广告的制作方式也非常简单，能满足大多数广告主的需求。
- 交互形式。随着互联网的发展，静态形式和动态形式的网幅广告已经不能满足广告主的更多需求，消费者也希望与广告产生互动，而不是单向地接受广告信息，此时交互形式的网幅广告应运而生。交互形式的互联网广告类型很多，如游戏、回答问题、下拉菜单、填写表格等，图1-7所示为填写表格的交互形式网幅广告。

图1-7　填写表格的交互形式广告

### 2. 搜索广告

搜索广告是指广告主根据自己的商品或服务的内容、特点等，确定相关的关键词撰写广告内容并自主定价投放的广告。当消费者搜索到广告主投放的关键词时，该广告就会按照竞价排名的原则进行展现，并在消费者点击广告后按照广告主对该关键词的出价进行收费，无点击则不收费，并且其投放过程非常快捷，效率也相对较高。需要注意的是，常见的搜索广告一般会

在该广告页面中加上“广告”字样，以区别于正常的搜索结果。

### 3. 浮动式广告

浮动式广告是指消费者浏览网页页面时，会随鼠标指针移动的图片式广告，该类型的互联网广告会漂浮在网页页面上，会随着网页页面上下左右移动而移动，吸引消费者的注意。

### 4. 插屏广告

插屏广告是指当消费者打开新的网站页面时，在自动弹出的广告窗口中展示的广告。由于大多数的插屏广告具有一定的强制性，会影响消费者的上网速度，因此会引起很多消费者的反感。为了降低消费者的反感，设计人员可以通过动态图片、文字样式、促销文案等来制作视觉冲击力强、吸引力度大的插屏广告，让消费者对广告内容产生兴趣，如图1-8所示。

图1-8　插屏广告

### 5. 电子邮件广告

电子邮件广告是指以电子邮件的形式发送到消费者电子邮箱的广告。该广告类型的针对性强、传播面广、信息量大，且表现方式多为视觉效果较强的图片，其优势是可以准确、快速地向目标消费群投放广告、节约广告成本，且广告内容不受限制，覆盖率也比较高，容易被消费者接受。

### 6. App广告

App（Application）多指移动设备（平板电脑、手机和其他移动设备）上的第三方应用程序。App广告即App应用程序中的广告。这类广告的优势明显，如随时随地可看、强大的互动性和趣味性、个性推广、分众识别等。下面对App广告中的开屏广告和内部广告进行简单介绍。

- 开屏广告。开屏广告是指当消费者打开App时，以全屏方式出现3秒左右（一般可跳过）的广告，开屏广告既可以是静态图片，又可以是视频或动画的形式，这种直接呈现广告内容的形式可以更好地刺激消费者的记忆，图1-9所示为静态开屏广告。
- App内部广告。App内部广告可根据广告展现的不同位置呈现出不同的形式，也分为静态和动态两种。App内部广告推广精准，视觉冲击力强，展现效果较好，主要投放在各大App中，如页面右下角图标广告、App横幅广告、积分广告、插屏广告等，如图1-10所示。

图1-9　静态开屏广告

图1-10　App内部广告

### 1.2.3 按广告的媒体形式分类

随着互联网发展速度的加快，衍生出了更多形式的互联网媒体广告。一般来说，根据广告的媒体形式可以将互联网广告分为社交和资讯媒体广告、短视频媒体广告、电商和搜索引擎类媒体广告，下面进行详细介绍。

- 社交和资讯媒体广告。常见的社交和资讯媒体平台包括微信、微博、小红书、今日头条、百度贴吧、知乎等，每个平台都有其对应的广告，如微信公众号广告、微信朋友圈广告、小红书广告、微博广告、知乎广告等。这些广告都具有较强的社交属性，消费者可以通过这些广告进行评论、点赞、转发等操作，有着互动性、准精性较强等特征，更贴合消费者的习惯。其形式主要有图文（小图、大图、组图、动图）和视频2种，图1-11所示为图文类微信朋友圈广告（左）和视频类微信朋友圈广告（右）。
- 短视频媒体广告。常见的短视频媒体平台有抖音 、快手、微视等，其广告类型主要是短视频广告。在消费者时间日益碎片化的移动社交时代，以移动端为主的短视频广告将变成互联网广告发展的重要阵地。短视频广告主要发布在短视频媒体平台上，与平台上普通的短视频作品融为一体，这种极具原生性的广告会更好地保障消费者的体验，同时短视频广告还具有社交属性，可以通过消费者的评论、转发等互动操作来进行广泛传播，完整地传达品牌信息与广告诉求。图1-12所示为抖音App中的短视频广告，消费者可点击视频下方的链接购买广告中的商品。

- 电商和搜索引擎类媒体广告。常见的电商平台包括天猫、京东、唯品会、拼多多等。电商广告是各大电商平台经过大数据分析后所推出的精准投放广告，非常具有针对性，能够为消费者提供更有用的信息，帮助消费者更好地了解商品，最终促进消费行为的达成。搜索引擎类媒体广告利用百度搜索、360搜索等媒体平台，在用户搜索信息时尽可能地将营销信息传递给目标用户，因此该类广告的媒体资源十分强大，广告形式多样化，且广告投放也非常精准。图1-13所示，左图为电商广告。右图为百度搜索引擎中的文字链接广告，点击“淘宝益生菌热卖，购物首选，上淘宝，淘我喜欢！”文字即可进入广告页面。

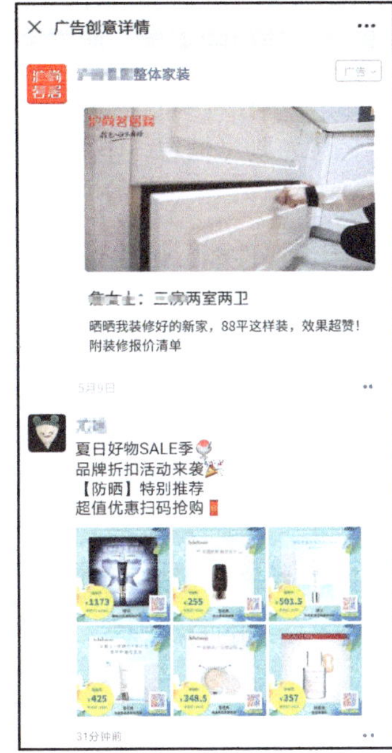


图1-11　微信朋友圈广告

图1-12　短视频广告

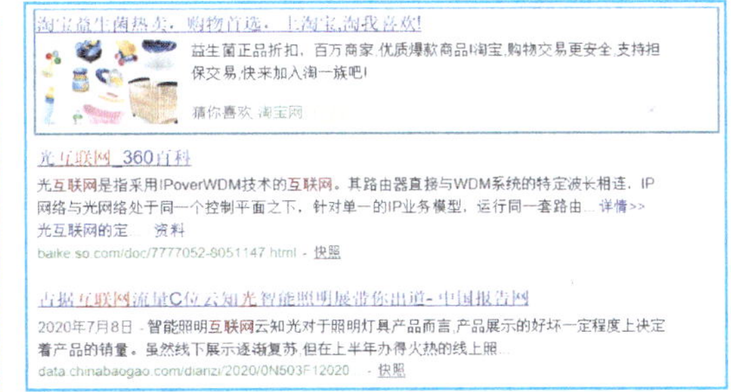


图1-13　电商和搜索引擎类媒体广告

慕课视频

互联网广告的
构成要素

## 1.3 互联网广告的构成要素

互联网广告是广告的一种，也包含了一些传统广告的必备要素，如广告主、广告信息、广告媒体、广告受众、广告效果，下面进行简单介绍。

### 1.3.1 广告主

广告主是指为推销商品或者提供服务，自行或者委托他人设计、制作、发布广告的法人、其他经济组织或者个人。广告主是广告信息的发布者。广告主发布广告信息，并按照广告活动中规定的营销效果价格向广告媒体支付费用；同时，广告主也负责提供广告资料给广告公司，监督广告公司的运作过程并验收广告成品。

### 1.3.2 广告信息

简单来说，广告的运作过程就是广告信息的采集、加工与传播的过程。互联网广告的广告信息可以有多种形式，如文字、图片、视频、动画、音频等，是广告活动中不可或缺的重要部分。广告信息可分为商品信息、服务信息、观念信息，下面进行简单介绍。

**1. 商品信息**

商品信息主要是指商品的质量、用途、性能、价格、品牌、活动日期、折扣促销等信息，这些信息能让消费者了解广告中的商品。

**2. 服务信息**

服务信息主要是指广告主向消费者提供的一些服务性信息，如生活服务、旅游服务、文娱服务、信息咨询服务等。

**3. 观念信息**

观念信息主要是指通过广告活动传递给消费者的某种意识，如品牌意识、环保意识等，消费者通过这种观念信息树立一种有利于广告主的消费观念，从而达到广告的目的。

### 1.3.3 广告媒体

广告媒体又称为广告媒介，是广告信息进一步传播的载体与渠道，也是广告主与消费者联系的桥梁。广告媒介可以及时、准确地将广告信息传递给目标消费者，唤起消费者的兴趣，使其能够接收到具体的广告信息。社交媒体和视频媒体是常用的互联网广告传播媒体，下面进行简单介绍。

**1. 社交媒体**

社交媒体是消费者用来创作、分享经验和观点的现代化工具和网络平台。消费者可以在社交媒体上利用互联网技术和工具，制作和讨论热门话题，吸引各大媒体争相报道，为互联网广告的传播提供有利的空间。因此，社交媒体是互联网广告传播的重要载体，是便于消费者互相交流和互动的媒体平台。现阶段，国内的社交媒体主要包括社交网站、微博、微信、论坛等。

**2. 视频媒体**

视频媒体有着非常丰富的视觉表现和情节展现，更能吸引到消费者的关注，因此，视频媒体也是互联网广告重要的传播媒体。视频媒体包括视频网站、短视频App等，视频网站如腾讯视频、优酷视频、爱奇艺视频等，短视频App如抖音、快手、微视等。在这些视频媒体中投放微电影广告、贴片广告、短视频广告，会有比较好的传播效果，能带给消费者不一样的广告体验，如图1-14所示。

该广告是华为终端云服务年度数字生活故事微电影《一起更美好》。该广告记录了4名华为手机用户的数字生活日常，并且他们在华为终端云服务的陪伴下收获爱情、亲情等，让消费者产生情感共鸣的同时，也加深了消费者对华为的品牌印象，达到了广告传播的目的。

图1-14　视频媒体广告

### 1.3.4 广告受众

广告受众是广告信息的接收者，其主要包括两个方面，即广告的媒体受众和广告的目标受众。广告的媒体受众是指通过广告媒体接触到的消费人群，可根据不同的广告媒体来确定不同的受众人群，如微博受众、直播受众、短视频受众等。广告的目标受众是指广告的直接诉求对象，即广告的宣传对象。设计人员可根据广告的目的来确定不同的受众人群，使广告取得更好的效果。

### 1.3.5 广告效果

广告效果通常是指广告主的广告信息通过广告媒体传播后所产生的社会影响，即广告对广告受众所产生的直接或间接的影响。广告效果通常可分为狭义的广告效果和广义的广告效果，下面进行详细介绍。

**1. 狭义的广告效果**

狭义的广告效果是指广告主通过广告活动所获得的经济效益，即广告所带来的销售效果。

**2. 广义的广告效果**

广义的广告效果是指广告信息在传播过程中所引起的直接或间接变化的总和，包括广告的经济效益、心理效益和社会效益。

- 经济效益。经济效益是指销售效果，是广告主通过广告活动所获得的经济收益以及造成的经济损失。大部分广告的主要目的是取得经济利益，要么展示商品的优势，要么树立品牌的形象，要么突出企业的实力，以博得消费者的认同，促进商品或服务的销售，帮助广告主获取经济效益。
- 心理效益。心理效益是指广告对消费者产生的各种心理效应，主要表现为记忆、理解、情感、知觉和行为等方面的影响。广告的心理效益是一种内在的、能够对广告受众产生深远影响的效果。

- 社会效益。社会效益是指广告对整个消费观念、文化教育及社会道德等方面所产生的影响和作用，如消费观念、道德规范、文化意识等。

慕课视频

互联网广告的变现

## 1.4 互联网广告的变现

随着互联网广告的发展，广告变现已经是非常常见的流量变现方式之一，其变现效率对于广告主来说尤为重要。广告主为了获取更高的变现效益，会运用各种方式让消费者尽可能关注到广告信息，从而从消费者身上获取更多价值。

### 1.4.1 互联网广告变现的概念

互联网广告变现是指广告主将广告信息投放到不同的广告媒体平台，广告受众在广告媒体平台看到该广告信息后引起社会影响和经济效应，广告主再从中获取到利润。互联网广告变现具有重流量、低门槛、灵活可控的特点。相比于传统广告的变现而言，互联网广告的变现覆盖面更广，广告形式更丰富，人群定位也更精准。

### 1.4.2 互联网广告的变现方式

不同的媒体类型其变现方式也不同，如淘宝主要为第三方小商家提供服务，然后收取各类服务费，从而实现变现；而京东主要是通过自建物流等方式来提高商品的运转效率，以达到变现目的。除此之外，根据广告主的不同需求，互联网广告还有多种不同的变现方式，下面将对一些常见的互联网广告的变现方式进行简单介绍。

**1. 排期广告**

排期广告是指广告的排期方式，是由广告媒体来安排广告投放的时期，一般是固定的广告位，且广告视觉冲击力比较强，适合具有一定流量与经济能力的品牌商投放，但因商务对接排期到技术上线需要一定的时间和人员成本，因此其变现效率较低。

**2. 自主搭建广告平台**

自主搭建广告平台是指企业自主把控准广告内容、流量分配以及代理政策，实现自主式的广告投放与管理，加快互联网广告的变现。但自主搭建广告平台需要极大的人力和时间成本，前期投入较高，风险较大，因此需要在技术团队强大，且企业资金支持的情况下方可考虑。

**3. 借助广告联盟**

广告联盟通常指集合中小网络媒体资源所组成的联盟平台，联盟平台帮助广告主实现广告投放，并对广告投放进行数据监测统计，广告主则按照广告的实际效果向联盟会员支付广告费用的互联网广告组织投放形式。这种方式可以快速实现广告的变现，并且也无需投入过多人力。

**4. 接入DSP**

需求方平台（Demand-Side Platform，DSP）主要是为广告主提供实时竞价的广告投放平台，帮助广告主在互联网上进行广告投放，并实现广告的变现。其完善的广告投放工具、人群定向技术可以获取到丰富且高质量的广告主资源，DSP广告投放的定位精准投放，可以提高互联网广告的变现效率。

### 1.4.3 互联网广告的变现技巧

互联网广告的变现是设计人员在制作互联网广告时必须考虑的一个重要问题，掌握变现技巧可以实现广告的快速变现。下面就对互联网广告的变现技巧进行详细介绍。

**1. 了解广告主需求**

广告主会出于不同的营销目的和动机，对广告变现提出多种多样的需求。如有的广告主会比较关注消费者的注册、点击、购买等行为；有的广告主则会注重提升品牌知名度、强化品牌形象。广告主会通过多种方式来判断广告媒体的质量以及与广告的契合度，最终选择是否投放。总之，设计人员要全面了解和参考广告主的需求和转变，适时配置和优化资源，让购买的流量尽可能多地展现出应有的价值，从而提高广告的变现效率。

**2. 选择合理的广告位**

设计人员在选择广告位时，可以从广告位的点击量、转化量、转化明细等数据指标来选择合理的广告位。广告位对于互联网广告的变现主要有两个方面的影响，一方面是广告的观感、位置和展示时间会影响消费者对广告的整体印象以及对广告活动的参与度，进而影响广告流量的转化率；另一方面，不同的广告位售价不同，会直接影响流量的利用率和整体营收，因此选择合理的广告位对于互联网广告的变现来说非常重要。

**3. 选择合适的广告媒体平台**

合适的广告媒体平台会提高广告的变现效率，互联网广告的类型不同，其广告媒体平台的选择也会不同。互联网广告可分为品牌类广告和效果类广告两类。品牌类广告是指以建立品牌形象、传达品牌理念、提升品牌知名度等为核心目的的广告，其媒体平台的选择会更倾向于优质曝光、产生口碑效益、加深品牌印象的媒体平台，可在曝光频率高的媒体平台上长时间传输自己的品牌价值观。效果类广告是指以效果计费的广告，主要追求具体的转化效果，可以更加精准地把目标消费者引流到广告页面。效果类广告转化率非常高，其媒体平台的选择也会更倾向于能够直接带来转化的互联网广告平台。

**4. 注重消费者体验**

互联网广告的变现需要注重消费者的体验度，若只为追求经济效益而忽略消费者体验，会给消费者带来一定的困扰，并且目标消费者会大量流失，最终导致广告变现失败。因此，在进行互联网广告变现时，需要结合消费者的具体使用场景，运用多维精准定向投放、智能引擎推荐等技术进行广告投放，尽量降低消费者的抵触情绪，增加消费者黏性，提升互联网广告的变现效果。

## 1.5 互联网广告设计流程

设计人员需要按照一定流程来进行互联网广告的设计，其流程主要包括根据需求来确定设计风格、收集与整理素材、编排设计、审查定稿，下面进行详细介绍。

慕课视频

互联网广告设计流程

### 1.5.1 根据需求确定设计风格

不同的互联网广告有着不同的设计风格，设计风格会传达出不同的广告效果，从而影响广告的最终效益，因此设计人员在进行广告设计时一定要先考虑广告的整体设计风格。一般来说，广告的设计风格都会根据需求方的需求来确定，下面进行详细介绍。

- 品牌方需求。品牌方需求是设计人员设计互联网广告时必须要考虑的因素。品牌方需求可以从品牌的风格出发，如日系家居类品牌多为简约、低调的风格，中式家居类品牌多为高雅、古典的风格。了解品牌方需求后，设计人员需要与品牌方进行沟通，清晰明了地阐述自己的设计思路，以确定最终的设计风格。
- 消费者需求。设计人员若要让广告作品吸引到不同的消费群体，除了需要考虑品牌方需求外，还需要了解消费者需求。如要设计一个教育类的广告，就需要考虑该广告所服务的消费群体是大学生还是儿童。就儿童消费群体来说，他们的对广告的风格需求多以可爱的手绘、卡通风格为主；对于大学生消费群体来说，他们的对广告的风格需求多以扁平化的简约风格为主，如图1-15所示。

图1-15 教育广告的设计风格

- 广告目的需求。广告目的需求即广告所要达到的最终效果。如广告目的是传达品牌或企业的理念，提升品牌知名度和好感度，则广告的风格应与品牌的调性充分融合，延续和贴合品牌的风格与气质。如广告目的是活动、商品促销宣传，则广告应表现出喜庆、热烈的氛围，多偏向于活泼、炫酷的风格。根据广告目的确定好需求后，设计人员需要在后期的设计元素、文案写作、颜色搭配上进行合理选择。

### 1.5.2 收集与整理素材

确定好设计风格后设计人员就可以收集相关的设计素材，并对这些素材进行整理，方便后期设计使用，下面进行详细介绍。

### 1. 素材收集

广告的设计素材主要包括商品图片、文案、人物、背景、装饰元素、视频等，其来源途径主要有以下3种。

- 运营商或品牌方。设计人员可以从运营商或品牌方那里获得设计需要的基础素材，其中包括了对设计的要求，需要达到的效果，以及涉及的文案、商品等资料，设计人员可以提取其中的资料进行广告的设计。
- 素材网站搜集。在互联网广告设计中，素材主要是用于画面背景、装饰以及交互的制作。素材网站搜集是指在互联网上通过素材网站，如千图网、花瓣网等，搜索需要的图片和视频素材并进行下载。需要注意的是，网站中很多图片和视频不能用于商用，因此使用时要注意版权。图1-16所示为素材网站中搜集的背景素材和装饰素材。
- 素材制作。为了制作出视觉效果更突出的广告作品，设计人员还需要根据实际情况自行完成一些素材的制作，如实物拍摄、手绘、运用工具软件进行制作等。图1-17所示为拍摄的视频素材效果。

图1-16　背景素材和装饰素材

图1-17　拍摄的视频素材

### 2. 素材整理

完成信息的搜集后，设计人员还需要根据素材的不同类别进行细分整理，将杂乱无章的素材进行分组便于下次查找，以提高工作效率。如将搜集好的素材归为图片素材、字体素材、音频素材、视频素材、特效素材等不同板块，然后在不同板块中进行更加细致的划分，如可将图片素材中的同类图片进行分类整理，分为电商图片素材、社交图片素材、活动图片素材等。设计人员在整理素材的过程中也可以按照自己的设计习惯进行分类整理，尽可能地精简和筛选素材文件，建立自己的专属素材库。

### 1.5.3 编排设计

完成素材的搜集与整理后，设计人员可以根据广告的设计风格进行广告的编排设计，即在有限的空间内，根据广告文案、素材图像、装饰元素、色彩搭配等信息，按照广告主、消费者和广告的目的的设计需求来进行编辑和排版，使广告呈现一定的视觉美感，并且符合消费者的阅读习惯。广告的编排设计需要内容清晰、主次分明，并且要具有一定的逻辑性，才能让广告信息得以快速、准确地传播。不同类型的互联网广告有不同的设计方法，在制作图文类的互联网广告时，设计人员可以通过图文结合与版式布局，将多张素材图片整合在一个画面中，然后添加文案信息描述，使其融合在一起，既美观又能体现出设计的主题。在制作视频类互联网广告时，设计人员可将多个同类型的不同视频通过剪辑的方式整合到一起，并通过添加音乐和文字的方式，提升视频的可读性和趣味性，以吸引消费者观看。

由于互联网广告的发布媒体和渠道很多，不同的媒体和渠道会有不同的设计需求，因此设计人员在进行广告制作时，除了要进行单个画面的设计，还需要根据不同的设计需求进行多个画面的设计与制作，同时要注意画面的统一性和内容的连贯性。图1-18是互联网广告作品，从内容的编辑上来看，该系列广告作品色调、风格都非常统一，素材和装饰元素在整体统一中又有不同的变化，增添了广告的灵活与趣味性；从整体的排版上来看，该广告作品版式一致，画面井然有序，提升了作品的整体美观度。

图1-18　互联网广告作品

### 1.5.4 审查定稿

广告作品制作完成后，设计人员还需要与品牌方进行仔细的沟通与交流，悉心听取意见，审查广告稿件内容，让广告作品能够尽快通过审核并发布。因此，审查定稿这一环节必不可少。广告的审查包括广告内容的审核和广告页面的尺寸调整两个方面，下面进行详细介绍。

### 1. 广告内容的审核

广告内容审核是指设计人员在广告发布之前检查、核对广告内容是否真实合法，如查看广告中有无敏感词汇，有无违背公序良俗的内容，有无虚假、夸大、绝对化以及封建迷信等不良导向的内容，保证其符合广告法的要求。同时，不同的媒体、行业也都有自己的审核规则，如视频音乐行业不能擅自篡改、扭曲、恶搞、丑化经典文艺、影视作品；消费金融行业在广告宣传中不能使用明示或暗示无风险、无门槛的信息，或使用学术机构或名人的名义做推荐或保证来宣传广告，这些内容都将影响广告的投放。

扩展资料

广告法

### 2. 广告页面的尺寸调整

由于互联网广告需要投放在不同的媒体平台和广告位置，才能展示给消费者观看，而广告媒体和广告位的类型都丰富多样，为了适应不同的广告媒体和广告位尺寸，设计人员还需要进一步加工并进行测试，以保证广告能正常展示在媒体平台上。

广告提交后，媒体平台会在一定时间内审核完成，如遇周末或节假日时则会有延迟。审核完成后，设计人员还需要根据广告的发布计划进行广告的发布，并不断监控广告发布的实时效果数据。

## 项目▶ 情人节插屏广告的设计

### 项目要求

本项目将对情人节插屏广告的素材进行搜集与整合，先搜集契合“情人节”主题以及活动促销的素材，然后将其整合在一起进行设计，制作出符合情人节氛围、吸引消费者视线的插屏广告。

### 项目目的

本项目将根据提供的素材文件（如图1-19所示，配套资源:\素材文件\第1章\情人节插屏广告素材）来制作情人节插屏广告页面。通过该项目巩固素材处理与画面设计的相关知识，使插屏广告能够达到宣传的目的。

图1-19　素材

## 项目分析

本项目的表现形式是插屏广告形式。插屏广告的视觉设计方式多样，常出现在屏幕中心，且伴随着半透明的遮罩。这类广告可以很好地吸引消费者的注意，可以用来提示重要的广告信息，但同时可能因为设计太过复杂让消费者感到眼花缭乱，影响消费者的浏览体验。设计人员可以在插屏广告中设计一些优惠信息，降低消费者的反感度，同时提升广告变现的效果，图1-20所示为完成后的效果展示。

从设计的角度上来说，本项目以“情人节特惠”为活动主题，因此在素材的选择上采用了粉色丝带、爱心、玫瑰花和礼盒等元素，在画面的设计上主要采用了插画的形式，最后结合主题、色彩、素材等多个方面来制作该广告。

图1-20　情人节插屏广告效果

## 项目思路

本项目是一个实际操作案例，按照互联网广告的设计流程来进行，其思路如下。

（1）市场调查。通过网上查阅互联网相关资料可以发现，插屏广告的宣传频率非常高，可以大幅度提升广告活动的曝光率。因此，本项目选择了插屏广告的表现形式。从广告目标定位来说，本项目插屏广告的目的是通过情人节活动增加消费者黏性，提升商品销量，并在此基础上进一步挖掘潜在消费者。

（2）素材的收集与整理。在明确本项目的目标定位后，设计人员可以有针对性地收集素材，如根据“情人节”特惠主题可以联想到关键词“爱心”“玫瑰花”“礼物”等，再以关键词为出发点收集素材，对收集的素材进行筛选与整理。

（3）广告编排设计。完成素材的收集与整理后，设计人员在进行广告页面的制作时，要增强画面的视觉吸引力与美观性，并打造出热烈的活动氛围，调动消费者的兴趣与热情。由于本项目是制作情人节的插屏广告，因此在编排设计时需要注意广告信息与广告主题的准确传达，通过放大主要文字突出广告信息，并利用色彩、素材营造情人节主题。

（4）广告审核与发布。广告设计完成后，设计人员还需要审查广告内容与尺寸，保证能将广告准确地展现给消费者。

## 项目实施

本项目将设计情人节插屏广告，在设计时以粉色、红色为主色，通过“爱心”“玫瑰花”“礼物”等素材，营造出一种情人节的促销氛围，并在其中添加跳转按钮，使其达到变现的目的。其具体操作如下。

慕课视频

情人节插屏广告的设计

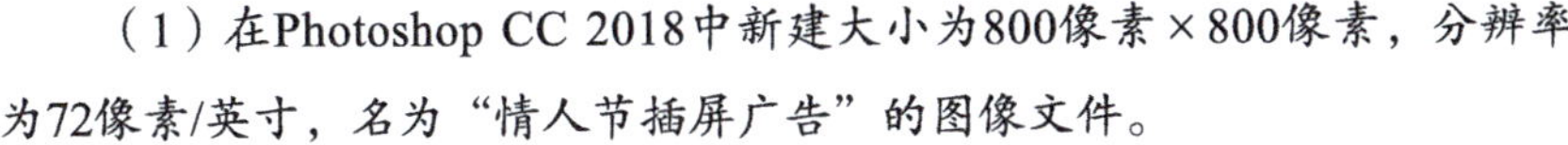

（1）在Photoshop CC 2018中新建大小为800像素×800像素，分辨率为72像素/英寸，名为“情人节插屏广告”的图像文件。

（2）选择“圆角矩形工具”，在图像文件中绘制颜色为“#990a32”，大小为“595像素×527像素”，半径为“10像素”的圆角矩形。

（3）打开“丝带.psd”素材文件（配套资源：\素材文件\第1章\情人节插屏广告素材\丝带.psd），将其拖曳到圆角矩形上方，调整大小和位置，如图1-21所示。

（4）再次选择“圆角矩形工具”，在丝带素材上方绘制颜色为“#fff4f8”，大小为“532像素×608像素”，半径为“10像素”的圆角矩形。选择该圆角矩形图层，按【Ctrl+J】组合键复制图层，修改复制的圆角矩形大小为“515像素×589像素”，并取消填充颜色，设置描边宽度为“1像素”，描边颜色为“#f4084a”，调整位置，效果如图1-22所示。

（5）选择“圆角矩形工具”，在工具属性栏的“填充”下拉列表中，单击“渐变”按钮，设置“渐变”为“#f40849~#fc028a”，在图像文件中绘制大小为“600像素×263像素”，半径为“20像素”的圆角矩形，效果如图1-23所示。

图1-21　添加素材

图1-22　绘制圆角矩形

图1-23　绘制渐变矩形

（6）打开“图层”面板，选择圆角矩形图层，单击鼠标右键，在打开的对话框中选择“栅格化图层”选项。选择“钢笔工具”，在工具属性栏中的“形状”下拉列表中选择“路径”选项，在圆角矩形上绘制图1-24所示形状。

（7）完成后按【Ctrl+Enter】组合键将形状转化为选区，再按【Delete】键删除选区中的内容，按【Ctrl+D】组合键取消选区。

（8）复制圆角矩形图层，选择复制的图层，按【Ctrl+T】组合键，使形状呈可变形状态，单击鼠标右键，在弹出的快捷菜单中执行“水平翻转”命令，效果如图1-25所示。

（9）选择复制的圆角图层，双击图层右侧的空白部分，打开“图层样式”对话框，单击勾选“投影”复选框，设置“颜色”“不透明度”“角度”“距离”“扩展”“大小”分别为“#990a32”“70”“-83”“4”“8”“10”，单击 确定 按钮，如图1-26所示。

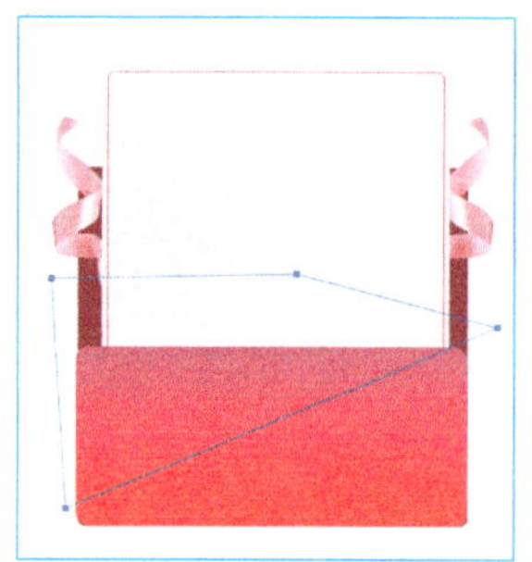

图1-24 绘制形状

图1-25 复制形状

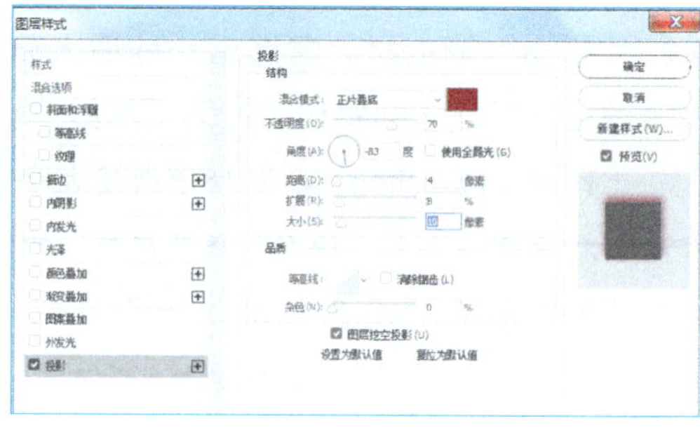

图1-26 设置投影

（10）选择“圆角矩形工具”，在图像文件中绘制颜色为“#ffffff”、大小为“288像素×338像素”、半径为“10像素”的圆角矩形。双击圆角矩形图层右侧的空白部分，打开“图层样式”对话框，单击勾选“投影”复选框，设置“颜色”“不透明度”“角度”“距离”“大小”分别为“#8a102a”“26”“-166”“0”“10”，单击 确定 按钮，如图1-27所示。

（11）继续选择“圆角矩形工具”，在图像文件中绘制描边颜色为“#f4084a”，描边宽度为“1像素”，大小为“267像素×313像素”，半径为“10像素”的圆角矩形，效果如图1-28所示。

（12）选择“横排文字工具”，输入图1-29所示的文字，并在工具属性栏中设置“字体”为“思源黑体 CN”，“文本颜色”为“#000000”，调整文字大小和位置。

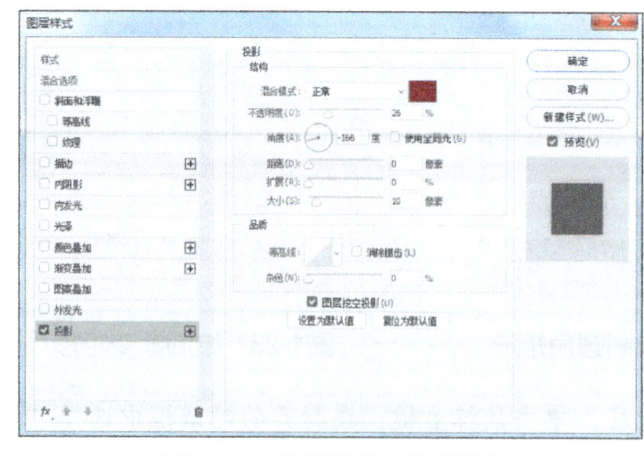

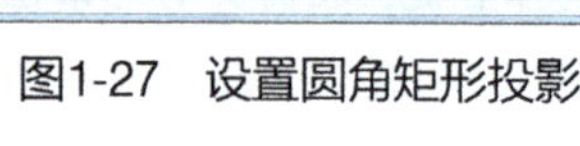

图1-27 设置圆角矩形投影

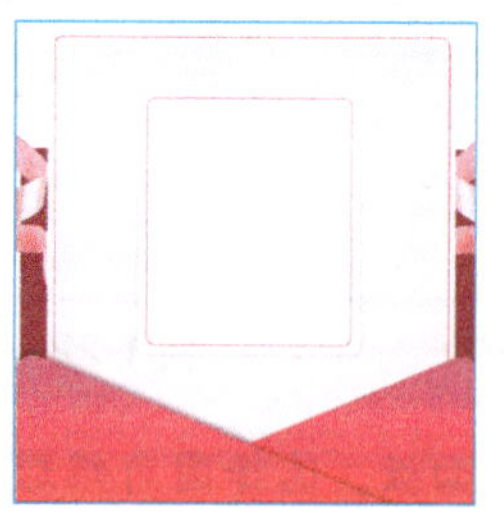

图1-28 绘制圆角矩形

图1-29 输入文字

（13）选择“80”文字图层，双击文字图层右侧的空白部分，打开“图层样式”对话框，单击勾选“渐变叠加”复选框，设置“不透明度”“渐变”分别为“100%”“#f40848~

#fc028b”，单击 确定 按钮，如图1-30所示。

（14）选择步骤（10）到步骤（13）所制作的红包图层，将其创建为新组，并命名为“红包”，复制2个“红包”图层组，修改复制红包中的金额，调整角度、大小与位置，效果如图1-31所示。

（15）选择“横排文字工具” T ，在工具属性栏中设置“字体”为“方正粗黑宋简体”，“文本颜色”为“#f40849”，输入“情人节特惠”“大额券发放中”文字，修改“大额券发放中”文字字体为“黑体”，效果如图1-32所示。

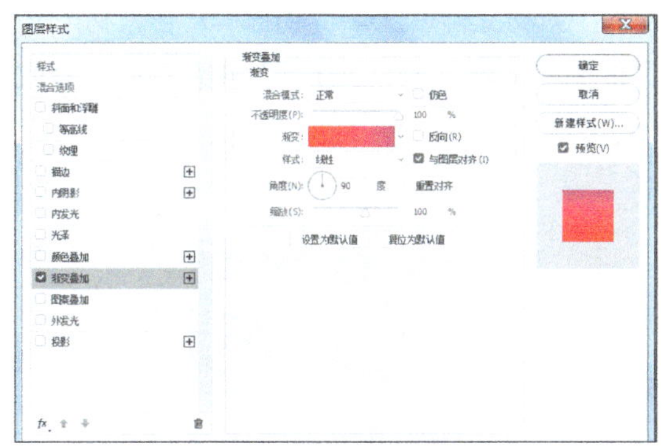
图1-30 设置渐变叠加

图1-31 复制图层组

图1-32 输入文字

（16）选择“80”文字图层，按住【Alt】键的同时，单击鼠标左键并拖曳“80”文字图层后的 fx 图标到“情人节特惠”文字图层后的空白处，复制图层样式，效果如图1-33所示。

（17）选择“圆角矩形工具” ，在图像中绘制颜色为“#ffffff”，大小为“364像素×87像素”，半径为“46像素”的圆角矩形。选择“横排文字工具” T ，输入“立即领取”文字，在工具属性栏中设置“字体”为“黑体”，“文本颜色”为“#f40849”，调整文字大小和位置，效果如图1-34所示。

（18）打开“情人节素材.psd”素材文件（配套资源：\素材文件\第1章\情人节插屏广告素材\情人节素材.psd），将其拖曳到图像中，调整大小和位置，如图1-35所示。

图1-33 复制图层样式

图1-34 绘制圆角矩形并输入文字

图1-35 添加素材

（19）完成后删除白色背景图层，按【Ctrl+S】组合键，打开“另存为”对话框，选择存储格式为“PNG”，单击 保存(S) 按钮，完成制作（配套资源：\效果文件\第1章\情人节插屏广告.psd、情人节插屏广告.png）。

## 思考与练习

1. 列举经典的互联网广告页面，并分析其广告表现形式。

2. 思考互联网广告类型还有哪些。

3. 搜集和整理与促销相关的素材（配套资源：\素材文件\第1章\促销插屏广告素材.png）并进行整合，要求最终画面效果美观，且符合“促销”主题，图1-36所示为整合后的参考效果（配套资源：\效果文件\第1章\促销插屏广告.psd）。

图1-36　促销插屏广告参考效果

4. 大广赛参赛作品赏析。

拓展图集

爱华仕箱包广告

拓展图集

娃哈哈广告

拓展图集

荣耀手机广告

拓展图集

藤娇牛肉面广告

拓展图集

公益广告

拓展图集

大众汽车广告

Chapter 2

# 第2章 互联网广告策划与投放

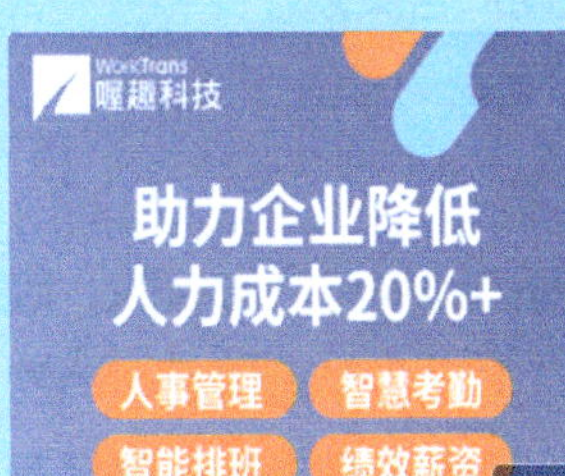

跳过2

求知而来，载知而归

电子书 优选好书

全品类

下单5折

**互联网广告怎么策划？**

**互联网广告策划流程是什么？**

**怎么写互联网广告策划方案？**

| 学习引导 | | | |
|---|---|---|---|
| | 知识目标 | 能力目标 | 素质目标 |
| 学习目标 | 1. 掌握互联网广告的策划流程<br>2. 了解互联网广告的投放媒体<br>3. 了解互联网广告的策划方案 | 1. 掌握互联网广告的策划流程<br>2. 掌握互联网广告策划方案的写作 | 1. 培养严谨细致的策划能力<br>2. 培养独立思考与写作能力<br>3. 培养良好的人际交流与沟通能力 |
| 实训项目 | 制作“士力架”广告策划方案 | | |

互联网广告策划是对广告的整体规划，策划人员可以运用互联网思维洞察消费者的需求，制订广告策略，最终编写成可执行的策划方案。互联网广告策划的成功与否直接影响到广告的最终成败。

慕课视频

互联网广告策划概述

## 2.1 互联网广告策划概述

一个成功的广告活动，离不开精心的广告策划。下面将对互联网广告策划的概念、作用和原则进行介绍，帮助策划人员更好地认识和了解互联网广告策划。

### 2.1.1 什么是互联网广告策划

互联网广告策划是指策划人员在市场调查的基础上根据广告主的营销计划和广告目的，经过周密的调查研究，从全局角度对广告活动进行整体的协调安排，制订出符合市场情况、消费群体特性且行之有效的广告计划方案，并以书面材料的方式进行呈现。互联网广告策划包括互联网广告设计、广告投放、广告预算、广告监测等环节，总的来说，互联网广告策划是应对为什么要做广告、广告的目标群体是谁、在什么时间以及地点做广告、以什么样的方式做广告等核心问题提前做出周密的计划。

### 2.1.2 互联网广告策划的作用

互联网广告策划的作用是确保广告活动的质量和效果，其效果主要体现在保证广告活动的计划性、保证广告工作的连续性和保证广告活动的独创性3个方面，下面分别进行介绍。

- 保证广告活动的计划性。精准、具体的互联网广告策划为后续广告活动的具体执行提供了清晰的目标与方向，能够指导广告活动的开展，保证广告活动有序进行、按时完成。

- 保证广告工作的连续性。互联网广告策划涉及市场、资源、商品、消费者和媒体等多个方面，通过互联网广告策划可以合理分配人力、物力资源，以保证广告工作的顺利进行。
- 保证广告活动的独创性。创意是互联网广告的生命和灵魂，是广告能够吸引消费者的基础。创意往往不只是突然的灵感闪现，更是一项具体且严谨的工作，因此需要用完善的广告策划来保证其具有独创性。

### 2.1.3 互联网广告策划的原则

互联网广告策划是一项目的明确、科学严谨、系统完整的工作，它有着完整的内在逻辑和客观规律。策划人员在进行互联网广告策划时需要遵循以下基本原则。

- 整体统一原则。在进行互联网广告策划时，策划人员要着眼全局，从整体协调的角度进行思考，符合广告的总体目标。在多种互联网媒体上投放的广告要次序严谨；分阶段投放的广告要衔接恰当；广告主体要符合商品内容，不能出现虚假信息；广告宣传要与线上线下统一，不能出现广告滞后于商品上市或广告已推出却无货可卖的情况。总之，对广告活动的每一个环节和步骤都要做整体考虑。
- 灵活调适原则。在互联网环境下广告的受众群体随时在发生变化，使策划人员面临着非常多变的营销环境，因此策划人员在策划广告时必须保证策划具有灵活性，并及时根据环境的变化对广告策划进行调整。
- 操作有效原则。互联网广告策划必须具有有效性。互联网媒体的费用虽然相对低廉，但是竞争相当激烈，这就导致了互联网广告创作成本的上升，因此策划人员需要保证广告创意能够呈现出最佳效果。对于视频形式的广告来说，实现创意的成本可能会偏高，所以策划人员要考虑广告创意的费效比。
- 目标针对原则。互联网具有大众参与和多次传播的特点，因此流量成为影响广告效果的重要因素。但是流量只是手段，营销才是目的。策划人员要抛弃使广告面面俱到的想法，尽可能直观地将广告展示给目标受众，才能在扩大传播范围的同时提高转化率。

互联网广告策划的上述几个原则并不是孤立存在的，它们相互依赖、相互补充，在互联网广告策划过程中缺一不可。

## 2.2 互联网广告策划流程

慕课视频

互联网广告策划流程

互联网广告策划是在对市场和广告受众情况进行充分了解和准确判断

上做出的理性决策。因此要制作出优秀的互联网广告策划，需要熟悉互联网广告的策划流程，为广告的最终决策提供科学、必要的依据，下面将对互联网广告策划流程进行具体介绍。

### 2.2.1 市场分析

市场分析是做好互联网广告策划的基础，精准、明确的分析结果对广告策划有着重要的参考和指导作用。策划人员应该充分了解市场分析的重要性。市场分析主要包括市场环境分析、商品分析和消费者分析3个方面。

#### 1. 市场环境分析

市场是指商品营销的领域，其作用是供各企业和品牌进行商业互利互惠的行为。企业的生存经营依赖于与市场的交互，而市场环境会影响商品的销售，因此策划人员在进行互联网广告策划时一定要考虑市场因素，对市场环境进行分析。市场环境的分析一般需要从政治环境、法律环境、经济环境、科技环境和社会文化环境5个方面入手。

- 政治环境分析。分析国家的政策与方针，国家对市场的干预力度以及国内外政治形势等，以确保广告可以避开政治敏感信息，通过有关部门的审核。
- 法律环境分析。分析与企业生产经营相关的法律法规、行政条例等，确保广告合法依规，无法律风险。其中对广告影响最深的是《中华人民共和国广告法》。
- 经济环境分析。分析社会经济条件和运营状况，包括整体经济态势、经济发展前景、国民收入、原材料价格、人力费用、产业结构、交通运输、资源分布等状况。这些因素会影响广告执行、广告效果和广告反馈，是对广告影响最直接的环境因素。
- 科技环境分析。分析与商品、广告相关的科学技术的发展和普及状况，新的科学技术往往会推动商品的升级和行业的进步。在广告中恰当地运用新技术可以塑造广告特色，吸引消费者注意，取得更好的广告效果。
- 社会文化环境分析。分析广告商品所处环境的文化特征、文化禁忌等，使广告及广告商品能够与社会文化相融合，并且能够避免广告及广告商品在扩展其市场空间时，与新开拓的活动环境的文化规则相冲突。

#### 2. 商品分析

商品分析，是根据商品的不同情况进行调查与研究，以确定该商品是否能够被市场接受。商品分析的主要方法是针对商品的某一性质，调查与研究同样具有该性质的类似商品的市场表现，以此来为广告商品的广告策划提供参考。

商品分析一般会从商品材质、商品工艺、商品质量、商品外形、商品性能、商品生产周期、商品服务等方面入手。对于策划人员来讲，商品分析应该尽量详细，尽可能多方面地进行综合分析。同时需要注意，不同商品其分析的侧重点也不一样，其最终的广告效果也会不同。图2-1所示的化妆品广告侧重展示商品功效。图2-2所示的电子书广告则注重展示电子书的折扣优惠。

图2-1 化妆品广告

图2-2 电子书广告

### 3. 消费者分析

在互联网环境下，消费者有着非常重要的地位，他们既是广告传播的终点，又是二次传播的起点，同时他们还能针对广告发布信息。因此，策划人员要格外重视对消费者的分析。

根据消费者的个人社交动态、过往消费记录、关注列表、个人基本信息、浏览器记录等信息可以分析出该消费者的行为偏好。消费者行为偏好往往会受到兴趣爱好、价值取向、消费心理、社会角色等影响，因此消费者分析主要包括以下4点内容。

- 消费者兴趣爱好分析。其包括分析消费者关心的问题、喜欢的风格、当下流行的元素，以及怎样的广告能引起消费者的兴趣，并让消费者愿意点击查看，进而购买商品或服务，甚至推荐给其他消费者。图2-3所示为京东平台的电商广告，通过“6 · 18”活动广告来引起消费者兴趣。

图2-3 引起消费者兴趣的广告

- 消费者价值取向分析。充分尊重消费者是取得消费者认同的前提。广告不仅需要触动消费者的购买欲，也要注意符合消费者普遍的价值取向。在互联网环境下，一旦消费者不满，导致消息裂变式传播则可能会快速引爆广告的负面效果。
- 消费者消费心理分析。消费心理是影响消费者消费行为的重要因素，常见的消费心理主要有从众心理、名人心理、好奇心理、实惠心理、习惯心理等消费心理，这些都会影响消费者的消费决策，因此策划人员在进行广告策划时，要结合消费者的消费心理制订具体的广告策略，这样才能促使消费者进行消费。图2-4所示的互联网广告，通过文案“全场五折起”，充分满足消费者的实惠心理，能吸引消费者点击广告。

图2-4　满足消费者实惠心理的广告

- 消费者社会角色分析。每一个人在社会上都扮演着不同的角色，如职业角色、性别角色、家庭角色、群体角色等。不同的角色代表着不同的消费观点，这会影响消费者对广告的接受态度。

## 2.2.2 确定广告目标

在互联网广告设计中，广告目标既是广告活动要达到的目的，又是衡量一则广告活动效果好坏的标准。一般来说，互联网广告目标主要有以下3种。

- 开拓型广告目标。目的在于开发新产品或拓展新市场。由于此类广告没有前期的累积和铺垫，所以着重于打响知名度，给消费者留下良好的印象。此类广告对广告创意的要求较高。
- 维持型广告目标。目的在于巩固现有市场份额，增加消费者黏性，培养消费者的忠诚度，进一步挖掘潜在需求。此类广告着重于养成消费者的消费习惯，保持消费者对产品的好感，加深消费者对已有商品或品牌的认知。图2-5所示为“上汽大众”品牌的互联网广告，该广告中通过该品牌的某款热销商品来维持品牌热度。

图2-5　维持型广告页面

- 竞争型广告目标。目的在于同类产品比对、抢占市场份额、快速提升销量。该类广告需要尽可能突出产品特点，使消费者充分认识到商品优势。

### 2.2.3 确定广告主题

广告主题是通过对广告目标的概括而提炼出的广告中心思想，是广告创意的基石。广告创意、广告设计、广告文案都需要围绕广告主题来进行。由于商品属性、企业情况、广告目标的不同，广告主题也各不相同，因此一般不建议策划人员套用或沿袭其他广告的主题，而要根据广告内容自主选定主体。确定广告主题一般可以遵循以下4种方法。

- 商品特点定位法。根据对商品的调查分析，找出该商品与市场上其他商品的差异，以此为诉求点说服消费者购买商品。该方法的常见形式包括：重点介绍该商品的创新点；与竞争商品比较，突出该商品的优质性；证明该商品能解决或避免消费者在日常生活中会面临的麻烦或尴尬；强调该商品能满足消费者的精神需要；展示该商品对消费者品味、风格的提升等。使用这一方法一定要将诉求点和消费者的需求结合起来，强调商品的不可替代性，才能激发消费者的购买欲。
- 企业形象定位法。企业形象是商品的第二张脸，人们往往愿意选择知名企业所生产的商品，所以在广告中树立和加强企业形象也能促进商品的销售。该方法的常见形式有：突出企业在行业内的重要地位；强调企业开发应用的独有技术或者优质原料；列举企业的历史成就；展示企业走在潮流前沿；宣扬企业务实、严谨、坚韧的优秀品质等。这一方法不是为企业做广告，而是借企业的名声推广商品，策划人员要把握好其中的分寸。
- 市场营销定位法。广告和营销手法相结合是推广商品的常用方法，可分为两种情况。一是利用营销手段来促进广告传播，其常见的方式有转发抽奖、集赞送礼品、打折等；二是利用广告来宣传营销手段，如在广告中突出商品折扣、满额抽奖和赠礼等信息。策划人员在使用这种方法时要重点突出消费者能取得的利益，最大限度地激发消费者的实惠心理。图2-6所示为展示商品优惠的广告页面。

图2-6　商品优惠广告页面

- 配套服务定位法。对于消费者来说，除了商品本身，配套服务也很重要。配套服务能带给消费者更直观的消费体验，所以良好的配套服务能产生巨大的附加值，促进商品销售。该方法的常见方式有：强调通过服务为消费者带来便利；强调售后服务的完善，免除消费者的后顾之忧；提供比同行更优质的服务等。策划人员在使用该方法时要突出企业对消费者的重视，以及全心全意为消费者服务的精神。

### 2.2.4 编制广告预算

广告预算是为广告活动预先拟订的开支计划，是对某特定时间内，广告活动所需经费总额，及其使用范围、分配方法的预估。若广告预算编制额度过多会造成资金的浪费，若广告预算编制额度过少则会造成资金的短缺，从而影响广告活动的效果。因此，使用科学的预算编制方法能有效制订出合理的广告预算。广告预算的编制方法有多种，策划人员要根据实际情况来选择编制方法。下面介绍3种适用度较高的广告预算编制方法。

**1．按营销情况编制广告预算**

这是根据营销需求来编制广告预算的方法，主要包括销售比例法、利润比例法和单位费用法3种。

- 销售比例法。将一定时期内的销售额按一定比例计算来预算广告经费，根据广告商品在特定阶段内的销售总额，按销售总额的一定比例作为广告投入，进而预算出下一阶段的广告投入。销售比例法又具体分为历史销售比例法（根据历史平均销售额或上半年的销售额加以计算）、预测销售比例法（根据下半年的预测销售额进行计算）和折中销售比例法（兼顾历史销售比例法和预测销售比例法）。
- 利润比例法。根据一定期限内的利润总额的大小来预算广告费，其具体操作与销售比例法相同。此处的利润可以是上一个广告周期商品取得的利润，也可以是该广告周期预测能够达到的利润。
- 单位费用法。该方法简单易行，具体操作是把每件商品看作一个独立的广告单位，对每个广告单位都设置相同金额的广告费用，再乘以计划销售商品的数量，从而得出广告投入的总额。使用这种方法可以得到商品广告的平均费用，该方法尤其适合市场定位为薄利多销的商品。

**2．按广告目标编制广告预算**

以广告目标的实施为目的来编制广告预算，其优点是将生产、财务、运输等与广告、销售密切相关的因素纳入广告预算的考虑范围，更好地配合广告主的营销目的，从而明确广告中所要做的具体工作内容，如广告策划、广告制作、广告发布、广告互动和广告反馈等。最后再估算每一环节工作所需要的费用以及其他成本。这些费用的总和就是广告预算投入。

**3. 按竞争对手编制广告预算**

竞争在市场中普遍存在，将广告置于实际的市场竞争中进行考量，也是进行广告预算编制的常用方法。具体来讲，就是根据市场上同类商品的广告费用来确定自身的广告投入费用。该方法又可分为市场占有率法和动态竞争比照法两种。

- 市场占有率法。即根据竞争对手的市场占有率以及其广告投入来确定自身的广告投入。具体方法为先将竞争商品的广告费用除以其市场占有率，得到真正商品单位市场占有率的广告投入，再乘以自己商品的预期市场占有率即得到自身的广告预算。
- 动态竞争比照法。即根据主要竞争对手的广告投入的变化情况来确定自身的广告投入，保持自身广告投入的增减比例与主要竞争对手相差不大。

需要注意的是，企业一般期望自身的广告费用与竞争对手处于同等水平上，这样既能避免宣传不足，又能避免投入过多，影响利润。

## 2.2.5 制订互联网广告投放媒体计划

广告形式多种多样，广告投放媒体也各不相同。一个成功的互联网广告宣传离不开合适的广告媒体，策划人员需要根据前期的广告分析内容来制订互联网广告的媒体计划。

**1. 选择合适的广告投放媒体**

简单来说，广告投放媒体是指将广告信息传递给消费者的媒介，选择合适的广告投放媒体，能保证广告信息准确地传递到目标市场。广告投放媒体的类型主要有以下5类。

- 视频类媒体。视频类媒体在消费者的日常生活和工作中都比较常见，有着高传播性、高转化率等多个优势，适合多种行业的广告投放，是企业营销推广的利器。常见的视频类媒体有腾讯视频、优酷视频、抖音短视频、快手短视频等。
- 电商类媒体。电商类媒体拥有大量的固定用户和活跃用户，广告资源位广，且广告覆盖多，人群定位也非常精准，比较适合服饰鞋包、餐饮食品、文化娱乐、日用百货、数码家电等行业的广告投放。常见的电商类媒体有天猫、京东、唯品会等。
- 社交类媒体。社交类媒体投放的广告类型非常广泛，且人群覆盖面较广，定位精准，能够在短时间内让消费者主动传播，实现营销内容的大范围传播。社交类媒体有微信、微博、小红书等。
- 资讯类媒体。资讯类媒体拥有大量的优质内容，消费人群比较大众，比较适合电商、游戏、教育培训、金融、旅游等行业的广告投放，资讯类媒体有新浪、百度、腾讯、搜狐、网易、知乎等。图2-7所示为知乎平台上投放的广告。

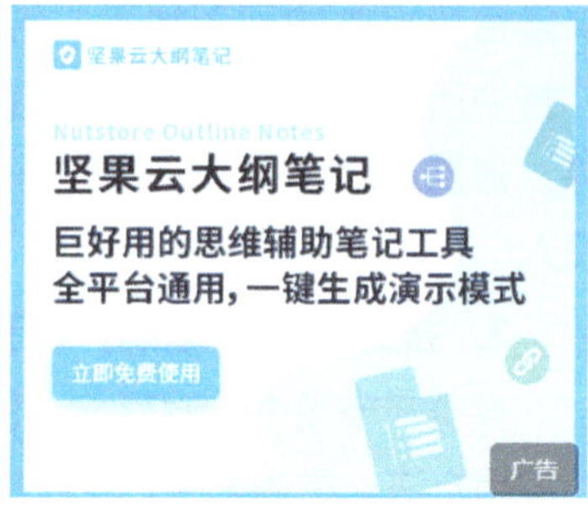


图2-7　知乎平台上投放的广告

- 搜索引擎类媒体。搜索引擎类媒体可以让消费者从大量的互联网信息中精准地找到他们需要的信息，其消费者人群覆盖面较广。搜索引擎类媒体可投放的广告内容可以是商品销售类广告，如汽车、服装、食品、首饰等，也可以是服务类广告，如网络维护、安全服务、大数据服务、软件开发、产品设计等。常见的搜索引擎类媒体主要包括百度搜索、360搜索等。

**2. 选择广告投放的媒体排期**

选择好合适的广告投放媒体后，策划人员还需要考虑广告投放的媒体排期，主要包括广告投放的时间、投放的数量以及投放的最佳时期等内容，以确保消费者能够在最有可能购买商品或服务的情况下看到广告信息。广告投放的媒体排期主要有以下4种类型。

- 持续式排期。持续式排期是指让广告在整个活动期间持续发布，涵盖整个活动周期。这种排期方式能不断地积累广告效果，刺激消费者进行消费。但这种方法使用的预算较多，并且过度暴露广告也会让消费者感到疲乏。这类排期方式比较适合房地产、汽车等行业使用，因为消费者对这些行业的商品一直有需求。
- 起伏式排期。起伏式排期是指让广告在有广告期和无广告期交替出现，是一种间歇性的排期方式，灵活性较大。起伏式排期可以根据需要选择最有利的时机展示广告信息，使广告得到最大程度的曝光，不足之处是广告的空档期较长，容易让消费者失去对之前广告信息的记忆。这种排期方式比较适合一段时期内需求波动较大的商品或服务。
- 脉冲式排期。脉冲式排期是持续性排期和起伏式排期的结合体。其广告预算随时间段的变化而变化。这种排期方式的优势是既可以持续性地累积广告效果，又可以根据企业需要，在最有利的时机加强广告的投放强度。

### 2.2.6 广告效果预测

广告效果预测是对广告发布后，引起的变化和造成的影响程度进行的考查评估。广告效果预测既能够重新审视整个广告策划流程，又能对广告活动质量和作用的评估提供依据，是广告策划必不可少的环节。

**1. 广告效果预测内容**

完整的广告效果预测主要涉及3个方面的内容，分别是传播效果、营销效果和心理效果。

- 传播效果。传播效果又称认识级效果，是指广告被接受的情况，一般包括广告的覆盖面、接触率、记忆度和理解度等。在互联网广告中，一般统称为热度，是广告效果的基础表现形式，也是营销效果和心理效果的基础。
- 营销效果。营销效果又称行动级效果，是指受众接受并通过广告进行购买行为的效果，常用于表现广告对商品销量的拉动，它也是广告主最为关注的效果。
- 心理效果。心里效果又称态度级效果，是指广告对于受众心理的影响，通常体现为提升了受众对商品的信任，培养了商品的忠实消费者，提升了品牌和企业形象等。心理效果相比其他两个效果更加隐性，但影响效果最深远。

**2. 广告效果预测方法**

在过往的实践中，人们在预测广告效果时采取了很多行之有效的方法，这里主要介绍受众评定法、专家意见法和瞬间显露法3种操作性较强、成本较低的方法。

- 受众评定法。在广告作品完成后和发布前，展示给极少部分的典型受众，征询他们的意见，并根据其合理建议修改广告作品。或是将几种广告方案一同展示，让受众进行挑选，将选出的广告方案作为最后定稿的参考。
- 专家意见法。邀请相关领域的专家对广告作品进行评判并提出意见。根据广告形式的不同，需要选择的专家也不同，一般可以选择广告学专家、商品所在领域的专家、心理学专家、市场研究专家等。邀请的专家越全面，专业水平越高，对广告的评价就越科学。
- 瞬间显露法。选定部分典型受众，将广告作品对其短暂展示，之后撤下广告作品并立即询问其对广告的印象，由于受众接触广告的时间短，此时其能说出的印象往往是对广告的最深刻印象。这一方法尤其适合判断广告主题是否鲜明、突出。

## 2.3 互联网广告策划方案

慕课视频

互联网广告策划方案

互联网广告策划方案是指以广告主的具体要求为目标，根据互联网广告策划流程所制作的广告计划方案，它是广告活动的计划性、广告工作的连续性的基本保证。下面将从互联网广告策划方案的内容结构和写作要点两个方面进行简单介绍。

### 2.3.1 互联网广告策划方案的内容结构

广告策划方案是对广告策划的总结，也是实施广告活动的纲领，在广告活动中有着重要的作用。一份完整、严谨的广告策划方案一般包括以下8大部分。

- 前言。前言是对整个广告策划的简要概述，作用是帮助阅读者建立对广告计划的整体认识。
- 市场分析。市场分析是对市场各种因素的分析，此部分一般细分为企业情况分析、商品分析、广告受众分析和竞争环境分析4个方面。
- 广告目标。广告目标建立在市场分析的基础之上，具体是指广告商品的营销方向，包括企业战略方向、商品定位、销售对象、市场潜在需求等。

- 广告主题。广告主题是广告的中心思想。不同的广告常因主体的不同，导致其广告内容也不同。因此，策划人员在策划广告主题时需要从实际出发，使广告主题与广告内容更加契合。
- 广告预算。广告预算是指广告活动预计需要的广告费用、广告费用的分配方案，以及广告费用分配的理由。
- 广告媒体计划。广告媒体计划是广告策划方案中的关键内容，用于整合互联网广告的媒体资源，使广告在合适的时机投放到合适的媒体平台，达到更好的广告效果。
- 广告效果预测。广告效果预测是指预测的广告效果和反馈情况，广告活动中以及活动后的评估方法和评估标准。
- 结论。结论是用来说明广告计划的合理性、适用性，强化广告主对策划的信心。

### 2.3.2 互联网广告策划方案的写作要点

广告策划方案是展示给广告主的目标规划文件。这一性质决定了广告策划方案需要有逻辑思维、鲜明的表述和具体的说明，从而打动广告主。

经过研究和总结，广告策划方案的写作要点有准确切入、条理清晰、因地制宜、简明扼要、言之有据、通俗易懂和成果当先7个方面。

- 准确切入。广告策划方案是为广告主服务的，需要获得广告主认可，所以需要从广告主的角度，考虑其关注的点，抓住广告主最关心的问题或广告策划的核心问题进行论述。
- 条理清晰。广告策划方案为了保证可读性和准确性，应该按照逻辑思维的顺序来进行写作，由主到次、由大到小、由宏观到微观，做到纲举目张、循序渐进。这样才能使广告主理解该策划方案，也能让策划方案的执行者对策划方案有清楚的认知。
- 因地制宜。不同的广告主对广告策划方案的了解程度不尽相同，策划人员应该尽量针对广告主对广告策划的了解水平来确定行文风格。如果广告主对广告行业、广告策划以及一些专业性知识缺乏了解，则策划方案应当详尽、清晰，反之亦然。
- 简明扼要。过长的篇幅和过于冗长的文字会让阅读者产生厌倦，所以广告策划方案应该简明扼要，对需细致陈述的部分要分清详略，可在关键处作批注讲解。
- 言之有据。广告策划中常引用数据来举例，因为详尽的数据来源更能增加数据的说服力。无论这些数据是源于权威网站、商业调查公司还是自己组织调研获得，都应该标注在策划方案中，这有利于增加策划方案的可靠性。
- 通俗易懂。广告策划方案是实用性文件，应该力求通俗易懂，一些专业术语和外语词汇都应该谨慎使用。让广告主理解策划方案的内容是获得其认同的第一步。
- 成果当先。在广告策划方案的开头就应当提出结论，并在其后罗列支持该结论的论据，将核心点放在相对显眼的位置，加深广告主的印象。

## 项目 制作“士力架”广告策划方案

### 项目要求

互联网广告经过多年的发展，其策划流程已经非常规范和清晰，与传统广告的策划相比也更为简单，互联网广告策划主要以互联网环境为背景，以产品为核心，以消费者为中心开展工作。本项目将以“士力架”为例进行互联网广告策划。要求根据互联网广告策划流程，制作“士力架”广告策划方案，充分展示出互联网广告策划方案的内容结构与写作要点。

### 项目目的

慕课视频

制作“士力架”广告策划方案

本项目将为“士力架”商品设计一个简单的活动广告策划方案。通过本项目掌握广告策划方案的写作方法。

### 项目分析

随着消费者生活水平的不断提高，消费者对巧克力的需求在不断增加，而各种巧克力品牌竞争激烈，需要完善的广告策划方案来分析市场，体现品牌优势。本项目中的品牌为“士力架”，商品是一款热销的牛奶花生夹心巧克力，主要以“能量、运动”为主要诉求点。为了推广该商品，策划人员需要制作该商品的互联网广告策划方案，使广告在不同的广告媒体进行展现，以带来更多流量，最终促成商品成交。

### 项目思路

本项目思路主要是遵循互联网广告的策划流程进行撰写，先市场分析，再确定广告的目标、主题与预算，然后制订广告媒体的计划，最终完成该品牌商品的广告策划方案，其具体思路如下。

（1）市场分析。本项目的市场分析主要包括品牌解读、商品分析与定位、消费者分析，并对信息进行判断与选择。

（2）确定广告目标。根据市场分析，可以知道该广告的营销策略是尽可能地提高品牌的知名度，提高该商品的销量与市场占有率，挖掘市场的潜在需求。

（3）确定广告主题。本项目中的广告主题主要分为两个方面。第一个方面是创意概念，也就是在策略和定位的基础上，选择一个合适的创意方向，创造独特的观点或主张。第二个方面是创意内容，本项目的商品有非常明显的定位，因此广告的主题应着重从商品“解饿”的特点出发，结合媒体技术，发挥想象力，扩展文案内容并进行视觉设计，这样可以让消费者在查看商品信息的同时又能够看到使用该商品后的真实效果。

（4）制订广告媒体计划。结合创意内容以及对消费人群的分析，选择适合的媒体平台进行传播，通过网络渠道开展活动以及通过社交平台举办活动来呈现，进行广告引爆和传播，一般包括预热—引爆—造势—共创—热销5个步骤。

（5）广告效果预测。最后对商品最终的营销效果进行预测，为广告活动提供现实的理论依据。

## 项目实施

本项目实施主要依据互联网广告策划流程来进行，先从市场分析的角度进行产品定位、消费者分析，再通过调研来确定广告的目标、主题，然后制订广告媒体的计划，也就是推广策略、创意概念、创意内容、媒体传播、网络渠道活动、社交平台活动等的策划，最终完成产品的广告策划方案，其基本步骤如下。

### “士力架”广告策划方案

**产品定位**

解饿

↓

**消费者分析**

很多年轻消费者经常会参与各种运动活动，
或者出门旅行，并且他们也正处于
身体的生长阶段，对能量的需求较大。

↓

**通过调研发现**

很多人说自己一饿的时候就没有力气，
身体发软，乱发脾气，有时会犯懒……
饿症犯了，就好像变成了另一个人。

↓

**推广策略**

士力架能让饿的人变回自己。

↓

**创意概念**

当你饿的时候，你就不是你自己。

↓

**创意内容**

幽默而富有戏剧性的情景，表现一个人因为饿了，
变成了林黛玉，变成了唐僧，变成了华妃，变成了憨豆……
然后吃一口士力架，他又变回自己。

↓

**媒体传播**

核心是 TVC 广告片（特指以电视摄像机为工具拍摄的电视广告影片）、话题与互动。
运用电视、户外、网络、楼宇框架广告
及社交媒体、互动活动等，

来延展创意概念，进而形成整合传播。

↓

**网络渠道活动**

“拯救饿货，兄弟有责”，

身边的饿货犯病了，

赶紧给他们买“士力架”，

让他们做回自己。

↓

**社交平台活动**

邀请网友们

分享身边的“饿货囧事”，

敬请揭短。

## 思考与练习

1. 简述互联网广告策划的作用及策划原则。

2. 简述确定互联网广告策划的目标与主题的方法。

3. 扫描右侧二维码，阅读沐浴系统商品广告策划方案案例，分析该策划方案中的写作要点。

4. 对自己的手机品牌进行市场分析，并设计相关的广告策划方案。

策划书案例

沐浴系统商品广告策划方案

Chapter 3

# 第3章 互联网广告文案的写作

互联网广告文案有哪些？

如何写常见的互联网广告文案？

互联网广告文案有哪些写作技巧？

## 学习引导

| | 知识目标 | 能力目标 | 素质目标 |
|---|---|---|---|
| 学习目标 | 1. 了解互联网广告文案的内容结构<br>2. 了解互联网广告文案的特点<br>3. 掌握互联网广告文案的写作流程 | 1. 掌握互联网广告文案的写作要求<br>2. 掌握常见的互联网广告文案写作方法<br>2. 掌握互联网广告文案的写作技巧 | 1. 培养不同文案信息的收集能力<br>2. 培养对语言的运用能力<br>3. 培养不同类型广告文案的写作能力 |
| 实训项目 | 写作“唇膏”商品广告文案 | | |

互联网广告文案是设计人员将互联网广告的信息、主题以及创意转化为文字，具体地呈现在消费者面前的一种表达方式。它是对广告主题的整体概括，也是广告设计的重要组成部分。互联网广告文案作为一种传递广告信息的视觉元素，能够抓住消费者的目光，带给消费者丰富的视觉想象力。

慕课视频

了解互联网广告文案

# 3.1 了解互联网广告文案

在互联网环境中，消费者并不能直接接触商品或服务，这时候广告文案就作为一种有效的传达方式，成为消费者了解商品或服务的一种渠道。传统广告文案指广告作品中所有的语言文字，而互联网广告文案由于互联网的繁荣发展，逐渐发展为基于互联网平台，并且以商业目的为写作基础进行传播的内容。互联网广告文案的内容不再只是语言文字，还涵盖了图片、视频、超链接等元素，使文案更贴合移动互联网时代的需要，被赋予了不同的意义和时代特征。

## 3.1.1 互联网广告文案的内容结构

互联网广告是一种线上展示的广告，因展示终端的不同，容易受到尺寸的限制。设计人员为了在有限的尺寸中向消费者尽可能地展示出广告的主题信息，将传统的广告文案内容结构进行了精简。互联网广告文案包括3个主要内容，分别是互联网广告的标题、正文和附文。标题可以增强消费者的阅读兴趣，正文主要传达广告具体信息，附文则起到补充信息或加深印象的作用，如图3-1所示。

图3-1　互联网广告文案的主要内容

### 1. 标题

文案标题主要用来吸引消费者，激发消费者阅读文案具体内容的兴趣。因此，对于任何广告文案来说，标题都有着十分重要的作用。文案标题的好坏会直接影响广告的点击率和传播度，为了帮助设计人员写作出更有价值的互联网广告文案，下面简单介绍一些标题的写作技巧。

- 新鲜有趣。现在很多消费者会花费大量时间在各个社交媒体中探索、娱乐，就是因为他们热衷于追寻新鲜、有趣的内容，因此，新鲜有趣的标题更容易让消费者有阅读欲望，从而便带来点击率。
- 真实。传达真实的信息是与消费者建立稳定关系的前提。尤其是写作时，最忌文不对题，切忌靠说谎来获取流量。
- 营造氛围。在文案标题中塑造场景能快速传达出品牌定位或商品价值，并且能唤起消费者内心的场景联想，打动消费者的心。当消费者看到追求个性、强调自我的广告时，会非常注重广告所带来的内心真实感受，被广告氛围所感染。
- 直击痛点。标题是吸引消费者查看广告的第一要素。因此，标题的写作更应该直击消费者痛点，这个痛点可以是与消费者切身相关的利益，也可以是文案正文的关键信息。图3-2所示为携程旅行的互联网广告，该广告文案的标题为“1000元差旅红包”，直接为消费者展示了该广告能够带给消费者的相关利益，准确击中了消费者痛点。

图3-2　直击痛点的广告文案

- 运用数字。数字简单、直接、精确、直观，能将模糊的信息具体化，给人信息含量更丰富、专业度更高以及理性思考的感觉。使用数字式标题可以增加文案的可信度，激起消费者强烈的阅读欲望，且更容易被消费者记忆，易于传播。图3-3所示为App开屏广告文案，这些文案的标题中均运用了数字，如“2.5”“20%”“500万”等，使广告更具吸引力。

图3-3　运用数字效果的广告文案

- 感情渲染。感情渲染也是文案标题写作的一个技巧，借助感情色彩很容易引起消费者的共鸣，提升消费者的阅读兴趣，引发其自主传播广告信息。图3-4所示的广告文案标题“帮他走出困境”，从消费者的情感出发，以情动人，引发消费者对儿童的同情心理，从而关注广告内容。

图3-4　感情渲染的广告文案

- 巧妙使用互联网流行语。互联网流行语是指在一定的时间、范围内被网民在互联网上或现实生活中广泛使用的词、词组等的言语表达单位。大多互联网流行语是由某些社会热点话题或热门事件形成，同时在网友的关注下快速传播，吸引了大量消费者的关注。如果将这些互联网流行语巧妙地应用到文案标题中，也能引起消费者的关注。
- 通俗易懂。太过专业化的内容会增加消费者的阅读障碍，使其产生疲乏感，从而放弃继续阅读，因此标题要去专业化，忌太多长句和艰涩的词句。图3-5所示的互联网广告文案的标题都比较简洁、直白，消费者一眼就能够明白广告的内容，无需仔细思考。

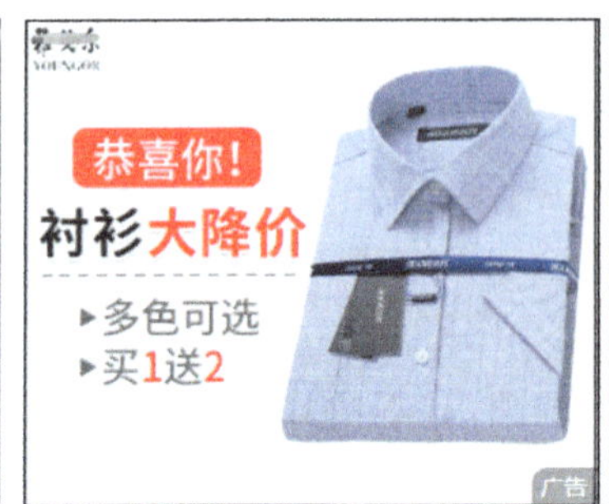

图3-5　通俗易懂的广告文案

### 2. 正文

设计人员按照一定的写作手法，对文案的组织形式、结构等进行合理的安排设置，从而形成的整体，即为文案的正文。正文是文案的主干，是一篇文案中篇幅最大的部分。互联网广告文案的正文与标题一样，都非常简洁，可以是短短的几个词组或者几个字。有的互联网广告将标题与正文合二为一，可以起到在最短的时间内吸引消费者的作用，让消费者看到自己想要的信息。图3-6所示的广告文案正文分别为“5斤仅199元 货到付款”“夏季只卖198元”“分享前沿科技 瓜分万元大奖”，这些广告正文都比较简洁，在有限的广告页面中向消费者传达出最有效的广告信息。

图3-6　广告文案正文

### 3. 附文

附文是对广告正文的补充，对广告正文起辅助作用。其位置一般位于广告正文之后或广告的角落中。在广告作品中附文通常以较小的文字出现，不会非常显眼。互联网广告中的附文可根据广告内容和广告页面进行调整，也可以直接将其省略。附文内容一般是广告的企业名称、地址、购买途径、联系方式、企业标志或品牌标志、广告的促销或报名活动时间等附加性信息。当广告的标题、正文已经让消费者产生了兴趣，并了解了广告附文中商品的购买或服务方式后，消费者会以最直接的方式来产生消费行为，因此，附文可以促进消费行为的加速完成。

### 3.1.2 互联网广告文案的特点

互联网广告文案是在当代互联网环境的变革下发展出来的一种文案类型，它更符合当代消费者的阅读习惯，也更能适应互联网传播的需要，其主要有以下5个特点。

**1. 内容多元化**

互联网的便捷性导致信息传播渠道多样化，各种各样的互联网信息数不胜数，消费者很难从冗杂的信息链中获取指定的某一段信息。互联网广告文案便是对信息的加工和处理，因而更需要考虑广告信息是否能准确、轻松地被消费者接收、理解、记住甚至传播。互联网广告文案由单一的文本形式变为文字、动图、超链接、视频等形式的灵活组合，在不同的互联网平台都能得到有效传播。

**2. 定位精准**

不同互联网广告投放平台的消费者具有不同的特征，设计人员要根据各平台消费者的特点撰写广告文案。例如知乎、豆瓣、微信、微博等比较适合上班族，所以其推送的广告大多数都是职场人群所需要并愿意进行传播的。又如淘宝头条大部分的消费者都是女性群体，且以年轻女性居多，所以其文案多是这类群体感兴趣的服装、美妆等内容。消费者在平台浏览的各种数据都会被后台记录，平台基于这些浏览记录会精准地为消费者推送相关的广告内容。商家或企业若与这些平台合作，就可根据这些数据对消费者进行精确的定位，从而取得良好的营销效果。

**3. 标题为主**

互联网广告文案要在消费者看到广告的第一眼就吸引到消费者的目光，其标题显得尤为重要，因此大部分互联网广告文案都是以标题为主，文案简洁直白，新颖独特，没有任何多余的铺垫与渲染，让人印象深刻，如图3-7所示。

图3-7 标题为主的广告文案

**4. 具有吸引力**

互联网广告的文案内容都非常具有吸引力，主要是通过在文案中展示出广告最有力的诉求点，和使用免费和低价等词语，以及制造悬念和结合热点等方式，让广告文案具有吸引力。图3-8所示的互联网广告文案使用了“半价”这个词来吸引消费者的注意，让广告具有了吸引力。

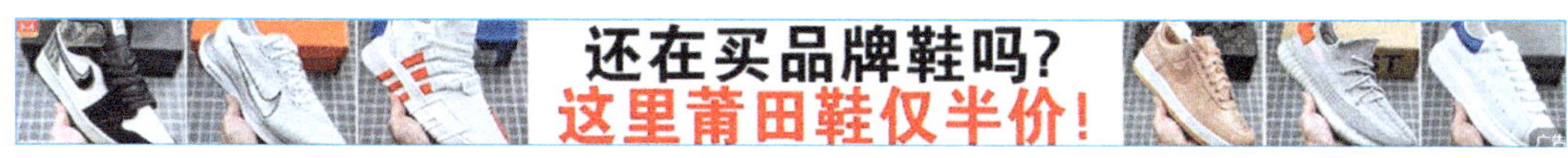


图3-8 具有吸引力的广告文案

**5. 时效性强**

在移动互联网环境下，消费者逐渐表现出碎片化阅读的行为特点。在该背景下，信息的传播与更新速度快，若是文案传达的信息过时，就很难引起消费者的注意。因此互联网广告文案也具有时效性的特点，其表现主要是借助热点话题来进行互联网广告文案的传播，让广告信息能够及时传达给消费者。图3-9所示的互联网广告文案借助“6 · 18”年中大促活动的热点来传播广告信息。

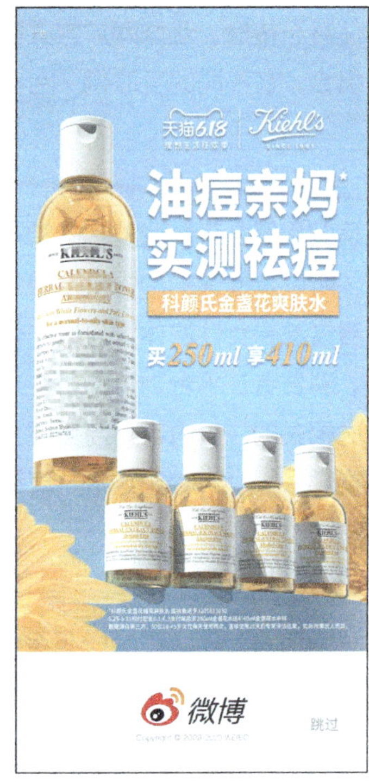

图3-9 时效性强的广告文案

## 3.1.3 互联网广告文案的写作要求

优秀的互联网广告文案总是能够给人留下深刻印象，无形间向消费者渗透其理念，使消费者对商品和品牌产生好感，并进行广告的传播。一般来说，互联网广告文案的写作要求通俗易懂、简明扼要、能够激发互动、言简义丰和创意新颖等。

**1. 通俗易懂**

通俗易懂是互联网广告文案的基本要求。与其将文案写得“文艺十足”，让消费者摸不着头脑，还不如将文案写得简单通俗，让每一个消费者都看明白、听得懂。在众多互联网广告文案中，越是平实的文字越有效。通俗易懂的互联网文案写作有以下3点要求。

- 语言表达要规范和完整，避免语法错误。
- 语言描述要准确，避免产生歧义或误解。

- 符合语言表达习惯，避免使用生僻和过于专业化的词语。

**2. 简明扼要**

在互联网环境下，消费者关注一篇文案的平均时间是非常短的。因此，互联网广告文案要尽快吸引消费者的注意力，实现广告信息传播的有效性，必须保证文案简明扼要，方便消费者阅读和理解，以及迅速记下广告内容。图3-10所示的广告文案简明扼要，准确地向消费者传达出了广告信息。

图3-10 简明扼要的广告文案

**3. 能够激发互动**

优秀的互联网广告文案不仅要具有说服力，还要能够激发消费者互动，只有引起消费者主动讨论的兴趣，才会取得较好的传播效果。在互联网广告中，文案不只是文字，更是创意与观念的载体。能够激发互动的互联网广告文案，可以让消费者不再只扮演围观者这一角色，他们也将成为内容的生产者和供应者。以微博为例，很多商家会在微博中发布广告信息，并号召消费者评论、点赞或转发，通过二次传播吸引更多的关注，更好地维持与消费者的关系，增加消费者对品牌的亲切感，提升商品和品牌的知名度。图3-11所示为公益广告，该广告通过“立即益童陪伴”“帮困境儿童获得社会保障”等文案来触动消费者内心，让消费者积极参与，激发互动，从而达到广告的目的。

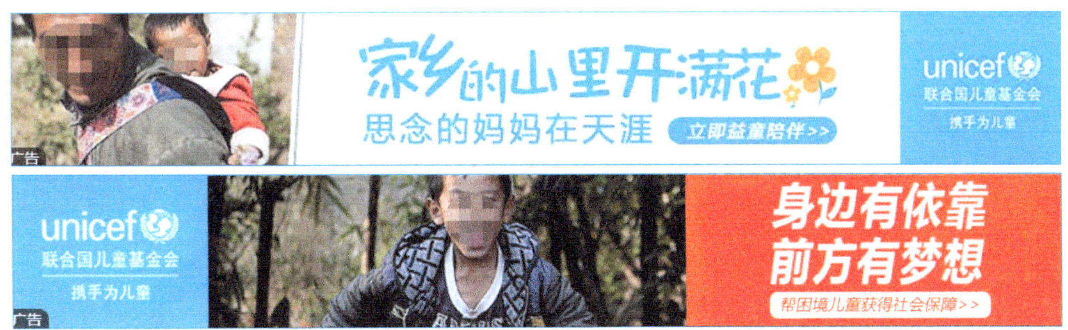


图3-11 能够激发互动的广告文案

**4. 言简义丰**

言简义丰即用尽量少的文字表达丰富的内涵。无论是对专业的文案人员，还是普通的消费者来说，一个好的文案并不一定需要辞藻华丽，只需画面清爽干净，内容丰富有内涵即可，很多经典的文案其实都很简单。对于文案创作来说，往往越是简约的文案越不简单，因为在文字简练的基础上表达丰富的含义是非常困难的。简约的文案要想出众，必然要经过大量的资料研读，反复的策划思考，才能找出现最佳的创意表达方式。图3-12所示为kindle的商品文案“读书的人，面上有光”。

该文案的字面意思是读书的人会散发出不一样的魅力，有一种发光的力量，且同时也可以理解为Kindle青春版内置阅读灯，可以照亮读书人的脸。该广告文案一语双关，在传达产品特征的同时也给人丰富的联想，寓意深厚。

图3-12　言简义丰的广告文案

**5. 创意新颖**

创意是一种通过创新思维，挖掘和激活资源组合方式，进而提升资源价值的方法，它既是个性化思维的表现，又是对生活的精练总结与阐释。在广告、设计、写作等行业，创意是企业生存的基础。好的文案创意，不仅令人印象深刻，还能取得好的传播效果。

总之，互联网广告文案创意的关键是摆脱惯性思维，用全新的思维解读事物、联系事物、表达事物。图3-13所示为创意新颖的系列广告文案。该系列文案突破了传统营销模式的局限，巧妙地将别人不能联想在一起的事物，即葫芦娃与化妆品，按照某种逻辑重新结合，打造出了个性化的创意文案，妙趣横生的文案不仅体现出了广告的创意，令消费者印象深刻，还能够使文案信息有效地触达消费者。

图3-13　创意新颖的广告文案

### 3.1.4 互联网广告文案的写作流程

互联网广告文案是消费者与商家或品牌之间进行交流的渠道。设计人员要想写作出一篇语言流畅、结构清晰、逻辑严密，并且满足消费者需求的互联网广告文案，需要先分析广告的市场环境与目标消费者，进一步了解商品及市场，找出核心卖点，增强文案的竞争力。同时，设计人员对目标消费者进行分析，也能够从消费者的角度进行思考，找到文案内容与消费者需求之间的契合点，通过文案引发消费者的共鸣，为文案的写作提供比较客观、正确的依据。在这些准备工作完成后，再根据精确的写作流程来写作互联网广告文案，以更高效地达到文案要求的目的。下面将对互联网广告文案的写作流程进行详细介绍。

**1. 明确文案目的**

明确的目的对一件事的成功起着指导性的作用，不同的文案写作目的可能导向不同的内容结构和写作思路，因此，设计人员应该根据文案目的去构思文案。也就是说，在写作文案之前，设计人员必须先明确该广告是为了促进商品的销售，还是为了宣传品牌或企业；是为了与消费者互动，还是只为了单纯的活动推广等。

- 以促进商品销售为目的。如果以促进商品销售为目的，设计人员需要思考如何让商品更具竞争优势，如何让消费者觉得自己的商品使用价值高于其他竞争对手的商品。图3-14所示的广告文案着重展示了商品的卖点，是以商品销售为目的的广告文案。

图3-14 以商品促销为目的的广告文案

- 以宣传品牌或企业为目的。如果以宣传品牌或企业为目的，设计人员需要思考如何在文案中体现所要宣传的对象，并且不会引起消费者的反感情绪，文案的内容怎样才能更贴近品牌或企业整体的风格与形象。图3-15所示的广告文案着重展示了品牌的定位为年轻人，是以宣传品牌或企业为目的广告文案。

图3-15 以品牌宣传为主的广告文案

- 以与消费者互动为目的。如果以与消费者互动为目的，设计人员需要充分激发消费者的兴趣，调动他们的互动积极性。
- 以活动推广为目的。如果以活动推广为目的，设计人员需要思考如何让消费者觉得这个活动有吸引力、值得参与，达到二次或多次传播的效果。

## 2. 明确文案主题

明确文案主题是文案写作中非常重要的一个环节。文案主题贯穿着文案写作的整个过程，统筹着文案策划和写作的方向。文案主题对文案最终呈现效果有着很大的影响，对内能影响文案的创作、传播渠道和广告投放；对外还担任着传播者的角色。文案主题的好坏直接影响消费者的参与度，通过文案主题能够清楚广告宣传推广的重点信息。因此，互联网广告文案的主题选择是否恰当，直接影响文案所能带来的商业价值和商品或品牌的成败。

- 文案主题应该与商品特征和企业特征相关联。设计人员需要对广告进行多角度、多层面的分析，根据商品特征和企业特征相关的创意点来明确文案主题。如以宣传企业为主的广告，可从企业资质、实力、文化等角度明确主题创意，突出企业的知名度、文化建设等。如以宣传商品为主的广告，可从商品的功能、质量、卖点等方面明确主题创意，也可以从与同类商品比较，显示自己的商品在功能、质量等方面比其他同类商品优越。图3-16所示的广告文案主题都与企业特征相关。左图广告主要是宣传扬子江药业集团，其主题侧重传达该企业“为父母制药 为亲人制药”的企业文化；右图广告则主要是宣传中国民生银行“为民而生 与民共生”的企业的经营理念。

图3-16 文案与企业特征结合

- 文案主题应该与消费人群相关联。不同的消费人群对应着不同的主题，根据不同消费人群的痛点来写作文案主题更容易触动消费者的内心，引发共鸣。例如，房价、升职、马拉松和健身等主题非常容易引起上班族群体的关注和传播；学生群体则对情感、星座、运动和游戏等主题感兴趣；妈妈群体平时对海淘、代购、辅食、幼教等主题的关注度较高；中年群体则更关注工作压力、家庭压力、养儿育女等与责任有关的主题。广告文案的主题与消费人群相关联，会更容易吸引对应的目标消费者去关注和浏览。
- 文案主题应该与热点事件相关联。互联网中的信息传播速度极快，热点事件具有迅速收获大量关注和迅速扩散的能力。所以，设计人员可以使用热点事件作为文案的主题。

## 3. 写作文案

明确了文案写作主题之后，设计人员需要通过过硬的文字功底和文案技巧，去提炼观点，并结合媒体投放渠道的特点，再进行创意思考，将主题清晰地呈现出来，形成条理清晰、连贯、结构性强的文案正文。围绕文案的主题，设计人员应合理地将论点和论据统一起来，使文案具有吸引力。

**4．评估与修订文案**

评估与修订文案就是在完成文案写作后，由商家或品牌方负责人对文案的质量进行审查，看文案是否达到了商家或品牌方预想的效果。若审查后发现文案还存在需要修改完善之处，则设计人员应根据商家或品牌方负责人的意见进行一次或多次修改，直到对方满意并确定文案。

完成文案写作并发布文案后，设计人员可以通过数据、目标消费者反馈等方式对文案的推广效果进行观察，并对文案工作中的优点和不足进行归纳总结。对于优点，可以继续发扬；对于不足，设计人员需要根据消费者的反馈情况进行改进，以避免在以后的文案写作中重蹈覆辙。

## 3.2 常见的互联网广告文案写作

慕课视频

常见的互联网广告文案写作

互联网广告文案的内容会根据互联网广告的类型不同而有所区别，对于设计人员来说，掌握常见的互联网广告文案的写作，能够提高自身的文案写作水平，并举一反三地进行其他类型文案的创作。下面就对常见的互联网广告文案写作进行详细介绍。

### 3.2.1 横幅广告文案的写作

横幅广告文案是互联网广告中常见的文案形式，其所占面积较小。因此，广告的文案只能用最简单的语言准确地传达给消费者，引起消费者对广告的关注。下面对横幅广告文案的基本要求、写作技巧等知识进行详细介绍。

**1．横幅广告文案的基本要求**

在写作横幅广告之前，设计人员需要先了解横幅广告文案写作的4点基本要求。

- 内容精练。内容精练即减少不重要的文字内容，如不必要的修饰词语、前后重复词语等，使用核心关键词来清晰地表达广告所要传达的信息。
- 结构简单。考虑到横幅广告的尺寸限制，横幅广告主要包含广告标题和广告正文，有时候甚至只有广告标题，先吸引消费者浏览点击，再跳转到内容页面介绍广告具体内容。图3-17所示的广告文案则只有标题。

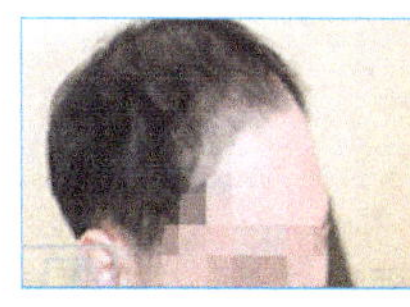


图3-17　结构简单的广告文案

- 重点突出。太过专业的内容会增加消费者的阅读障碍，使其失去耐心，从而放弃继续阅读。因此标题语言要去专业化，不要用太多长句和艰涩的词句，要用简单出众的内容描述文案。

**2. 横幅广告文案的写作技巧**

横幅广告文案由于其结构简单，大部分文案的主要内容就是标题，因此，其写作技巧与互联网广告标题的写作技巧类似。除此之外，还可以通过以下3个技巧来进行写作。

- 营造画面感。在广告文案中可以运用一些用比喻、名词、动词代替形容词；或者运用第二人称拉近广告与消费者的距离；也可以加入有画面感的词语元素，让消费者在读到该广告文案时就会想起广告内容。图3-18所示的横幅广告文案“名校为你而来”中的“你”字就运用了第二人称的写法，增加了广告的亲切感与画面感。

图3-18　营造画面感的广告文案

- 制造悬念。悬念开头是广告文案写作中使用得较多的一种技巧。在文案标题中制作悬念能快速能引起消费者的好奇心，吸引其继续阅读，使消费者自然而然地接受广告文案传递的信息和推广内容。图3-19所示的广告文案，通过提问来制造悬念，引发消费者的好奇心。

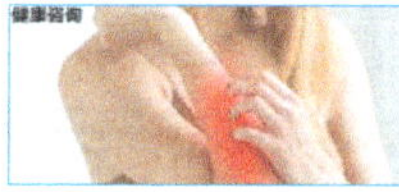


图3-19　制造悬念的广告文案

- 运用对仗句式。广告文案太冗杂会让消费者对广告失去耐心。对仗句式整齐匀称，节奏鲜明，有利于消费者对广告的阅读和记忆。图3-20所示的“官方正品 限时秒杀”即采用了对仗句式。

图3-20　运用对仗句式的广告文案

## 3.2.2 短视频广告文案的写作

短视频广告文案主要由标题和正文两部分组成。其中标题展示的是短视频的主题，新鲜有趣的主题可以刺激消费者产生浏览的欲望；正文是短视频广告中的台词，需要提前写好，这样才能保证广告有条不紊地展示在消费者眼前。

**1. 短视频广告文案的写作原则**

短视频广告文案是为广告内容服务的，其内容可以是向消费者全面展示商品的功能、卖点，也可以是展示企业的品牌理念，所以，短视频文案的写作需要遵守以下4个基本原则。

- 真实原则。短视频文案通过视频来展示广告内容。视频内容可以进行有创意的设计，但广告所宣传的内容需要是现实中存在的。任何创意都必须基于真实的信息，这样才能获得消费者的信任，并最终达成广告目的。
- 成本原则。短视频广告文案的出发点是通过视频来引导消费者关注广告内容，但在构思创意的过程中，设计人员往往会因为忽视了创意的真正实现条件，使创意在执行过程中因为技术限制或预算限制等原因无法实现。天马行空的创意很容易被写作成文案，但是真正把这些文案转化成短视频，需要付出非常大的代价，这就可能导致制作成本提高，影响短视频的效果。
- 大众原则。短视频广告需要展示给大多数消费者，因此，需要把短视频广告文案写得通俗易懂，让短视频的拍摄者和观看者都能明白文案所表达的主题和意义。
- 全面原则。短视频广告文案是视频广告的剧本，需要将所有的台词都写作出来，包括各个分镜头等，都需要出现在这类文案中。

**2. 短视频广告文案的写作要点**

短视频广告的展现形式是视频形式，其文案的写作要求与图文广告的文案写作也有所不同。下面对短视频广告文案的写作要点进行简单介绍，帮助设计人员更好地掌握短视频文案的写作。

- 标题的字数适中。对于短视频来说，其文案标题的字数太少可能会无法准确地展示商品卖点和文案主题，字数太多则可能会影响消费者的阅读耐心。所以，短视频文案标题字数要适中，尽最大可能地吸引消费者浏览。图3-21所示的短视频广告标题“裤装裙装你pick哪套？”，简短的文案标题给消费者直观的印象。
- 使用标准的格式。短视频文案中的文字是有标准格式的，例如，数字应该写成阿拉伯数字；尽量用中文表达，减少外语的使用等，这样才能减少消费者的阅读负担，方便消费者阅读，如图3-22所示。
- 广告的信息密度适中。由于短视频广告的长度限制及消费者的观看习惯等因素，短视频广告文案中的信息密度不宜过大，把利益点细化，突出一个关键要点即可，以切中消费者的心理需求，如图3-23所示。
- 具有趣味性。对于短视频广告来说，由于其拍摄成本比较低，消费者对于画面质感、拍摄水准等都没有太高的要求。因此对于短视频广告文案来说也就不需要多么正式、严谨，可以优先考虑趣味性，并适当结合广告内容，当然不能过于低俗以免损害品牌形象。在创作中，可以适当忽略逻辑性，添加一些夸张、搞怪的元素。
- 考虑推荐机制的影响。由于短视频平台都有系统推荐机制，因此设计人员在写短视频文案标题时要考虑推荐机制的影响，尽量避免短视频广告文案中出现系统不能识别的词汇，否则会降低广告的推荐量。系统不能识别的词汇包括非常规词（“活久见”等），冷门、生僻词汇（过于专业的词汇或术语等），不常用缩写（将重庆缩写为“CQ”等）。

图 3-21　标题字数适中的广告文案

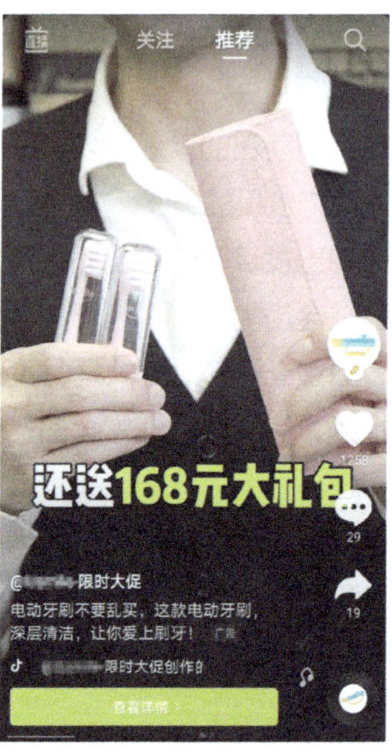


图 3-22　使用标准格式的广告文案

图 3-23　信息密度适中的广告文案

### 3.2.3 电商广告文案的写作

随着电商领域的不断发展，电商营销推广被越来越多的商家所重视，电商广告文案作为电商营销推广的关键环节之一，自然也非常重要。同时，电商广告文案也是一种较为常见的互联网广告文案类型，其写作技巧和方法也是设计人员必须重点掌握的，下面进行具体介绍。

#### 1. 电商广告文案的写作技巧

电商广告文案的写作并不简单，不仅要传达出商品的信息，还要能激发消费者的购买欲望，因此需要设计人员掌握一定的写作技巧。常见的写作技巧主要有以下2点。

- 文案标题使用高频词组合。电商广告文案的主要目的是销售商品、实现利润，其文案标题太直白，消费者会产生反感情绪；标题太隐晦，又往往达不到曝光效果。经总结发现，在不同电商广告文案中总是有一些内容是相同的、经常出现的，这些就是高频词汇。在文案标题中使用高频词汇能起到吸引消费者，提升转化率的作用。常见的高频词汇主要有“打折降价”“便宜”“限时促销”“限购”“秒杀”“天然健康”“质量保证”“操作简单”等。图3-24所示为使用高频词的广告文案。

图3-24　使用高频词的广告文案

- 结合节假日的情感诉求。电商商家常常会趁着节假日进行各种广告宣传，对于他们来说，节假日是少有的能够吸引大量消费者的时间。一篇优秀的节假日文案往往能让商品或品牌取得很好的营销效果，所以，节假日文案的写作也是设计人员应掌握的重点，如中秋节、儿童节、情人节、春节文案等。由于节假日被赋予了不同的情感主题，设计人员在写作此类文案时可结合情感诉求，编写充满情感色彩的文案来充分调动消费者的情绪，打动消费者，刺激其产生购买行为。图3-25所示的广告即为“年中购物节”与“好物清凉节”的电商广告文案。

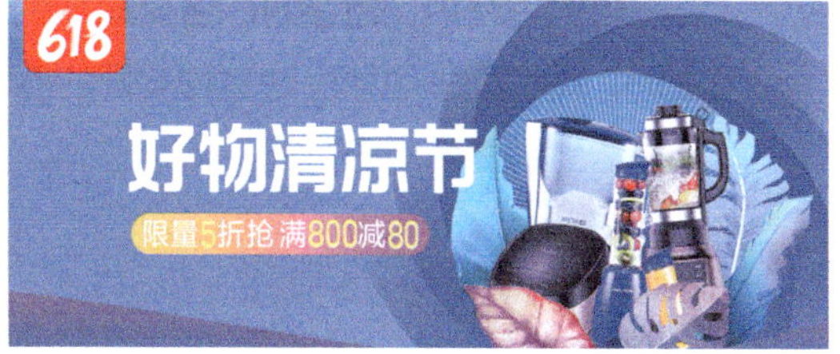


图3-25　结合节假日的电商广告文案

**2. 电商广告文案的写作方法**

电商广告文案需要在最短时间内吸引消费者眼球，让消费者了解广告中的商品或服务的特点与价值，因此设计人员需要对电商广告文案的写作方法进行了解。下面介绍5种常用电商广告文案的写作方式。

- 直接表述法。直接表述法是一种最常用的电商广告文案的写作方法，这种方法将某个商品清晰地展示出来，并着力渲染商品的质感、形态和功能用途，呈现商品精美的质地，给消费者逼真的现实感，使其对广告文案所宣传的商品产生一种亲切感和信任感。图3-26所示的“护眼水墨屏”“开放系统”等文案直接展示出了商品特征。
- 特点突出法。特点突出法是抓住和强调商品或主题本身与众不同的特征，并把它鲜明地表现出来。将这些特征置于广告页面的主要视觉部位，或对其加以烘托处理，使消费者第一眼即可感知到这些特征，引起消费者的浏览兴趣，达到刺激消费者购买的目的。图3-27所示的广告中，将“柔软适脚”等鞋子特点的文案放置到了页面中间，并搭配了鞋子的部分细节图片，对鞋子的特点进行了重点展示。

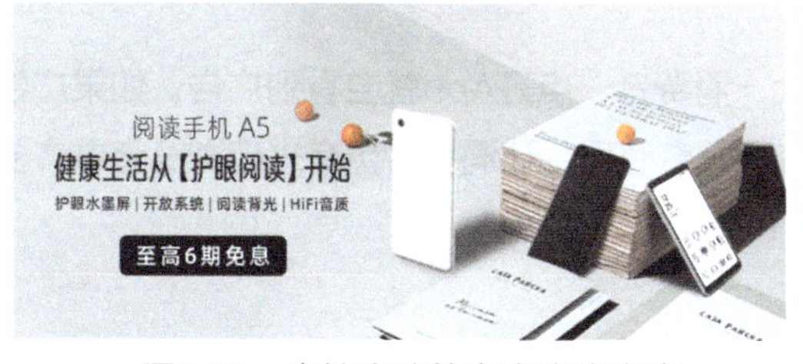

图3-26　直接表述的电商广告文案

图3-27　特点突出的电商广告文案

- 合理夸张法。合理夸张法是指对广告中所宣传的商品品质或特性，在某个方面用文案进行明显夸大，以加深或扩大消费者对这些特征的认识。通过这种方式不仅能更鲜明地强调或揭示商品的实质，还能使广告文案产生一定的艺术效果。
- 对比衬托法。对比是一种在处理对立冲突艺术中最常用的表现方式，这里的对比不是文案字体的对比，而是用文案将电商广告中所描绘商品的性质和特点放在鲜明对照和直接对比中进行表现。借彼显此，互比互衬，借助对比所呈现的差别，达到集中、简洁、曲折变化的表现效果。设计人员通过这种方式可以更鲜明地强调或揭示商品的优势和特点，给消费者深刻的视觉印象。

- 以情托物。电商广告不仅仅只是图像的展现，更是图像与文案的完美结合，消费者在浏览广告的过程中，也会对广告文案产生共鸣。电商广告文案可以借助美好的感情来烘托主题，真实而生动地反映这种美好的感情就能获得以情动人的效果，发挥情感的感染力量，达到销售商品的目的。

### 3.2.4 开屏广告文案的写作

开屏广告是在App启动时出现的广告，一般展示的时间固定为3秒~5秒，展示完毕后自动关闭并进入App的主页面。开屏广告的形式主要是静态图文类和动态视频类，因此不能依靠单一的图片或视频展现，其文案的写作也非常重要。

**1. 开屏广告文案的写作技巧**

开屏广告拥有丰富的多媒体表现形式，且具有强曝光的特点，因此展现量较大，消费者能够经常看到。为了吸引住这一部分的消费群体，设计人员需要掌握一些开屏广告文案的写作技巧。

- 具有针对性。移动端的使用人群本身具有一定的分类属性，开屏广告也会针对相对应属性的消费者进行精准投放，因此，其文案内容也必须根据广告自身的目标消费者和App的媒体用户来进行写作。
- 与画面结合。开屏广告的显示屏幕较大，占据了整个移动设备的屏幕，能够强势吸引消费者眼球，因此其文案也应该与画面充分结合，使整个页面中的内容，如图片、文字、色彩等元素和谐统一。
- 内容简洁。开屏广告显示时间较短，并且能直接跳过，这就要求其文案内容不宜过多，只需展示出消费者最想要看见的内容，如促销折扣，消费者痛点、商品或服务卖点等。
- 与热点结合。开屏广告每天的展现量较大，消费者一点开App就会看到广告。如果广告文案与热点结合，会比较容易引起消费者的好奇心理，让消费者更有兴趣浏览查看广告内容。

**2. 开屏广告文案的写作**

开屏广告文案可以根据开屏广告的内容来进行写作。下面介绍几种常见的开屏广告内容。

- App下载广告文案。以App下载为广告内容的开屏广告主要是为了推广App应用，吸引新的消费者，设计人员在写作这种类型的互联网广告时一般是以介绍App的应用为主，或者展示消费者下载该应用后能够得到的利益，以吸引消费者的注意。图3-28所示的开屏广告文案主要介绍了华为教育中心App的优势，以此吸引消费者浏览并下载该应用。

- 活动宣传广告文案。以活动宣传为广告内容的开屏广告通常会在大促活动前频繁出现，主要是为活动吸引流量。常见的营销活动有“双11”活动、“6·18”活动、端午节活动等。设计人员在写作此类型文案时应该注重展示活动的内容，图3-29所示的开屏广告文案中，“大牌不止5折”展示了天猫“6·18”活动的优惠信息。
- 商品销售广告文案。以商品销售为主的开屏广告也是非常常见的广告内容，其广告文案可以商品特点为主，也可以商品的促销价格为主，主要目的是为了促进商品销售。图3-30所示的开屏广告文案主要介绍了护肤品的卖点“白里透光 亮白度+28%”。

图3-28　App下载广告文案

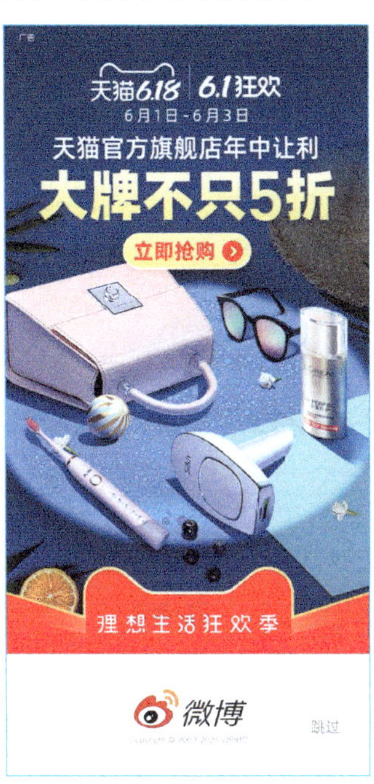


图3-29　活动宣传广告文案

图3-30　商品销售广告文案

### 3.2.5 H5广告文案的写作

近年来火爆的H5已经逐渐被大家所熟悉，各大品牌、企业等基本都会选择H5作为载体来宣传品牌或商品。H5广告已成为广告宣传的重要方式。H5广告文案是H5广告中的一个重要元素，在某种程度上可以说文案是H5广告的灵魂，而要写作出H5文案，就会涉及确定主题、写作标题、创意内容、图文对应4个方面。下面具体从这4个方面介绍H5广告文案的写作。

#### 1. 确定主题

主题是H5广告文案的灵魂，确定了主题，广告就有了重点，要表达的内容也就有了依据。确定H5广告文案主题有以下两种方法。

- 根据营销目标确定主题。根据营销目标确定主题是H5广告文案常用的确定主题方法。在创作H5广告文案前，要明白H5广告的目标是活动宣传还是商品或品牌推广，然后再根据其目标撰写相应的文案。图3-31所示为小米新款手机MIUI12的宣传类H5广告，消费者在该H5广告中可以详细了解该款手机的功能升级和界面效果，吸引消费者兴趣，

为新款手机的发布预热，达到商品推广的营销目标。

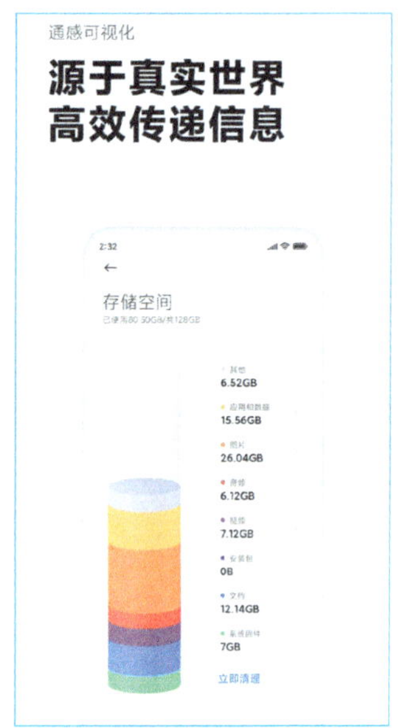


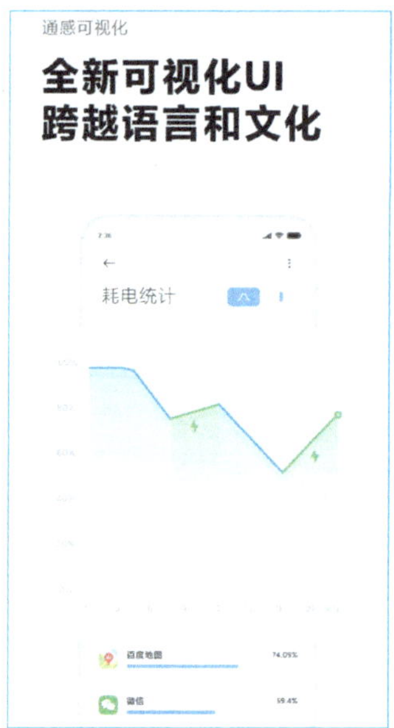

图3-31　根据营销目标确定广告文案

- 根据消费者层次及心理确定主题。根据消费者层次及心理确定H5广告文案的主题，能更准确地抓住目标消费者的心理，引起他们的兴趣，从而达到营销的目的。图3-32所示为“天和骨通贴膏”和“网易新闻”联合制作的名为“一个女足运动员的自白”的H5宣传广告，该文案主要是以一个女足球员的自白为主，以第一人称的自述来引起消费者的共鸣，抓住了有相同感受的消费者内心，同时也宣传了商品。

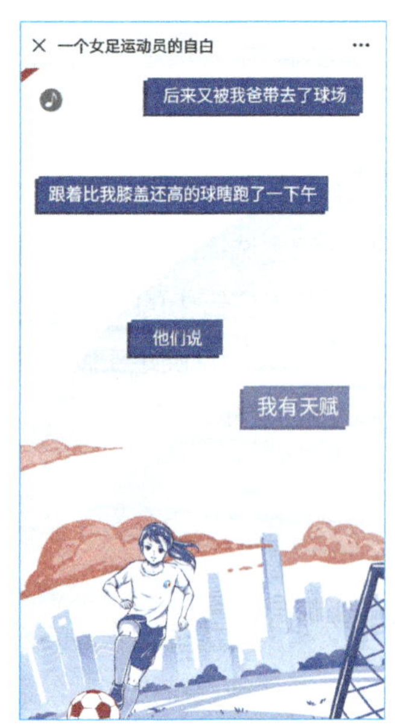

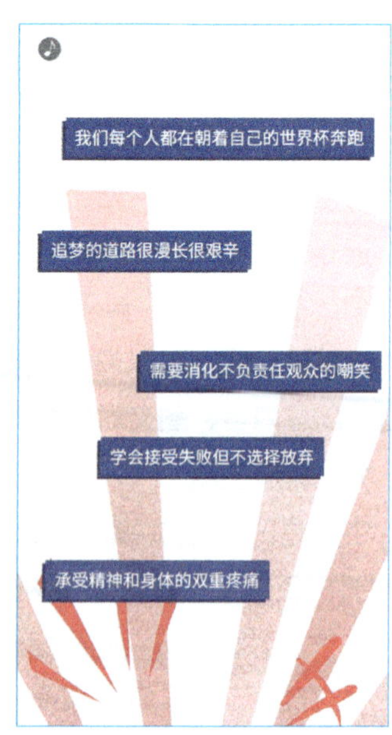


图3-32　根据消费者确定心理广告文案

### 2. 写作标题

一个好的H5广告文案标题，可以成功地引起消费者的兴趣。对于H5广告文案来说，其标题写作需要注意以下3个方面。

- H5广告文案标题写给谁看 —— 目标消费者定位。
- H5广告文案的浏览者关注什么 ——确定H5广告文案的主题。
- H5广告文案标题的风格是什么 —— 根据H5广告文案主题确定风格。

### 3. 创意内容

H5广告是互联网广告的一种类型，其目的自然也是营销宣传。为了让H5广告获得良好的营销效果，创意内容不可少，尤其是H5广告文案中每一个字、词或句子的运用，其所传达的思想、情感，都对H5广告文案的创意性起到非常重要的作用。无论是什么形式的内容，只要能触动人心、激发消费者的想象，或者抓住了消费者的某一需求，让他们产生兴趣并进行阅读，从而达到了营销或宣传的目的，也就让H5广告文案具有了价值与创意性。

图3-33所示为H5公益广告“益气熄灯，成为地球守护者”。该广告文案虽然简短，但非常有感染力，触动了消费者内心的情感，让文案有了画面感，同时也让更多人加入到保护地球的行列中来，达到了公益广告的宣传目的，提升了整个广告的深度，从而体现出了该广告文案中的创意性。

图3-33 具有创意内容的广告文案

### 4. 图文对应

H5广告主要由文字和图片组成，在进行H5广告文案创作时，需要同时对文字和图片进行设计，这要求文字的风格要和图片的风格一致。也就是说，图片展示文字所表达的内容，文字传达图片的感情色彩，这也就是通常所说的图文对应。

图3-34所示为一个名为“谁是最适合过六一的人”的H5广告，该广告运用格子漫画进行展

示，与文案内容非常匹配。第一张图中文字表达的内容是为宝宝添加辅食时应听取谁的意见，搭配的图片中有长辈、书籍等元素；第二张图中文字表达的内容是晚上宝宝发烧时怎么办，搭配的图片就以时钟、温度计、宝宝的哭泣等元素来进行体现。第三张图中文字表述的内容是关注孩子的健康成长，因此展示了孩子的身高、体重等信息。综合来看，该广告的文字与图片非常契合，是一个成功的H5广告。

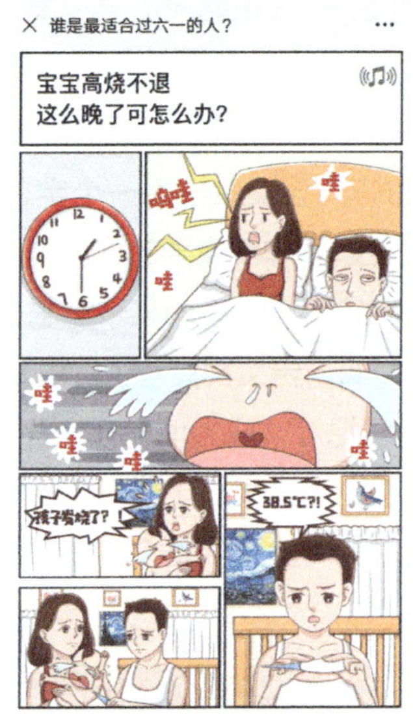


图3-34　图文对应的广告文案

## 3.3 互联网广告文案的写作技巧

慕课视频

互联网广告文案的写作技巧

互联网广告有着比传统广告更为复杂的识别环境，在吸引消费者注意力方面也比传统广告更难，因此设计人员理应掌握一些互联网广告文案的写作技巧，以提高文案的受关注度，使其能最大可能地为消费者服务。

### 3.3.1 重视文案标题

优化标题是提升文案吸引力的有效方法。互联网广告文案的标题不仅能够表明一则互联网广告的主旨，还是区分不同文案的标志。一篇文案的标题拟得是否成功，往往会影响该文案点击量的多少和传播范围的大小。无论是哪种形式的文案，消费者看到其标题的第一眼就会在心里迅速分析该广告与自己的关联、提供的信息、带来的好处，并形成自己对该广告的第一印象，因此设计人员在写作互联网广告文案时要重视文案标题，语言上要简洁生动、符合消费者定位。

### 3.3.2 确保内容具有吸引力

当标题吸引了消费者之后，接下来就得靠文案内容将消费者留下。根据人类大脑处理信息的研究表明，人们对信息的筛选是在人脑潜意识中进行的，人们每天都在接受海量的信息并对信息做选择和过滤处理。而文案要做的，就是跳过筛选，通过提升广告自身吸引力，让文案内容获取到目标消费者的关注。设计人员在写作文案时可以添加一些与消费者自身相关，能给他们带来情感共鸣的内容，如图3-35所示。

该视频广告中考虑到大多数人穷其一生都在奔波忙碌中追求成功，以此为主题创作文案，引导消费者重新思考人生圆满的定义，抚平了消费者内心的焦躁与不安情绪，使消费者看到该广告时产生一种感同身受的心理效应。

图3-35　内容具有吸引力的广告

## 3.3.3 关注用户互动体验感

“顾客至上”向来是各大商家默认的原则，消费者作为商家的目标消费群体，其消费体验和口碑评价会对商家的营销活动带来重要的影响，而这也与消费者紧密相连。互联网广告文案必须以消费者为中心，站在消费者的角度思考他们有什么样的需求，如何唤醒他们的某种需求，以及怎样可以满足这种需求。通过文案与消费者产生互动，这样的文案自然会得到消费者的接受、理解和认同，也更容易获得消费者具体行动的反馈。图3-36所示的广告中都有一个互动文案，如“点击查看”“马上领取”“立即领取”等。

图3-36　具有用户体验感的广告文案

### 3.3.4 善用视觉营销

互联网广告集视听效果为一体，让广告的视觉效果更加丰富、更具吸引力，而一个优秀的广告页面除了要有美观的视觉效果，还要求设计人员善于运用视觉效果来进行广告文案创作，并以此引出话题性和激发消费者的二次创作，增加广告文案信息传播的趣味性和表现力，这样不仅增强了与消费者之间的互动感，也激发了消费者的创作热情，引导更多的人来关注广告话题。图3-37所示为短视频广告，消费者可以通过观看视频来了解广告信息，实现广告的营销。

图3-37　重视视觉营销的广告文案

## 项目 ▸ 写作“唇膏”商品广告文案

### 项目要求

慕课视频
写作“唇膏”商品广告文案

本项目要求从互联网广告文案的特点、写作要求、写作技巧等角度进行分析，并根据下面这款唇膏的基本信息，写作一篇互联网商品广告文案。完成后再搭配广告图片，使文案的展现更加自然。

这款商品是一款在线下实体店卖得非常火热的多色唇膏，该唇膏颜色丰富多样，保湿效果非常好，多次使用可以修护干裂双唇，让唇部水润不油腻，显得更加诱人。为了让该商品在线上顺利销售，商家特意参加了“天猫3 · 8节”大促活动，活动价格非常优惠，仅限5折。

### 项目目的

本项目将写作一个比较具有代表性的互联网广告文案，以帮助读者更加了解和掌握互联网广告文案的切入角度，巩固认知互联网广告文案的特点，掌握文案内容的创作思路与方法。

## 项目分析

本项目将写作一个“唇膏”商品的广告文案，所针对的目标人群是女性群体，因此还结合了“天猫3·8节”的节日热点来宣传商品。“天猫3·8节”作为天猫大型营销活动之一，主要是为天猫女性消费群体打造的独特购物体验。

在活动来临之际，为了促销商品，商家大多会选择投放一些电商广告，目的是促销商品或服务，提升品牌形象。因此，本项目中的广告文案重点突出了唇膏商品的特点、商品促销价格以及消费者使用后的心理感受，效果如图3-38所示。通过该商品的基本信息来展示商品的促销折扣与商品卖点，鼓励女性消费者爱护自己的唇部，让消费者购买该商品。

图3-38 唇膏商品文案效果

## 项目思路

本项目先从互联网广告文案的特点、写作要求、写作技巧等角度进行分析，再根据具体思路进行写作。其思路如下。

（1）互联网广告文案的特点。电商广告文案也是互联网广告文案的一种类型，因此其文案也需要具备互联网广告文案的特点。本项目中的商品要在“天猫3·8节”活动中进行促销，因此其文案不仅需要定位女性消费群体，还需要有“天猫3·8节”热点文字，这体现出了互联网广告定位精准、具有吸引力和实效性的特点。

（2）互联网广告文案的要求。本项目中的广告画面尺寸有限，其文案也应该通俗易懂、简明扼要，以保证在有限的画面中充分展示广告信息。

（3）电商文案的写作技巧与方法。从电商文案的写作技巧来说，为了能够让消费者第一眼准确了解到该广告的信息，本项目的文案标题应该与一些高频词组相结合，如“低至”“限量”等，同时还要能够引起消费者强大的共鸣感，满足对消费者对美的追求。从电商文案的写作方法来说，采用直接表述与特点突出法是商品促销类广告最常用的方式，直接展示出唇膏商品的特点会吸引消费者的注意力，重点突出它的特点会加深消费者对该商品的记忆。

## 项目实施

本项目根据项目思路来写作唇膏商品的广告文案，最后再搭配广告图片，让广告文案与商品充分结合，达到促销商品的目的。其具体操作如下。

（1）在广告页面中输入“天猫3·8节”的文字内容，与当前的热点活动相关联。

（2）在广告页面中输入“低至5折起”文字内容，并对文字的大小和位置进行适当调整，放大“5折”文字，重点突出广告活动的促销力度。

（3）在广告页面中输入“保湿唇膏 唇唇欲动”文字内容，展示唇膏商品的名称与卖点，突出唇膏能够带给消费者的利益。

（4）在广告页面中输入“即刻点击 释放你的美”文字内容，这种具有号召性的文案更容易引起消费者的点击浏览。

（5）最后为文案添加背景图片（配套资源：\素材文件\第3章\唇膏背景.jpg），让广告画面更具视觉吸引力（配套资源：\效果文件\第3章\唇膏文案.psd）。

## 思考与练习

1. 分析常见互联网广告文案的类型与风格。
2. 简述互联网广告文案的写作流程与写作要点。
3. 根据你的理解，谈谈设计人员应该如何提高自己的广告文案写作水平。
4. 选择一个热销商品，试着从商品卖点归纳出言简义丰的广告文案。
5. 请结合本章所学知识，分析下列广告文案的类型与写作技巧，如图3-39所示。

图3-39　广告文案案例分析

Chapter 4

# 第4章 互联网广告的设计元素

互联网广告中的图像如何设计?
互联网广告中的文字如何设计?
互联网广告的色彩如何设计?
互联网广告的版式如何设计?

| 学习引导 | | | |
|---|---|---|---|
| | 知识目标 | 能力目标 | 素质目标 |
| 学习目标 | 1. 了解互联网广告中常用的图像格式<br>2. 了解互联网广告的文字设计要求<br>3. 了解互联网广告色彩的属性<br>4. 了解互联网广告的版式设计原则 | 1. 掌握互联网广告文字的运用方式<br>2. 掌握色彩的对比与搭配方式<br>3. 掌握互联网广告的版式构图 | 1. 培养良好的画面分析能力<br>2. 培养独立思考能力<br>3. 培养严谨的工作作风和良好的画面设计能力 |
| 实训项目 | 1. 分析弹窗广告<br>2. 制作“6 · 18”开屏广告 | | |

图像、文字、色彩和版式是互联网视觉设计的基本设计元素，它们共同构成了互联网广告的整个效果。在进行设计前，设计人员需要掌握图像、文字、色彩和版式的基本知识，下面便对这些内容进行介绍。

## 4.1 互联网广告的图像设计

慕课视频

互联网广告的图像设计

文案和图像是互联网广告的重要组成部分。在了解了互联网广告的文案写作后，设计人员还需要掌握互联网广告的图像设计，包括互联网广告中常用的图像格式、静态图像广告设计和动态图像广告设计等。设计人员掌握这些基本的图像设计知识有助于制作出更美观、更具有吸引力的互联网广告。

### 4.1.1 互联网广告中常用的图像格式

互联网广告因为展示位置的不同，其图像文件格式也会不同，不同格式的图像文件具有不同的功能。在选择图像文件格式时，需要考虑该格式下图片的透明度、色深、压缩率、动态显示等因素。下面对互联网广告中常用的图像文件格式进行介绍。

- PSD。PSD是Photoshop软件的专用图像文件格式，可储存图层、通道、蒙版和不同彩色模式的各种图像特征，方便后期进行修改，是互联网广告设计使用的原始图像文件格式。
- GIF。GIF是一种压缩位图格式，既可以是单帧的图像，又可以是由多帧图像合并在一起组成GIF动画。GIF适用于多种操作系统，几乎可以用任何格式的GIF播放器打开，如SWF、看图软件、GIF动画制作软件等。

- PNG。该格式支持的色彩多于GIF格式，支持透明背景，所占空间小，常用于制作标志或装饰性元素。
- JPG/JPEG。JPG/JPEG格式是照片的默认格式，其色彩丰富，图片显示效果优于GIF和PNG格式。该格式使用更有效的有损压缩算法，图片压缩质量受损小，方便互联网传输和磁盘交换文件，是一种常用的图片压缩格式。其缺点是不支持透明度、动画等图像格式。
- SWF。SWF（shock wave flash）支持矢量和点阵图形的动画，是Flash导出后的文件格式，被广泛应用于网页、动画、视频等领域。

### 4.1.2 静态图像广告

静态图像广告是以静态图像为主的互联网广告，其内容一般比较固定，在互联网中比较常见。设计人员可以利用静态图像中色彩、文字等元素的大小和位置变化展现广告的内容。静态图像广告的优点是能让消费者捕捉到清晰的广告信息，其图像格式多为JPG/JPEG格式，如图4-1所示。

图4-1 静态图像广告

### 4.1.3 动态图像广告

互联网广告除了可以通过静态进行展现外，还可以通过动态的形式进行展现。动态图像广告具有增加代入感、体现差异化的特点。下面分别对互联网广告中常见的动态图像广告展现形式进行介绍。

- 动态化平面广告展现形式。动态化平面广告是指让广告中的图形、文字等平面设计元素动起来，让互联网广告以动态的形式进行传播。动态化平面广告具有视觉丰富、画面视觉层次感多样的特点，能快速吸引消费者进行查看与转发，加深消费者的记忆。设计人员在设计动态化平面广告时可以利用图形元素的移动、变形，色彩的不同变化，以及画面版式的空间构成等来进行呈现，表现丰富的视觉想象空间。动态化平面广告的展现形式较多，如动态海报、动态Logo等。图4-2所示为天猫亲子节的动态海报。

图4-2　天猫亲子节动态海报

- 短视频广告展现形式。短视频广告是多帧连续静态图像的序列，因此短视频广告也是一种动态的图像广告。短视频广告的优点就是能在短时间内完整地表述一件事情或者一个热点，借此吸引消费者的注意力。同时，它还具有生产流程简单、制作门槛低、互动性强等特点，能够给消费者带来更直观的视觉感受。随看移动互联网的发展，短视频广告凭借自身强大的优势逐渐成为互联网广告的一种新的展现形式。
- 微电影广告展现形式。微电影广告是以微电影形式为主的互联网广告，又称微影。微电影广告是互联网时代下的新型广告，具有内容短小精悍、制作成本低、互动性强和投放精准等特点。与短视频类似，微电影广告也是一种连续的图像，因此也属于动态的图像广告。微电影广告常常将人类的情感诉求融入广告作品中，增强了广告的感染力，因此企业可通过这种方式传递品牌的价值和观念。图4-3所示为一部公益微电影，通过调查一个关于污染水资源的案件，给消费者传递环境保护的理念。

图4-3　公益微电影

- H5广告展现形式。H5广告指利用HTML5技术所实现的互动式广告形式，主要是在移动端中进行传播，具有强烈的传播性和互动性。随着互联网的发展，H5广告在功能上实

现了巨大突破，其中包含了视频、音频、互动等多种形式，无需依赖第三方插件，具有极强的兼容性，能够适应包括PC（Personal Computer，个人电脑）、MAC（Macintosh，苹果电脑）、iPhone（美国苹果公司研发的智能手机系列）和Android（安卓，美国谷歌公司开发的移动操作系统）等几乎所有的电子设备平台。H5广告集视听、图像于一体，既有静态的展示效果又有动态的图像效果，提升了视觉、听觉、触觉等感官体验，也让广告的宣传与推广都极富创意性。图4-4所示为一个公益型的H5广告，该广告视觉效果非常美观，并通过视听结合让画面更具冲击力，在展示商品的同时还传播了保护环境的理念，十分具有创意性。

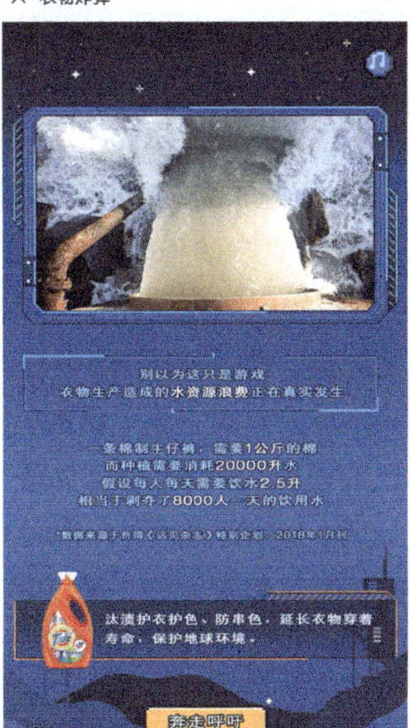


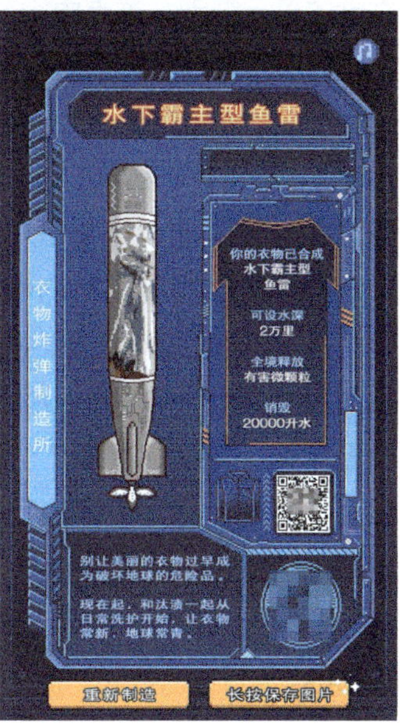


图4-4　公益型H5广告

慕课视频

互联网广告的文字设计

## 4.2 互联网广告的文字设计

互联网广告中文字的设计能够增强视觉效果，提高广告的诉求力，直接影响着广告信息的展现与传达。设计人员通过选择不同的字体对比搭配，能展现出不同的视觉效果。下面通过讲解互联网广告中的文字要求与文字运用等知识，帮助设计人员在互联网广告设计中更好地运用文字进行视觉设计。

### 4.2.1 互联网广告的文字要求

文字是互联网广告设计中不可或缺的一部分，是决定广告最终效果展现能否成功的关键。文字可以对商品、活动等信息进行说明和指引，并且通过合理的设计和排版，使广告展现的效果更加美观。下面将对互联网广告的文字设计要求进行介绍。

### 1. 文字要易于识别

文字在互联网广告中的主要功能是传递广告信息和明确表达意图，要达到这一目的首先需要给消费者一个清晰的视觉展现。因此，在设计过程中文字要易认、易懂，切忌为了美观而忽略实际需求，要能更准确地传递信息，以明确设计的主题和构想意图。因此，提高文字的可识别性是设计人员需要重点考虑的问题。可以从文字的字体、大小对比、排版顺序等角度来考虑，如在文字的字体选择上，尽量使用清晰的字体，从而使消费者容易理解文字信息。

### 2. 文字要有层次感

在互联网广告设计中，文字的设计并非简单的堆砌，而是有层次的，通常是按重要程度设置文字的显示级别，重点内容着重显示，其他内容则根据难易程度进行级别的划分。有层次感的文字可以引导消费者浏览文字内容的顺序。设计人员在进行文字的编排时，可利用字体、粗细、大小与颜色的对比、文字底纹等样式来设计文本的显示级别。

图4-5所示的Banner广告中，设计人员根据重要程度将文字分为两个级别，第1级别即为最大的文字“定金至高抵千元”，该文字使用较大的字号将广告需要表达的主题展现出来，起到吸引消费者浏览的作用；第2级别则是较小文字“6 · 18预售风暴”，该文字主要是对主体文字进行补充，点名活动内容。图4-6所示的信息流广告将文字分为3个级别，第1级别即为上方最大字号的标题文字，用于点明主题；第2级别即为图片下方的“9.9元领课程半价抵用券”文字，展现广告的正文内容；第3级别即为最下方最小字号的灰色文字，主要介绍企业名称，也是广告的附文。图4-7所示的插屏广告中文字为4个级别，第1级别即为优惠券的价格文字，让消费者第一眼就能够被吸引住；第2级别即为“先领券 再下单”文字；第3级别“马上领取”文字，即是广告的交互按钮；第4级别为“六一大促”文字，是广告的活动名称。

图4-5　Banner广告

图4-6　信息流广告

图4-7　插屏广告

**3. 文字要有美观性**

在互联网广告设计中，文字不仅需要具备信息的传递功能，还要有一定的美观性。美观的文字能够让广告画面更加美观，使人感受到愉快，从而留下好的印象。反之，则会使人们对广告内容产生抵触心理。因此，设计人员在设计广告时，一般会选择2～3种匹配度较高的字体进行搭配。若广告中的字体过多，则会使画面效果零乱且缺乏整体感，不但不具备美观性，还容易使消费者产生视觉疲劳。另外，可通过将文字加粗、变细、拉长、压扁、对比等方式来变化文字，从而产生丰富的视觉效果，也可通过添加素材来提升文字的美观性。

图4-8所示的广告中，设计人员将其中的主题文字进行加工变形，使文字更加美观，更具创意。图4-9所示的广告中，设计人员则采用具有特殊的文字字体来展示广告主题，再加上写实的照片素材，达到吸引消费者眼球的目的。图4-10所示的广告则主要通过文字与背景色彩的强烈对比将文字内容清晰展现出来，使整个效果不但具有鲜明的层次感，还具有强烈的视觉冲击力。

图4-8　变形文字广告

图4-9　特殊文字广告

图4-10　文字颜色对比广告

## 4.2.2 互联网广告的文字运用

互联网广告的文字运用非常广泛，可根据广告的需求来选择不同的文字，使广告的信息展示更加直观，便于消费者理解和接受。下面对文字的字体选择、文字的对齐方式和文字的对比进行介绍。

**1. 文字的字体选择**

设计人员在选择广告文字的字体时，要根据品牌的风格和商品的特点进行设计，以更好地体现广告主题，并向消费者准确传达出商品的设计理念和营销内容。广告设计中常用的文字字体主要包括宋体、艺术体、黑体和书法体4种类型，下面分别进行介绍。

- 宋体。宋体是应用较广泛的字体，其笔画横细竖粗，起点与结束点有额外的装饰部分，且外形纤细优雅、美观端庄，能体现出浓厚的文艺气息，经常被用于女性商品广告的设计。
- 艺术体。艺术体是指一些非常规的特殊印刷字体，其笔画和结构一般都进行了一些形象的再加工。在互联网广告中使用艺术体类的字体，可以提升广告的艺术品位、美化广告、聚焦消费者目光，如图4-11所示。

图4-11　艺术体类字体广告

- 黑体。黑体字体通常能够展现出浓厚的商业气息，该字体与其他字体相比相对较粗，常用于大体积、大容量商品的广告设计，也常用于表现广告中的主题文案，如图4-12所示。

图4-12　黑体类字体广告

- 书法体。书法体是指具有书法风格的字体，其字形自由多变、顿挫有力，常用在表现传统、古典和文化风格的互联网广告中，如图4-13所示。

图4-13　书法体类字体广告

**2．文字的对齐方式**

设计人员在选择文字时可通过不同的文字对齐方式来构建不同的视觉效果，使其营造出活泼、安静或严肃等情感氛围。一般来说，在文字的对齐方式上，可采用左右对齐式、左对齐或右对齐式、居中对齐式3种，下面分别进行介绍。

- 左右对齐式。左右对齐式指文字左边和右边与边界的距离相同，这样的排版方式可以让整个文字效果显得端正、严谨、美观，向消费者展示文案的稳重、统一和整齐。图4-14

所示为使用了左右对齐式的广告效果，该广告中将主题文字进行两端对齐处理，使广告的视觉重心更加集中、稳定。

- 左对齐或右对齐式。文字左对齐或右对齐的排版方式让版面格式显得不那么呆板，符合人们的阅读习惯，也符合大众的审美观。图4-15所示文案的主标题即采用的是左对齐式，将主标题放置在广告画面的左侧，并且使用不同大小和颜色的文字来展示广告的内容。
- 居中对齐式。居中对齐式是指将广告两侧文字整齐地向中间集中，使整个文字都整齐的显示在中间，具有突出重点、集中视线的作用，可以牢牢抓住消费者的眼球，使广告传达的信息一目了然。图4-16所示的一款商品宣传广告，设计人员在该广告中将文字居中显示。

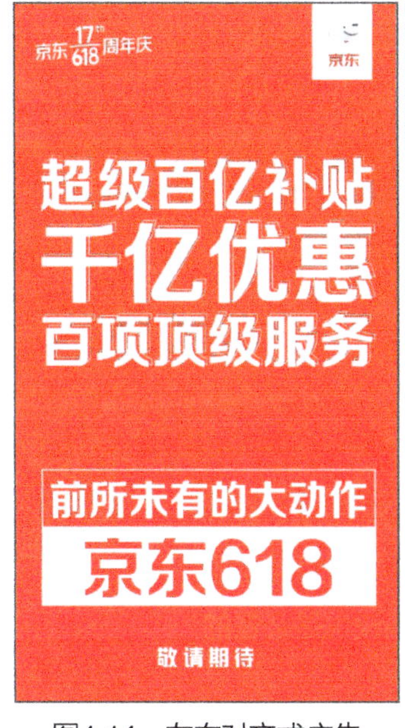


图4-14　左右对齐式广告

图4-15　上对齐式广告

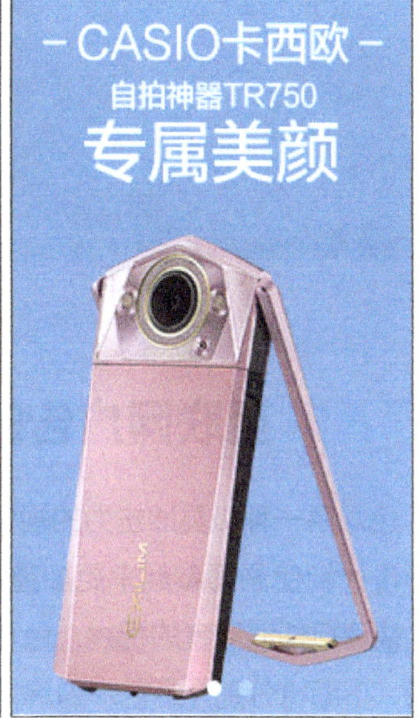


图4-16　居中对齐式广告

### 3. 文字的对比

文字的对比主要包括字体大小、疏密、色彩等方面的对比。在广告中使用对比，可使文字在画面中的位置、大小、排版效果产生差异，直接影响最终的视觉效果。

- 文字的大小对比。文字的大小对比是文字排版中比较常见的操作。一般来说，画面空间有限，需要通过不同大小的文字来表现重要的信息，即是对主要信息、次要信息进行区别。通常情况下，画面中会有标题、副标题、内文，也有重点信息与次要信息，在进行文字大小设置时，要突出显示最重要的信息，缩小显示次要信息，减少其他不必要信息对重要信息的干扰，让消费者能够快速将视线锁定到重要信息上，加快信息的接收。而且，大小合适的文字更能够体现画面的层次，增加视觉设计的美感。
- 文字的疏密对比。文字疏密是指文字与文字之间的字间距，行与行之间的行间距。在互联网广告设计中，文字一般以区块的形式呈现在广告中，因此要区分文字所表现的信息，需要将不同字体、字号和颜色的文字分类隔开，让信息呈现得更加清晰、层次更加分明，从而能更好地引导消费者进行信息的阅读与接收。否则，将很容易误导消费者，甚至造成信息接收障碍。

- 文字的色彩对比。文字的色彩对比就是指两种或两种以上的不同颜色的文字形成对比，画面中的文字颜色可以直接影响消费者的视觉感受。将不同的的字体颜色进行合理对比，可以有效增加画面的动感和视觉感，如图4-17所示。

该广告中通过红色的底纹来凸显出黄色大号主题文字，红色和黄色的搭配会给人一种很强的视觉冲击感，强烈的对比展现了文本的层次感，再将画面中的文字以不同的大小、颜色进行组合，如“当代过年·家家有料”“知识春晚”“蒙牛 2020”等。

图4-17　文字的色彩对比

## 4.3 互联网广告的色彩设计

慕课视频

互联网广告的色彩设计

色彩是一种极具冲击力的视觉元素，可以给消费者留下深刻的印象。好的色彩设计能使画面看起来更加整洁、美观，让互联网广告更具亲和力和感染力，快速抓住消费者的视线。色彩设计对互联网广告设计人员来说也是必备的知识，下面将分别介绍色彩的属性、对比与搭配等知识。

### 4.3.1 色彩的属性

色彩是通过眼、脑和生活经验所产生的一种对光的视觉效应，也是消费者对视觉画面的第一感觉。色彩是突出广告特点与风格，传达情感与思想的主要途径。目前人们视觉所能感知的所有色彩现象都具有色相、明度和纯度（又称饱和度）3个重要属性，它们是构成色彩的最基本要素，下面分别对其进行详细介绍。

#### 1. 色相

色彩是由光的波长的长短所决定的，而色相就是指这些不同波长的色彩情况。各种色彩中，红色是波长最长的色彩，紫色是波长最短的色彩。红、橙、黄、绿、蓝、紫和处在它们各自之间的红橙、黄橙、黄绿、蓝绿、蓝紫、红紫共计12种较鲜明的色彩组成了12色相环。设计人员可通过色相环中的色彩搭配，制作出视觉效果丰富的广告。

拓展阅读

12色相环

### 2. 明度

明度是指色彩的明亮程度，即有色物体由于反射光量的区别而产生颜色的明暗强弱。通俗地讲，在红色里添加的白色越多则越明亮，添加的黑色越多则越暗。色彩的明度会影响眼球对于色彩轻重的判断，比如看到同样的物体，黑色或者暗色系的物体会使人感觉偏重，也就是说该色彩的明度较低，而白色或者亮色系的物体会使人感觉较轻，也就是说该色彩的明度较高。明度高的色彩会使人联想到蓝天、白云、彩霞、棉花、羊毛及许多花卉等，产生轻柔、飘浮、上升、敏捷、灵活的感觉；明度低的色彩易使人联想到钢铁、大理石等物品，产生沉重、稳定、降落的感觉，图4-18所示为明度较高的互联网广告。

该广告中的商品、背景、文字均为明度较高的淡粉色和白色，能给消费者一种干净、明快、愉悦的感觉，同时广告的整体色彩与商品色彩相对应，风格统一，能够很好地吸引消费者视线。

图4-18　明度较高的视觉效果

### 3. 纯度

色彩的纯度是指色彩的纯净或者鲜艳程度。同一色相中，纯度的变化会给人不同的视觉感受。高饱和度的色彩会给人一种鲜艳、视觉冲击力强的感觉，而低饱和度的色彩会给人一种静谧、优雅、舒适的感觉。饱和度高低取决于该色中含色成分和消色成分（灰色）的比例。含色成分越高，饱和度越高；消色成分越高，饱和度越低。为了让广告的视觉效果更加突出，设计人员在进行互联网广告设计时可以将纯度与明度搭配使用，给消费者带来和谐的视觉画面感。图4-19所示的广告中分别使用了高纯度的蓝色、紫色，再搭配高明度的白色、黄色等，使画面产生强烈的视觉冲击力。

图4-19　高纯度搭配高明度的广告

## 4.3.2 色彩的对比与搭配

色彩在互联网广告中的运用非常广泛，尤其是色彩的对比与搭配，能够给互联网广告展现出多样的视觉效果，提升广告的质感。下面对色彩的对比和色彩的搭配分别进行详细介绍。

### 1. 色彩的对比

按照色彩的3要素进行划分，可将色彩的对比方式分为色相对比、明度对比、纯度对比3种。

- 色相对比。色相对比是指利用色相的差别形成对比。当广告的主色确定后，需先考虑其他颜色与主色是否具有相关性，以及如何增强表现力。图4-20所示为百度直播的开屏广告，该广告整个画面以大面积的深蓝色为背景色，将黄色作为文字的主色彩，凸显出广告的文字信息，增强了广告的视觉效果。
- 明度对比。明度对比是利用色彩的明暗程度形成对比。恰当的明度对比有利于增加广告画面的层次感。通常情况下，对比较强的明度可以使画面清晰、明快，常用于食品类、护肤品广告中；而对比较弱的明度，会使画面显得低调、深沉，常用于运动和科技类广告中。图4-21所示为高明度对比的广告画面，通过高明度的蓝色、白色和黄色的明度对比进行搭配显示，色彩明快、画面清晰。
- 纯度对比。纯度对比是利用纯度的强弱形成对比。纯度较弱的对比画面视觉效果也就较弱，适合长时间观看；纯度较强的对比会使画面鲜艳明朗、富有生机。不同的纯度对比可以使广告的效果更加和谐、丰富，凸显画面的层次。图4-22所示为高纯度对比的广告画面，通过高纯度的蓝色、红色和黄色对比，使广告画面彰显出独特的个性。

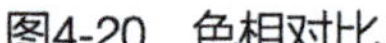
图4-20　色相对比

图4-21　明度对比

图4-22　纯度对比

注意，在具体的设计过程中无论是选择哪种色彩对比都需要适当。在色彩的对比中寻找统一的氛围，才能让广告的整体画面和谐一致。

**2. 色彩的搭配**

一般来说，广告画面中出现的色彩不宜超过3种，否则会使其显得混乱。广告画面中的色彩主要由主色、辅助色、点缀色组成，其中主色传递主要风格，辅助色衬托主色，点缀色强调细节，设计人员可针对品牌风格和商品定位选择色彩进行搭配。

- 主色。主色是画面中占用面积最大，也是最受瞩目的色彩，它决定了整个画面的风格。主色不宜多，一般控制在1~3种颜色，过多容易造成视觉疲劳。主色不是随意选择的，设计人员需要分析消费者心理特征，找到消费者易于接受的色彩。
- 辅助色。辅助色在广告中占用面积略小于主色，是用于烘托主色的色彩。合理应用辅助色能丰富画面的色彩，使画面效果更美观、更有吸引力。
- 点缀色。点缀色是指画面中面积小、色彩比较醒目的一种或多种色彩。合理应用点缀色，可以起到画龙点睛的作用，使画面主次更加分明、富有变化。

色彩的搭配并不是随心所欲的，而是需要遵循一定的比例与流程。色彩搭配的黄金比例为“70:25:5”，其中，主色占总画面的70%，辅助色占25%，点缀色占5%。色彩搭配的流程首先要根据广告的布局选择占用面积大的主色为背景，然后根据主色选择辅助色与点缀色，用于突出画面的重点、平衡视觉。图4-23所示为百事可乐的视频广告，该广告的主色为深蓝色，辅助色为黄色，点缀色为白色，整个画面效果不但时尚美观，而且契合主体商品。其色彩搭配的分析如下。

图4-23 广告画面色彩搭配分析

## 4.4 互联网广告的版式设计

由于互联网广告的显示尺寸是有限的，所以广告信息不能被完全展现，此时就需要设计人员掌握版式设计的相关知识，并将广告信息进行适当的简化、排序，使广告画面准确、快速地传达出消费者所需要的重要信息，同时也让广告画面更加地美观。

慕课视频

互联网广告的版式设计

### 4.4.1 互联网广告的版式设计原则

互联网广告的版式设计不仅起着突出广告信息的作用，而且还能使消费者从中获得视觉上的享受。为了使广告画面获得更好的视觉效果，达到提升品牌形象、促进商品销售、传播价值理念等目的，互联网广告的版式设计需要遵循以下4个原则。

- 对齐原则。在互联网广告设计中，除了文字需要对齐外，画面中的内容也需要对齐。对齐原则是通过画面中元素之间的视觉连接来创建秩序感，使画面统一、有条理，有助于提高易读性，更便于消费者获取重要信息。图4-24所示为运用对齐原则的广告画面。

该广告将文字信息有序地排列到中间位置，遵循了居中对齐的原则，使画面丰富而有序。消费者在查看该广告时可以轻松地获取到广告的优惠价格、品牌等基本信息。

图4-24　对齐原则

- 留白原则。留白是一种常见的版式设计原则，也是视觉设计语言之一，可以帮助设计人员更好地传达信息、交流情感。留白的原理是“少即是多”，通过足够多的留白来提升广告画面的韵味和感染力，留出画面中的视觉焦点，降低次要元素对主题的影响，在视觉上给予广告主题充分的主导地位。图4-25所示为运用留白原则的广告。该广告中添加了少量的商品与装饰元素，将背景大量留白，让广告具有一种呼吸感，不会显得沉闷。
- 重复原则。重复原则是指让设计中的视觉要素在画面中重复出现，它可以是广告画面中的任意一个视觉元素，如符号、线条、大小格式、设计风格、排版方式、空间关系、字体、色彩等，其形式较为平稳、规律，具有强烈的形式美感。图4-26所示为运用重复原则的广告画面。该画面中的卡通装饰元素有序地重复出现，让画面秩序中带有一点活力感。
- 对比原则。对比原则是指为避免画面上的元素太过相似，而通过不同的设计使一些元素呈现出差别，如色彩对比、图文对比、方向对比、大小对比等。对比的目的有两个，一个是突出视觉重点，有助于消费者对广告的接收，增加画面的可读性；另一个是增强视觉效果，吸引消费者注意广告内容。图4-27所示为运用对比原则的广告。该广告中通过白色和蓝色的对比来突显广告主题。

图4-25　留白原则

图4-26　重复原则

图4-27　对比原则

### 4.4.2 互联网广告的版式构图

确定了搭配的色彩后，设计人员需要对画面进行构图，以规划重点，下面介绍4种常用的版式构图方式。

- 放射式构图。放射式构图是指以主体物为核心，将核心作为视觉的中心点并向四周扩散的一种构图方式。这种构图方式可以让整个广告呈现出一种空间感和立体感，同时产生一种导向作用，将消费者的注意力快速集中到展现的主体物上，如图4-28所示。

广告中少量的文字与商品集中到了广告的中心位置，背景中的炫光呈放射状，可以让消费者将视线自然而然地集中主体商品和广告语上。同时，这种构图也让消费者有一种视觉上的立体感，极具视觉冲击力。

图4-28　放射式构图

- 平衡式构图。在视觉设计中，平衡感是很重要的，一般情况下，为保证画面平衡，会使用左图右文、左文右图、上文下图、左中右三分等构图方式，以使画面整体的轻重感保持平衡。图4-29所示为平衡构图中的左文右图构图方式，文字在画面的左侧，为了保证整个画面的平衡性，会在画面右侧添加商品。图4-30所示即采用了平衡式构图中的上文下图的构图方式，广告画面上方为文字介绍，下面为图片内容的展现。

图4-29　左文右图构图

图4-30　上下构图

- 切割式构图。适当的画面切割能够给广告带来时尚感。加入几根线条、几个块面可以让画面产生意想不到的效果。而简单的三角形、正方形、长方形和圆形甚至几根线条还可以组成很多有趣的图形，这些简单的图形或图组也很符合现代审美需求。采用切割式构图设计时需要注意，素材不宜太过复杂和花哨，一般以纯色大块搭配渐变，主要突出形状和区块，如图4-31所示。

图4-31　切割式构图

- 斜切式构图。斜切式构图主要指将文字或素材图片倾斜，使画面产生时尚、动感、活跃的效果。图4-32所示即采用了斜切的构图方式，运用斜切的文字效果让整个广告画面变得生动。

图4-32　斜切式构图

## 项目一 分析弹窗广告

### 项目要求

本项目将对某网站的弹窗广告进行分析，主要分析该广告中的文字、色彩与版式设计，并对展现方式进行阐述。

慕课视频

分析弹窗广告

### 项目目的

读者通过分析本项目，可巩固构思互联网广告设计中文字、色彩与版式设计等相关知识，并掌握其中的创作思路与方法。

### 项目分析

一个好的素材网站所起的作用是事半功倍的，不仅可以快速提高设计人员的工作效率，对工作质量的提升也很有帮助，但很多素材网站需要成为网站会员才能下载相应的素材。本项目中的案例主要是针对需要加入素材网站的消费者，并吸引他们来购买会员。同时，商家考虑到弹窗广告具有自动播放的优势，能够为广告带来更多曝光度，因此选择了弹窗广告的类型，如图4-33所示。该案例是一个简约清新的卡通风格，文案内容通俗易懂，将广告主题充分地融合到广告宣传中。

图4-33　素材网站弹窗广告

## 项目思路

本项目将从广告中的文字、色彩与版式设计等角度进行分析，其思路如下。

（1）文字设计。从文字的组词上来看，本项目中文字内容的表达非常清晰、明了，直接展示广告的优惠信息与时间。从文字的层级上来看，本项目通过字体设置的大小以及颜色的对比来将文字显示划分为3个级别。第1级别为最大的文字内容“冰爽酷夏 全站通终身直降400”，该文字直接点明了广告的促销内容；第2级别则是第3排按钮中的文字“立即充值”，该文字是引导消费者进行流量转化的重要内容，消费者通过该互动按钮可以跳转到相应的购买画面，达到广告的营销效果；第3级别为中间字体较小的时间文案，主要是对广告信息进行补充说明。从字体的选择上来看，该案例中主题文案的字体主要为艺术体，符合广告画面的卡通风格，而其他字体主要为黑体，具有一定的可读性，便于消费者进行识别。

（2）色彩设计。从色彩的对比上来看，本项目中主要采用的是低纯度与高明度的色彩对比，背景颜色统一为低纯度的蓝色，然后搭配了高明度的白色与黄色，让广告画面在统一的色调中展现出活力。从色彩的搭配上来看，本项目中的主色调为蓝色，辅助色为白色，点缀色为黄色。

（3）版式设计。在版式的设计原则上看，本项目的文字和图片内容呈现居中对齐的模式，且每个画面中的文字样式和背景图片中的商品信息都重复出现，遵循了对齐原则和重复原则的版式设计原则，增加了画面的统一性与条理性。在版式构图上，本项目主要采用了平衡式中上下构图，信息结构分明清晰，且整个画面也具有稳定性。

## 项目二 ▶ 制作“6 · 18”开屏广告

### 项目要求

本项目将运用本章所学知识利用Photoshop软件来设计“6 · 18”的开屏广告，要求字体层级明确、大小合理且具有美观性，并且要求色彩过渡自然，布局方式合理，能充分展示广告内容。

### 项目目的

本项目将根据提供的素材文件（配套资源：\素材文件\第4章\6 · 18购物狂欢开屏广告素材.psd）制作“6 · 18”的开屏广告。图4-34所示为设计过程中可能用到的辅助素材。通过本项目读者能够熟悉和掌握互联网广告文字、色彩和版式的设计方法，使广告作品美观、具有创意性，从而增加广告的点击率。

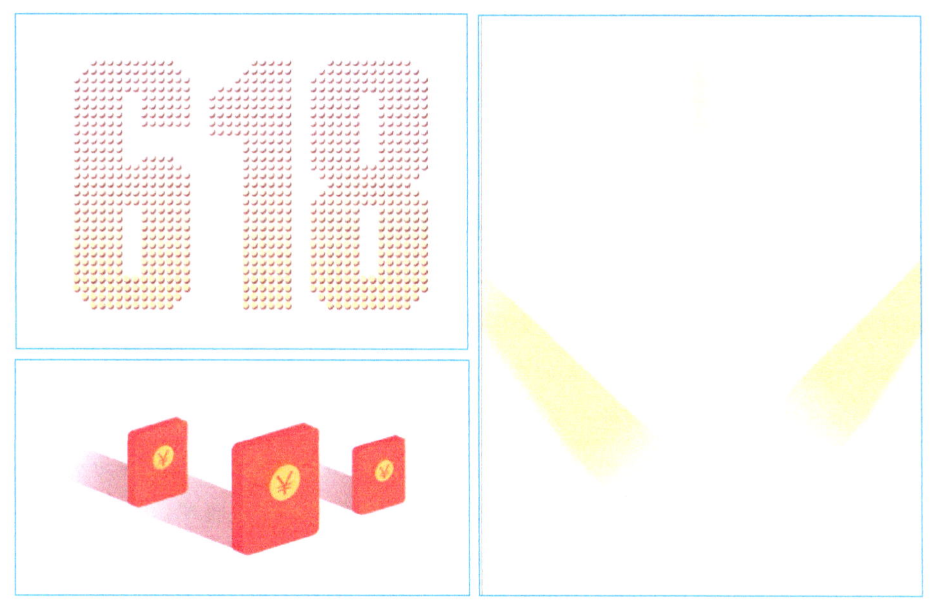


图4-34　辅助素材

### 项目分析

“6 · 18”是电商平台的年中大型促销活动，为了快速提升品牌关注度，扩大品牌的影响力，需要通过广告宣传来增加曝光率，同时促进消费的增长。本项目选择了开屏广告的类型，开屏广告是互联网广告流量来源的主要途径之一，同时开屏广告作为消费者进入App前以全屏方式出现的广告，其位置相对于站内广告而言会优先接触到消费者，给消费者留下深刻的第一印象，有利于广告的最终变现，因此，一个优秀的开屏广告展示至关重要。图4-35所示为完成后的效果展示。

图4-35 “6 · 18”开屏广告效果

## 项目思路

本项目将根据项目要求进行广告画面的制作，其思路如下。

（1）文字设计。从文字的组词上来看，本项目中的“年中大促”“点击进入”等文字内容的表达非常清晰、明了，具有可读性。从文字的层级上来看，本项目根据重要程度将广告中的文字显示为4个级别。第1级别即为最大的文字“618”，该文字将广告需要表达的主题展现出来，能够最大限度地吸引消费者视线；第2级别则是最大文字上方较小文字“年中大促”，它是广告的活动名称，用来点明活动主题；第3级别是最下方的活动内容文字，主要为消费者提供活动的入口链接；第4级别是活动时间文字，主要对活动信息进行补充说明。从字体的选择上来看，由于该广告画面的主题是一个大型促销活动，因此在字体的选择上采用了书法字体和黑体作为主要字体。书法字体的张力和视觉冲击力强，主要应用在主要文字上；黑体稳重、清晰，主要应用在广告具体信息上，用于吸引消费者的注意、突出广告的内容与时间，整个效果简明、美观。

（2）色彩设计。从色彩的对比上来看，本项目中主要采用了几组不同的色彩对比。用不同纯度的红色来搭建广告中的建筑物，使低纯度红色形成对比；将低纯度的红色与高明度的白色形成对比，让广告画面鲜艳明亮、效果突出。从色彩的组合上来看，本项目以红色为主色调，以白色为辅助色，以黄色为点缀色，符合促销类广告的活动氛围。

（3）版式设计。在版式构图上，本项目采用上下构图的方式，将内容分为不同的模块，以展示广告信息，整体结构简洁、清晰。

## 项目实施

制作“6·18”开屏广告

本项目将设计“6 · 18”开屏广告，在设计时以红色为主色，通过房子、文字的叠加，将促销氛围体现出来，最后在下方添加活动广告，使其达到营销的目的。其具体操作如下。

（1）在Photoshop CC 2018中新建大小为1080像素×1920像素，分辨率为72像素/英寸，名为“6 · 18购物狂欢开屏广告”的图像文件。

（2）选择“椭圆工具”，在工具属性栏的“填充”下拉列表中，单击“渐变”按钮，设置渐变颜色为“#fa1f5f~#a90b30”，设置渐变样式为“线性”，如图4-36所示。

（3）在图像编辑区中绘制“2100像素×2100像素”的正圆，然后调整圆的位置，效果如图4-37所示。

（4）新建图层，选择“钢笔工具”，在图像左侧绘制如图4-38所示的形状，并填充颜色为“#f63565”。

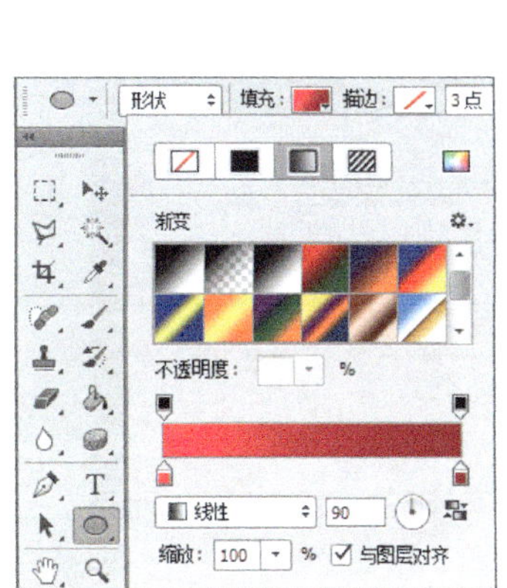

图4-36　设置渐变参数

图4-37　绘制正圆

图4-38　绘制形状

（5）再次新建图层，选择“钢笔工具”，在图像的上方绘制如图4-39所示的形状，并填充渐变颜色为“#fa1f5f~#a90b30”。

（6）选择“直线工具”，在形状的上方绘制颜色为“#ca1542”的直线，并倾斜显示，效果如图4-40所示。

（7）选择“矩形工具”，在直线的上方与下方分别绘制8个颜色为“#ca1542”的矩形，并倾斜显示，完成单个楼层的绘制，效果如图4-41所示。

图4-39　绘制其他形状

图4-40　绘制倾斜的直线

图4-41　绘制小矩形

（8）选择“矩形工具”，在形状的右侧绘制颜色为“#e22856”，大小为“170像素×500像素”的矩形，效果如图4-42所示。

（9）按【Ctrl+T】组合键，使矩形呈可变形状态，单击鼠标右键，在弹出的快捷菜单中选择“斜切”命令，向下拖曳右侧的控制点，使其倾斜显示，效果如图4-43所示。

（10）使用相同的方法，绘制2个颜色分别为“#f4447e”“#b50e37”的矩形并倾斜显示，效果如图4-44所示。

图4-42　绘制矩形

图4-43　倾斜矩形

图4-44　绘制其他矩形

（11）选择顶部的矩形，双击图层右侧的空白区域，打开“图层样式”对话框，单击选中“渐变叠加”复选框，设置“渐变”为“#ed8f5e~#ec215a”，单击 确定 按钮，如图4-45所示。完成后创建新组，并将其名称修改为“形状2”。此时，该组的图层混合模式自动变为“穿透”。

（12）使用相同的方法，绘制其他矩形，依次创建新组，并按照前面的方法修改名称，效果如图4-46所示。

（13）选中较后的两个形状组，设置“不透明度”为“40%”，效果如图4-47所示。

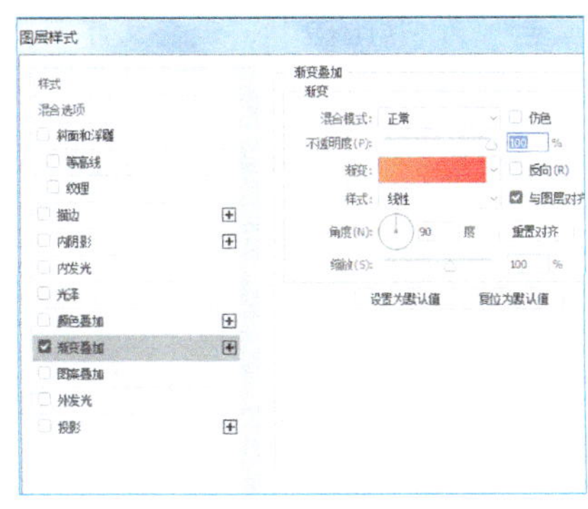


图4-45　设置渐变叠加参数

图4-46　绘制其他矩形

图4-47　设置不透明度

（14）打开“图层”面板，选择最上方的图层组，单击“添加图层蒙版”按钮，给形状图层组添加图层蒙版，设置“前景色”为“#000000”，选择“画笔工具”，在工具属性栏中，设置“画笔”为“硬边圆”，“画笔大小”为“110”，在形状的下方进行涂抹，使其与圆的边缘对齐，效果如图4-48所示。

（15）选择“横排文字工具”T，输入“年中大促”文字，在工具属性栏中设置“字体”为“汉仪雪君体简”，“文本颜色”为“#ffffff”，调整文字大小和位置，效果如图4-49所示。

（16）双击文字所在图层右侧的空白区域，打开“图层样式”对话框，单击勾选“描边”复选框，设置“大小”为“13”，在“填充类型”下拉列表中选择“渐变”选项，设置“渐变”为“#ff6528~#921ead”，效果如图4-50所示。

图4-48　添加图层蒙版

图4-49　输入并调整文字

图4-50　为文字添加描边

（17）单击勾选“投影”复选框，设置“颜色”“距离”“扩展”“大小”分别为“#9f1034”“25”“28”“32”，单击 确定 按钮，如图4-51所示。

（18）选择“圆角矩形工具”，在文字的下方绘制颜色为“#c0113d”，大小为“626像素×63像素”的圆角矩形。

（19）选择“横排文字工具”T，输入“活动时间：2020.6.1-2020.6.18”文字，在工具属

性栏中设置“字体”为“Adobe 黑体 Std”，“文本颜色”为“#ffffff”，调整文字大小和位置，效果如图4-52所示。

（20）打开“6·18购物狂欢开屏广告素材.psd”素材文件（配套资源：\素材文件\第4章\6·18购物狂欢开屏广告素材.psd），将其拖曳到图像上方，调整大小和位置，效果如图4-53所示。

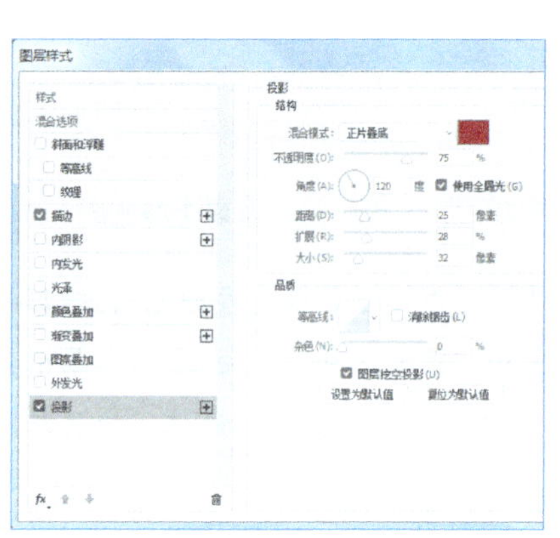

图4-51　设置投影参数

图4-52　输入活动时间文字

图4-53　添加素材

（21）打开“调整”面板，单击“曲线”按钮，在打开的“属性”面板上方确定一点用作调整点向上拖曳，增加亮度与对比度，在下方确定一点用作调整点向下拖曳，降低亮度与对比度，如图4-54所示。

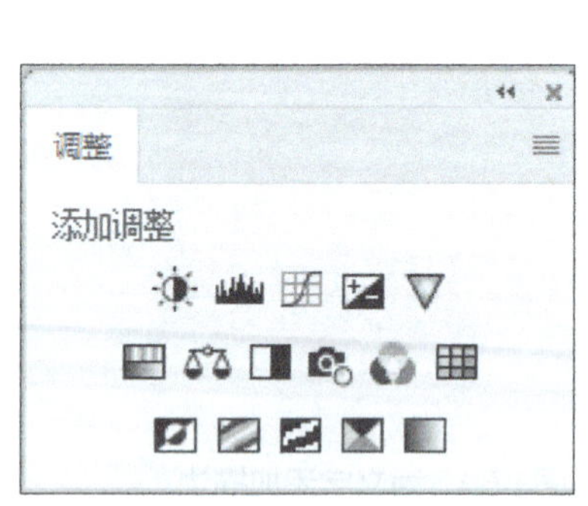


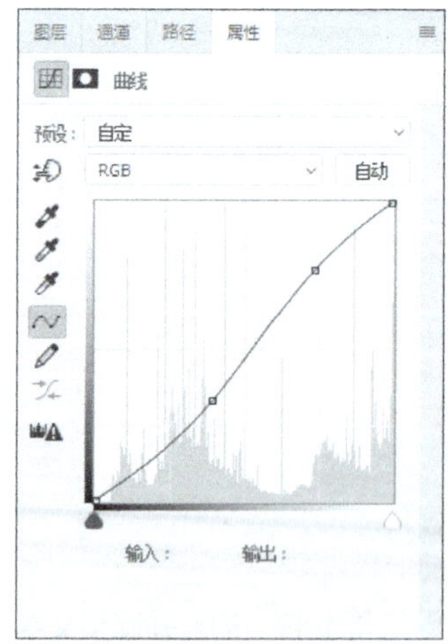

图4-54　设置曲线并查看效果

（22）选择“横排文字工具”，输入“理想生活就看6·18”文字，在工具属性栏中设置“字体”为“方正粗圆简体”，“文本颜色”为“#000000”，调整文字大小和位置，效果如图4-55所示。

（23）选择“圆角矩形工具”，在文字的下方绘制颜色为“#e60012”，大小为“600像素×100像素”的圆角矩形，效果如图4-56所示。

（24）选择“横排文字工具”，输入“点击进入”文字，在工具属性栏中设置“字体”

为“方正粗圆简体”，“文本颜色”为“#ffffff”，调整文字大小和位置，效果如图4-57所示。

（25）完成后按【Ctrl+S】组合键，保存文件，完成制作。（配套资源：\效果文件\第4章\“6·18”购物狂欢开屏广告.psd）

图4-55　输入文字

图4-56　绘制圆角矩形

图4-57　输入具体文字

## 思考与练习

1. 简述色彩的对比与组合对互联网广告设计的影响。

2. 查找相关资料，了解互联网广告中还有哪些版式设计的原则与布局方式。

3. 对图4-58所示的广告进行鉴赏，分析它们的色彩、文字、版式布局应用技巧，并对展现方式进行阐述。

图4-58　广告鉴赏

4. 利用“开屏广告素材.psd”素材文件（配套资源：\素材文件\第4章\开屏广告素材.psd）制作促销类的开屏广告，在制作时以蓝色为主色，以白色为辅助色，以紫色为点缀色，再在下方通过文字进行说明，让主题内容更加明确，效果如图4-59所示（配套资源：\效果文件\第4章\开屏广告.psd）。

5. 打开“中秋节Banner素材.psd”素材（配套资源：\素材文件\第4章\中秋节Banner素材.psd），进行中秋节Banner的制作。在制作时添加“月饼”“祥云”等素材，点明广告主题，用不同大小的文字字号来体现文字的层级，效果如图4-60所示（配套资源：\效果文件\第4

章\中秋节Banner.psd）。

图4-59　促销类开屏广告

图4-60　中秋节Banner

Chapter 5

# 第5章 互联网广告的创意表现

互联网广告有哪些创意视觉表现方式？

互联网广告创意有哪些原则？

互联网广告创意有哪些表现形式？

互联网广告有哪些创意设计技巧？

## 学习引导

| | 知识目标 | 能力目标 | 素质目标 |
|---|---|---|---|
| 学习目标 | 1. 掌握互联网广告的创意视觉表现<br>2. 掌握互联网广告的创意原则表现<br>3. 掌握互联网广告的创意形式表现<br>4. 了解互联网广告的创意设计技巧 | 1. 能够分析出互联网广告中的创意表现方法<br>2. 能够运用互联网广告的创意性制作广告 | 1. 培养创新、创意能力<br>2. 培养对广告的独立思考能力<br>3. 培养良好的创意设计思维<br>4. 培养学生用设计展现中华民族传统美德、传统文化的意识 |
| 实训项目 | 1. 化妆品广告的创意表现分析<br>2. 设计“红包类”开屏广告 | | |

创意，是互联网广告设计的灵魂，也是互联网广告能否引人注目的关键所在。互联网广告的创意主要是以一种大胆创新的独特视角，来突出表现广告的主题与内容，使之具有与众不同的广告效果。运用创意来进行互联网广告设计可以加深消费者对广告的印象。本章将对互联网广告的创意表现进行详细介绍。

## 5.1 互联网广告的创意视觉表现

慕课视频

互联网广告的创意视觉表现

优质的互联网广告作品大都是个性化、情感化和互动化的结合体，这种创意的视觉表现可以使互联网广告的主题得到升华，让视觉效果更加打动人心。

### 5.1.1 个性化

随着社会的不断发展，消费者追求个性化的需求日益高涨，个性化的互联网广告也更具市场竞争力。个性化的互联网广告不但提高了广告的商业价值，增强了广告的视觉效果，也给消费者带来了视觉上的享受与精神上的满足。互联网广告的个性化主要表现在以下3个方面。

**1. 基于品牌形象的个性化**

个性化的品牌形象可以带给消费者深刻的视觉印象，其独特的价值观念能与目标消费者建立起情感联系。基于品牌形象的个性化互联网广告既可以向消费者传递广告内容，又可以塑造品牌形象，凸显品牌的个性化。设计人员在具体的设计过程中可以通过色彩、图片等各元素的合理搭配，构建出具有个性化的广告效果。图5-1所示为基于品牌形象的个性化广告。

该广告是天猫与超能品牌的“双11”联动广告。该广告使用清新的手绘风格，展现了天猫的“猫头”形象，也体现了超能品牌“天然健康”的洗涤理念，非常个性且极具创意，突出了基于品牌形象的个性化创意表现。

图5-1 基于品牌形象的个性化广告

### 2. 基于商品特征的个性化

商品与商品间的不同特征，造就了一些基于商品特征的个性化广告的出现，这种广告效果影响着广告的整体风格，同时还能够快速凸显出商品卖点。

图5-2所示为“冷酸灵”联合中国国家博物馆所做的基于商品特征的个性化广告，设计人员巧妙地将国宝文物与商品融为一体，体现出了冷酸灵牙膏洁白牙齿、清新口气、坚固牙齿的卖点，借助中国传统文化独具的魅力，赋予品牌深厚的文化内涵，提升了品牌影响力。

图5-2 基于商品特征的个性化广告

### 3. 基于消费者需求的个性化

在互联网时代的今天，年轻消费者追求时尚和个性化，注重品牌和品质的消费理念，对互联网广告的影响越来越大。因此各品牌与商家为了迎合这些消费者的个性化需求，制定创意的

广告，为消费者营造出个性化氛围的同时，还能增强品牌的知名度和忠诚度。图5-3所示为基于消费者对身体护理商品的需求设计的个性化广告，该广告通过个性、时尚的漫画形式形象地展现出了商品“抗黑化”“抗衰老”“抗敏感”的卖点，满足消费者对身体护理商品需求的同时加深了其对品牌的印象。

图5-3 基于消费者需求的个性化广告

## 5.1.2 情感化

情感是一种强有力的精神力量，对于消费者来说，更是一种精神上的需求与象征。在进行互联网广告设计时要重视消费者的感官体验和内在精神，而情感化的创意点常以文案、图片、风格形式等进行表现，如图5-4所示。

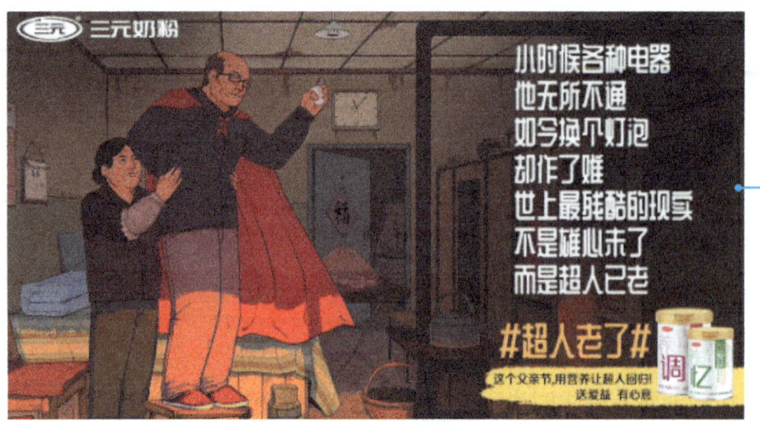


这是一个以“父亲节”为主题的广告，通过写实的漫画风格、搀扶的动作和感人的广告文案来共同引发消费者内心的情感，同时在广告右下方加入该品牌所要销售的商品，让消费者看到该广告时有一种情感上的慰藉。

图5-4 情感化广告

### 5.1.3 互动化

在互联网广告中，互动化的广告常借助独特的交互技术让消费者在参与互动的过程中传递广告信息，从而提高广告的传播效果，同时还能与消费者直接交流，极易感染和打动消费者。

图5-5所示为一款红包的互动广告。消费者点击“冲向红包”按钮后就会获取到相应品牌所发送的红包、优惠券、会员权益等福利，当消费者点击立即使用时，则会最终跳转到品牌广告的落地页。该广告页面通过消费者点击按钮，品牌方发送奖励这一互动过程，达到吸引和激励消费者使用优惠福利的作用，从而完成流量的转化。

图5-5　互动化广告

## 5.2 互联网广告的创意原则表现

慕课视频

互联网广告的
创意原则表现

随着互联网广告的不断发展，消费者对它的创意要求与日俱增，与此同时，设计人员在设计广告时要遵循互联网广告的创意原则表现，主要包括创新性原则、实效性原则、艺术性原则、互动性原则，下面进行简单介绍。

### 5.2.1 创新性原则

互联网广告的创新性原则是指广告的创作一种非常新颖、独特的，且给消费者全新的视觉感受。在日常生活中，各式各样的互联网广告信息铺天盖地，普通的互联网广告则难以吸引消费者视线。因此，互联网广告需要利用互联网的技术优势，遵循创新性原则，为互联网广告注入新的内涵与活力，让其更具感染力与说服力。

图5-6所示为“小米10‘VR云开箱’”线上体验的创新策略广告页面，消费者可进行线上VR看手机，通过点击不同的功能按钮来增进对该商品的了解，这种创新型的互联网广告方式能够带给消费者新鲜有趣的观看体验，最终实现销售的转化。

图5-6　“小米10‘VR云开箱’”线上体验的创新策略广告页面

## 5.2.2 实效性原则

互联网广告的创意表现除了需要了解和注重创新性原则外，还需要注重广告创意的实效性

原则，也就是设计人员用创意的手法将广告作品与消费者进行有效的沟通，以吸引消费者关注互联网广告所传达的信息。从创意设计上来说，实效性原则主要表现在以下两个方面。

- 社会效益。对消费者心理能够产生一定的影响，增强消费者的思想道德素质与社会责任感，传播先进文化。
- 经济效益。有容易理解且单一明确的利益点，让消费者快速了解和接受广告信息，能获得良好的经济效益。图5-7所示为“双十二”Banner广告。

该广告是一个“双十二”Banner广告，设计人员通过广告中文案的不同颜色、字体大小以及商品的实际效果展示等设计使广告的利益点更加突出，加强了消费者对该广告信息的接受能力与兴趣，使消费者产生购买行为，体现了互联网广告的实效性创意原则中的经济效益。

图5-7 “双十二”Banner广告

### 5.2.3 艺术性原则

互联网广告创意的艺术性原则是指利用艺术表现的手法与技巧，加强广告作品的艺术魅力与感染力。优秀的互联网广告本身就是一件优美、生动的艺术品，具有艺术性的互联网广告将会更加吸引消费者。艺术性原则不仅仅是要互联网广告的画面美观，还需要传达出真情实感，如图5-8所示。

该广告是新高尔夫·嘉旅的线上发布会广告，该广告以“爱”为出发点，采用黏土动画的美术形式，再结合童话IP“小王子”营造了一幅极具艺术性的广告画面，让消费者全面了解新高尔夫·嘉旅的品牌理念，提升对该品牌的好感度。

图5-8 以“爱”为主体的广告

### 5.2.4 互动性原则

互联网广告创意的互动性原则是指在互联网广告设计中发动消费者共同参与活动。满足互动性原则的互联网广告创意新奇、主题明确，能激发消费者的参与热情，让消费者在接收广告信息的同时，实现与互联网广告的直接交流。设计人员在设计过程中可以利用集声音、影像、图像、颜色、音乐等于一体的表现手段，运用互联网创新技术，使互联网广告体现出互动性原则。图5-9所示为一个H5互动广告，消费者单击“喂我”按钮即可参与投喂活动，单击“结束投喂”按钮，可写一张纸条并塞进月饼中，最后单击“塞进月饼”按钮，即可将月饼分享给好友，实现广告的互动传播。

图5-9　H5互动广告

## 5.3 互联网广告的创意形式表现

互联网广告创意形式有不同的表现方法，下面介绍7种常见的互联网广告创意表现形式。

慕课视频

互联网广告的创意形式表现

### 5.3.1 情感形式

情感不仅是互联网广告的创意视觉展现，还是创意形式的具体表现形式。情感形式不仅让互联网广告的画面表现更加丰富、灵活，还能生动地表达出品牌的情感理念，具有丰富的感染力，因此成为互联网广告创意形式表现的一个主要表达方向，受到广大消费者的喜爱与推崇。情感形式的文案，是情感形式中的重点内容，可以增强广告的感染力，以美好的情感来烘托主题，最终激发消费者的购买欲望，如图5-10所示。

该广告是"方太聚划算欢聚日"广告图片，以"我们真的需要厨房吗"为话题引发网友进行讨论，其视觉设计上搭配了具有情感性的文案，在传递"爱与幸福"理念的同时也塑造了一个年轻化、多元化的品牌形象。

图5-10　情感形式的广告

### 5.3.2 故事形式

故事形式是设计人员设计互联网广告时，将商品或品牌的信息以故事的形式展现给消费者。设计人员在设计故事情节传达信息时，要善于运用文字、图案等元素来制造悬念，创作出跌宕起伏、引人入胜的视觉效果，为消费者留下深刻的印象，设计时要注意不能平铺直叙，太过于平淡无奇的故事展现会让消费者失去观看兴趣。图5-11所示为"抖音"的宣传广告，该广告是由多个小故事引出广告的由来，整体以漫画的形式展开剧情，节奏较快，且紧凑的剧情能让消费者在观看广告时更好地融入故事中。

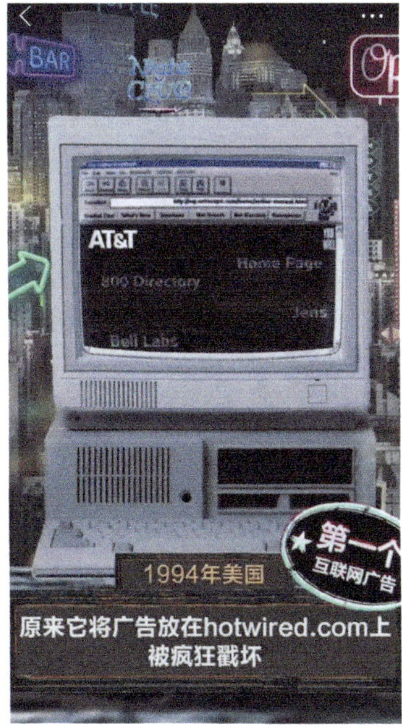

图5-11　故事形式的广告

### 5.3.3 夸张形式

夸张形式是指设计人员在设计互联网广告时以夸张的表现形式将广告中的思想理念传达给消费者，这种创意表现形式可以快速提升广告的吸引力和视觉冲击力，给消费者带来强烈的视觉对比和反差体验，赋予消费者一种奇特且富有变化的视觉趣味感受，如图5-12所示。

该广告是一款手机新品发布的互联网广告，为了突出手机的强大性能，设计人员将游戏场景运用到广告中，通过夸张的形式来加强视觉的效果，让消费者一看到该广告时就会联想到手机的超高性能，从而提高手机的销售量。

图5-12　夸张形式的广告

### 5.3.4 幽默形式

幽默形式是指设计人员在设计互联网广告时通过各种幽默的视觉元素与消费者建立联系，在这一过程中消费者不但能够体会到该广告的乐趣，还能够了解并分享该商品或品牌。巧妙运用这种幽默表现手法，可以让消费者在一种轻松诙谐的气氛中自然而然地接受广告信息，这是广告本身所具有的艺术感染力与表现力。图5-13所示为“领英App”联合品牌所做的广告，以幽默的文案来增强广告的趣味性，同时也体现了商品的功能性。

图5-13　幽默形式的广告

### 5.3.5 对比形式

对比形式是指设计人员在设计互联网广告时将自己的商品或服务与同类竞争者的商品或者服务进行对比，以突出商品。对比型的广告需要对双方的品牌或商品进行深入的调查研究，通过鲜明的对比来提示商品的性能和特点，加强广告的表现力度，扩大广告的感染力，给消费者以深刻的视觉感受。按对竞争对手态度的不同，对比形式的互联网广告可分为以下两种。

- 批评型对比广告。批评型对比广告是指将竞争对手或者该类商品本身的不足之处与自己的优点进行对比，以突显自己的商品，如图5-14所示。

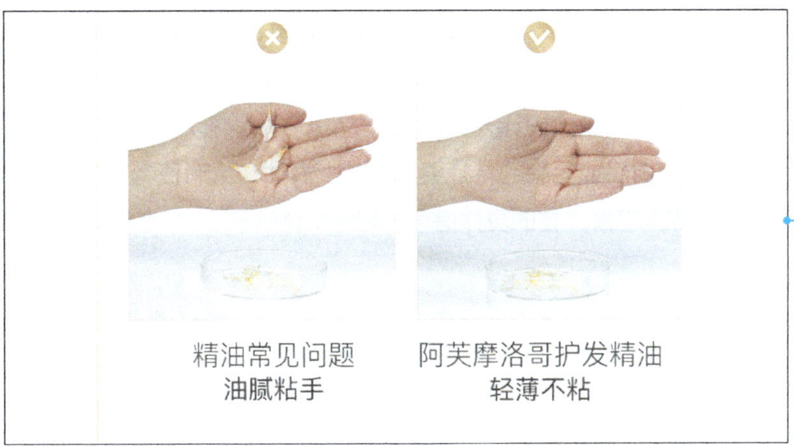


该广告是阿芙摩洛哥护发精油的批评型对比广告，该精油广告是将自己的精油“轻薄不粘”的特点与常见精油“油腻粘手”的特点做对比，通过简单的文案与宣传图片来进行互联网广告的设计。

图5-14 批评型对比广告

- 依附型对比广告。依附型对比广告是指对竞争对手比较突出的优点持赞赏、鼓励的积极态度，并与自己的商品进行关联，借助竞争对手的优点来烘托出自己的优点，提高自己商品的关注度与影响力。图5-15所示为视频类互联网广告的截图，该视频广告借助运动界头牌“GoPro 7 ”专业运动类拍摄设备来与“荣耀20 PRO”手机的防抖性能进行对比，以突出“荣耀20 PRO”手机的防抖性能并不输于专业防抖设备的特点。

该图是一个视频类互联网广告的截图，广告中少年在滑板上用视频记录第一视角的沿途风景，对比 GoPro 7 与荣耀 20 PRO 在滑板运动过程中拍摄的防抖效果，放大荣耀手机的“防抖”的特点，提高商品曝光量，从而获得更多关注。

图5-15 依附型对比广告

高手点拨

设计人员在制作对比型互联网广告时，切忌编造、传播虚假信息或者误导性信息，损害竞争对手的商业信誉、商品声誉。这种贬低其他经营者商品或服务的行为将违反新广告法中的规定。

### 5.3.6 拟人形式

拟人形式的互联网广告是设计人员在设计互联网广告时根据想象将广告中的主体物人格化，即以人物的某些特征来形象地描述商品或品牌，让广告的展现变得更加生动、形象，从而引发消费者的阅读兴趣，并留下深刻的印象。设计人员在具体的设计中，可以将人物的动态、外貌特征等表现作为创意出发点，让商品或品牌的特征更加生动、具体，给消费者留下深刻的商品或品牌形象，同时帮助消费者深入了解广告的具体信息，如图5-16所示。

该广告为“华为荣耀 8”青春版手机宣传广告。设计人员将荣耀手机的外观与人的特征相结合，使荣耀手机带有人格化的特征，并以人的口吻进行自述，趣味化展示荣耀手机的核心卖点，如“轻巧”“容量大”等，赋予了荣耀手机灵魂和情绪。

图5-16　拟人形式的广告

### 5.3.7 直接展示形式

直接展示形式是指设计人员在设计互联网广告时，将商品或广告主题直接展示在互联网广告中，这是一种非常常见的互联网广告创意表现形式。设计人员在使用摄影或绘画等技巧进行表现时，会通过写实的手法将商品的质感、形态和功能用途渲染出来，给消费者带来一种真实感，使消费者对所宣传的商品产生亲切感和信任感。直接展示形式将商品全方位、真实地展现在消费者眼前，要重点突出商品的品牌和商品的特点与优势，运用色彩、图案等元素烘托氛围，将商品放置于一个具有感染力的空间，从而增强互联网广告的视觉冲击力。图5-17所示的广告展示了防晒霜商品的真实图片，在设计上采用商品外包装作为主图，再运用文案与装饰图案展现商品的特色功能与价格优势，让画面美观且具有视觉吸引力，激发消费者的购买欲望。

清爽温和 娇嫩肌放开晒

图5-17 直接展示形式的广告

高手点拨

设计人员在进行互联网广告的制作时，需要注意互联网广告的创意形式需要从商品或品牌本身的真实特点出发，不能夸大其词，误导消费者了解商品或品牌的真实信息。

## 5.4 互联网广告的创意设计技巧

互联网广告的创意设计是指通过创意的手法来制造与众不同的视觉效果，并吸引更多的消费者，从而达到品牌传播与商品营销的目的。因此，掌握互联网广告的创意设计技巧是非常重要的。下面介绍4种常见的互联网广告创意设计技巧。

慕课视频

互联网广告的创意设计技巧

### 5.4.1 明确广告的创意主题

广告的创意主题是指将广告所要传达的核心内容有创造性地表达出来。一个完整的广告创意主题应该包含广告目的、广告信息和消费者心理3个要素。明确广告的创意主题能让消费者通过主题内容理解主题诉求。

- 确定广告目的。广告目的是广告活动所要达到的最终目的，是广告所要传达的核心内容，广告目的一般与广告的创意策略相结合，是广告创意设计的具体体现。明确广告目

的可以让广告的主题更加明确、新颖、重点突出。

- 创新广告信息。广告信息主要是指广告中所体现的商品、服务和观念等主要内容，是广告主题创意展现的重点内容，一个创意的广告信息需要有自己独特的创新。创新广告信息可以从商品的个性特点和品牌形象这两方面进行挖掘和分析。商品的个性特点包括商品独特卖点的广告语，如“农夫山泉”的广告语“农夫山泉有点甜”，“鸿星尔克”的广告语“你的能量超乎你的想象”等。品牌形象包括品牌的名称、包装、图案广告设计等多个方面，设计人员可在提升品牌形象的基础上进行创新设计图5-18所示为三只松鼠的品牌形象广告，其中运用了游戏、视频等广告设计内容，并通过不同场景的品牌形象来创新广告信息，突出广告主题。

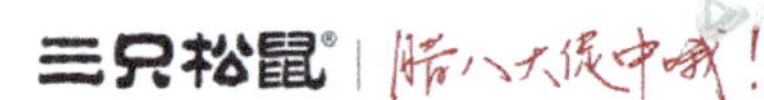

图5-18　三只松鼠的品牌形象广告

- 抓住消费者心理。消费者心理是指消费者所产生的心理活动。设计人员在设计互联网广告时可以将消费者心理与广告目的、广告信息相融合，重点突出商品的促销信息或者品牌信息，让广告的主题更加明确和突出，以抓住消费者的折扣心理以及对品牌的信任心理。图5-19所示为抓住消费者心理的互联网广告，该广告抓住了消费者的折扣心理，同时也明确了该页面是以商品促销为主题的广告页面。

该广告是男鞋活动广告，设计人员将其中的优惠信息进行放大并添加底纹处理，重点突出了广告的促销信息，抓住了消费者的折扣心理，同时也突出了该广告的营销创意主题。

图5-19　抓住消费者心理的互联网广告

### 5.4.2 结合多种创意表现形式

一个优秀的互联网广告作品是多种创意表现形式的结合体。设计人员可结合前面所讲的互联网广告的创意表现形式和其他的创意表现等知识，进行广告的创意设计。一般情况下，设计人员可以运用色彩、图像、版式等元素组合创意形式，如在互联网广告中以拟人的形式展示商品或服务，然后添加带有情感形式的文案，让广告作品更具感染力与表现力，如图5-20所示。

三只松鼠互联网广告将拟人化的品牌形象与商品实物相结合，同时将“松鼠”形象进行夸张放大处理，并添加“年轻，就要狂欢！”这种带有情感激励的文案，以激发消费者的热情，整体上体现了拟人、直接展示、夸张与情感的创意表现形式。

图5-20　结合多种创意表现形式的互联网广告

### 5.4.3 注重创意氛围的营造

不同的氛围可以传达出不同的情境，在互联网广告中营造合适的氛围可以将消费者的情感带入特殊的情景中。设计人员在设计过程中，首先需要明确广告的创意主题与卖点，考虑目标消费者的个性特征，再利用色彩、造型、文字、构图、光线等元素，全面地展现出广告的情景与氛围，营造出符合广告创意主题的氛围，如图5-21所示。

综艺节目“这就是街舞”的宣传广告的主力消费群体与品牌调性都趋于年轻化，因此在设计上是以蓝紫的暗冷色调为主，搭配霓虹光感的对比色。整体呈现出光感十足的视觉效果，营造出了一种挑战自我、突破极限的视觉氛围。

图5-21　注重创意氛围营造的互联网广告

### 5.4.4 强调真实的用户体验

用户体验是指消费者在使用商品的过程中所产生的一种真实的体验，是消费者对于该商品的主观感受，也是互联网广告创意设计中比较重要的一个内容，要求设计人员在进行广告创意设计时要以消费者为核心。强调真实的用户体验主要表现在两个方面：一是广告的风格与品牌形象或商品特征相统一，并且符合目标消费者的审美习惯；二是广告的互动体验强调实用性与舒适感，从而获得良好的用户体验度。图5-22所示的互联网广告，是天猫国际品牌结合消费者对于养肤防晒和彩妆搭档两大需求，趁势打造了一个“未来防晒体验馆”，通过三个具有沉浸感的互动小游戏让消费者了解防晒趋势，并了解真实的商品。

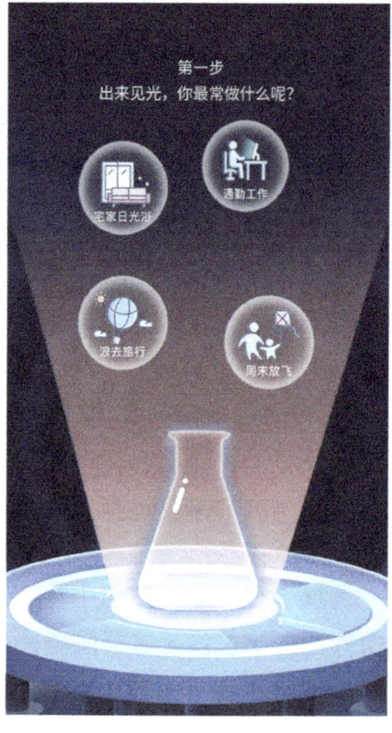


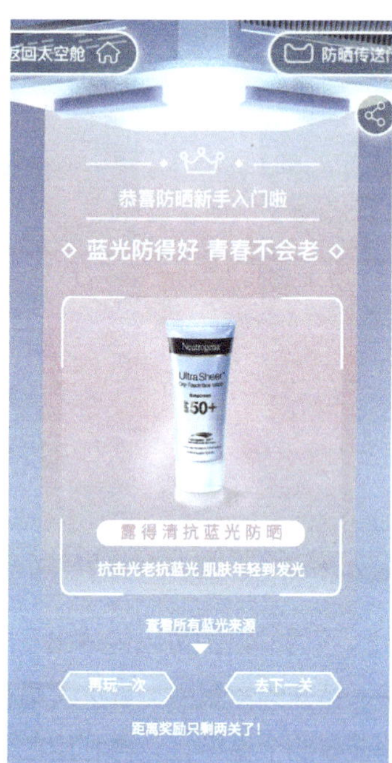


图5-22　强调真实用户体验的互联网广告

## 项目一 ▶ 化妆品广告的创意表现分析

### 项目要求

本项目要求运用本章所学知识分析一组化妆品开屏广告，在分析时可以从创意视觉、创意原则、创意形式等方面进行分析，从而了解化妆品广告的设计要点。

### 项目目的

通过本项目分析互联网广告的创意视觉表现、创意原则表现、创意形式表现等相关知识，巩固并掌握互联网广告的创意设计方法，并能够根据本章所学知识来加深对其他广告的理解。

慕课视频

化妆品广告的创意表现分析

### 项目分析

随着“颜值经济”的进一步崛起，互联网电商线上销售渠道的竞争也越来越激烈，因此优质的互联网化妆品广告设计的表现就显得尤为重要。本项目将对如图5-23所示的化妆品广告进行分析。为了更好地提升广告设计的创意与视觉吸引力，促进化妆品的销售和提高品牌知名度，本项目在主体视觉上结合了实物商品，采用夸张的创意表现形式，加深消费者对该商品的印象。本项目还添加了一些具有激励性的文案来进行创意设计，引发消费者的情感共鸣，让消费者对品牌和商品产生好感。另外，广告下方添加了商品链接，消费者可点击链接进入品牌旗舰店，与品牌方进行互动。

图5-23　化妆品开屏页面

## 项目思路

本项目通过“创意视觉表现→创意原则表现→创意形式表现→创意设计技巧”的项目思路进行广告的分析，其具体思路如下。

（1）创意视觉表现。本项目中的3组化妆品广告都有不同的广告主题，主要通过情感型的文案表现，如“不断向上，就一路巅峰”“坚持蹦跶，总有你的高光时刻”等，以及商品展示来引发消费者的内心情感，这是情感化的创意视觉表现。本项目中广告图片的下方都有该品牌的天猫旗舰店链接，消费者可以点击该链接进一步了解该商品与品牌，以及与品牌方进行更好的联系与互动。

（2）创意原则表现。本项目中除了实物商品的展现还运用了插画的表现形式，加强了广告的艺术感染力，突出了艺术性的创意原则表现。

（3）创意形式表现。本项目中设计人员将化妆品进行夸张放大处理，与插画人物产生了强烈的视觉对比，提升了广告的吸引力和视觉冲击力，给消费者带来比较震撼的视觉效果，突出了夸张的创意形式表现。本项目中设计人员通过真实表现商品的手法将化妆品直接展示在互联网广告中，给消费者一种真实感，突出了直接展示的创意形式表现。

（4）创意设计技巧。本项目中将夸张和直接展示等多种创意表现形式进行结合，使该广告更具创意性。同时，该广告的清新风格与“自然堂”倡导乐享自然，美丽生活的理念相统一，强调了真实的用户体验。

## 项目二 设计“红包类”开屏广告

### 项目要求

本项目要求充分运用互联网广告的创意表现等知识，使用Photoshop CC 2018软件来设计“红包类”开屏广告。

### 项目目的

本项目将根据提供的素材文件（配套资源：\素材文件\第5章\红包类开屏广告辅助素材）制作“红包类”开屏广告，图5-24所示为设计过程中需要用到的辅助素材，通过本项目熟悉互联网广告创意的视觉表现、原则表现、形式表现等，并掌握互联网广告的创意表现方法，使广告效果达到营销的目的，让最终的广告作品具有创意性和艺术性，从而增加广告的点击率和品牌的曝光率。

图5-24 “红包类”开屏广告素材

### 项目分析

红包广告是各大商家为了快速提升品牌关注度，并扩大品牌的影响力、增加曝光率常用的引流促销手段。另外，本项目选择了开屏广告的形式，设计人员可根据广告的目标消费者选择性地定向投放，以得到更精准的定向流量。同时，红包广告对消费者的覆盖面比较广泛，从而吸引消费者达到营销的目的。从互联网广告的创意表现上来看，本项目以“红包大派送，等你来抢”为活动主题，对于这种以促销为主的活动主题，需要先抓住消费者的心理，重点突出优惠信息，并结合主题、风格、色彩、装饰物等多个方面来营造促销氛围，图5-25所示为完成后的效果展示。

图5-25 “红包类”开屏广告

## 项目思路

本项目是一个实际操作案例，因此其项目思路是按照互联网广告的设计流程来进行的，在进行开屏广告的设计前，可从互联网广告的创意视觉表现、创意原则表现、创意形式表现、创意设计技巧来进行开屏广告的分析。其思路如下。

（1）创意视觉表现。本项目中消费者通过扫描开屏广告下方的二维码就能进入官方店铺领取红包，从而达到互动的营销效果，体现了互动化的创意视觉表现。

（2）创意原则表现。本项目在整体色调的选择上采用了比较热烈的红色，在装饰图案的选择上采用了光束、金币、红包等元素，突出了实效性原则表现中的经济性。本项目还采用了插画的设计形式，使广告体现出了艺术性的创意原则表现。

（3）创意形式表现。本项目将红包外观设计为人的形象，让广告更加形象、生动，体现出了拟人的创意形式表现。

（4）创意设计技巧。本项目运用红包、金币等元素等共同营造出了促销氛围。同时，该广告的促销风格与广告的促销主题相统一，强调了真实的用户体验。

## 项目实施

本项目将设计“红包类”开屏广告，在设计时以红色为主色，通过拟人化的红包形象、热烈的色彩搭配，将促销氛围体现出来，最后在下方添加二维码链接，使其达到营销的目的，其具体操作如下。

慕课视频

设计“红包类”开屏广告

（1）在Photoshop CC 2018中新建大小为1080像素×1920像素，分辨

率为72像素/英寸，名称为“红包类开屏广告”的图像文件。

（2）选择“矩形工具”▢，在工具属性栏的“填充”下拉列表中，单击“渐变”按钮▣，设置“渐变”为“#fd3931~#fa6a31”，设置“渐变样式”为“线性”，如图5-26所示。

（3）在图像编辑区中绘制“1532像素×1981像素”的矩形，调整矩形的位置，效果如图5-27所示。

（4）打开“背景素材.png”素材文件（配套资源:\素材文件\第5章\红包类开屏广告辅助素材\背景素材.png），将其拖曳到图像上方，调整大小和位置，效果如图5-28所示。

图5-26 设置渐变参数

图5-27 绘制矩形

图5-28 添加素材

（5）选择“椭圆工具”◯，在工具属性栏的“填充”下拉列表中，单击“渐变”按钮▣，设置“渐变”为“#fce169~#fdf3c0”，在图像中绘制8个大小为“380像素×380像素”的圆形，并将圆图层合并，效果如图5-29所示。

（6）双击合并后的图层右侧的空白区域，打开“图层样式”对话框，单击勾选“投影”复选框，设置“颜色”“不透明度”“距离”“大小”分别为“#660006”“20”“20”“50”，单击 确定 按钮，如图5-30所示。

图5-29 合并形状

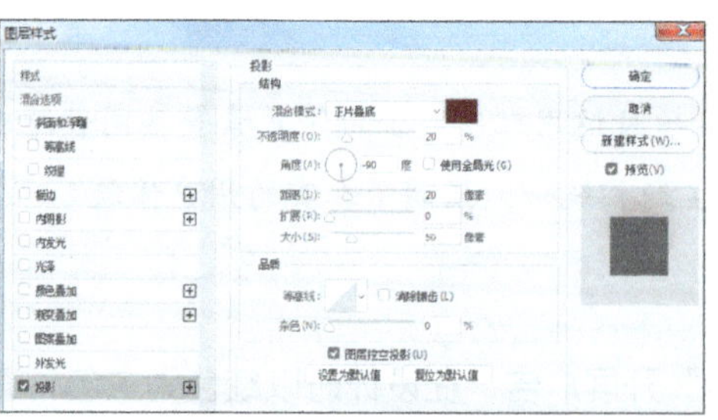

图5-30 设置投影参数

图5-31 绘制渐变椭圆

（7）选择“椭圆工具”，在工具属性栏中设置填充颜色为“#fcaf73”，在图像编辑区继续绘制10个大小“215像素×215像素”的圆形，将圆图层合并后再调整位置，如图5-31所示。

（8）选择合并形状后的图层，打开“图层样式”对话框，单击勾选“投影”复选框，设置“颜色”“不透明度”“距离”“大小”分别为“#d08746”“30”“33”“57”，单击 确定 按钮，如图5-32所示。

（9）选择“椭圆工具”，在工具属性栏的“填充”下拉列表中，单击“渐变”按钮，设置“渐变”为“#fff7d7~#fffefa”，在图像中绘制1个大小为“1697.19像素×647.75 像素”的椭圆，如图5-33所示。

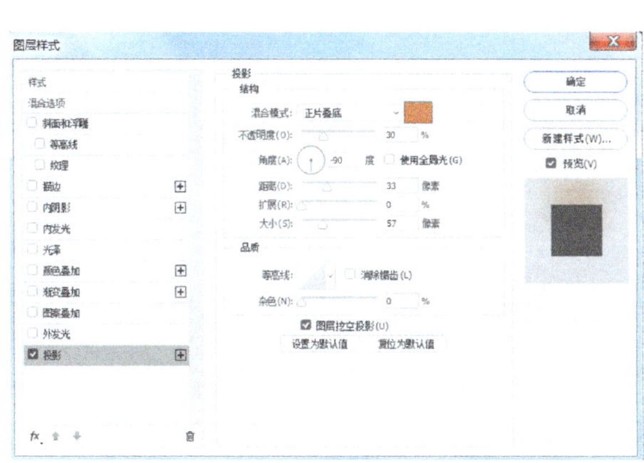


图5-32　设置投影参数

图5-33　绘制椭圆

（10）选择椭圆图层，打开“图层样式”对话框，单击勾选“投影”复选框，设置“颜色”“不透明度”“距离”“大小”分别为“#e7d892”“30”“33”“57”，单击 确定 按钮，如图5-34所示。

（11）打开“金币.png”素材文件（配套资源：\素材文件\第5章\红包类开屏广告辅助素材\金币.png），将其拖曳到图像上方，调整大小和位置。

（12）选择“圆角矩形工具”，在图像中绘制颜色为“#c80017”，大小为“404像素×527像素”，半径为“30像素”的圆角矩形，效果如图5-35所示。

（13）继续选择“圆角矩形工具”，在工具属性栏的“填充”下拉列表中，单击“渐变”按钮，设置“渐变”为“#de233e~#fe2d4b”，在图像中绘制大小为“390像素×531像素”，半径为“50像素”的圆角矩形，效果如图5-36所示。

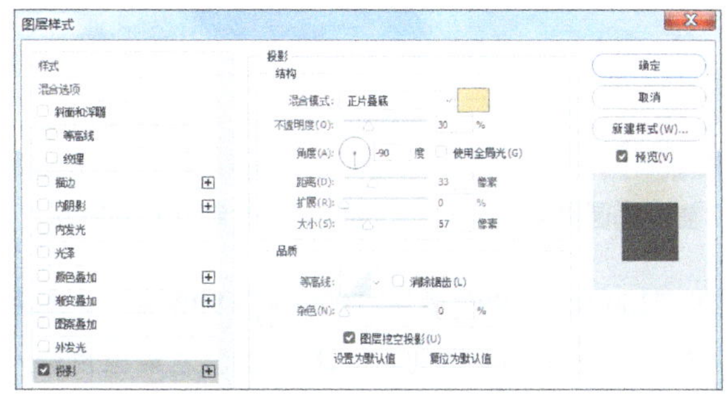
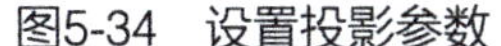


图5-34　设置投影参数

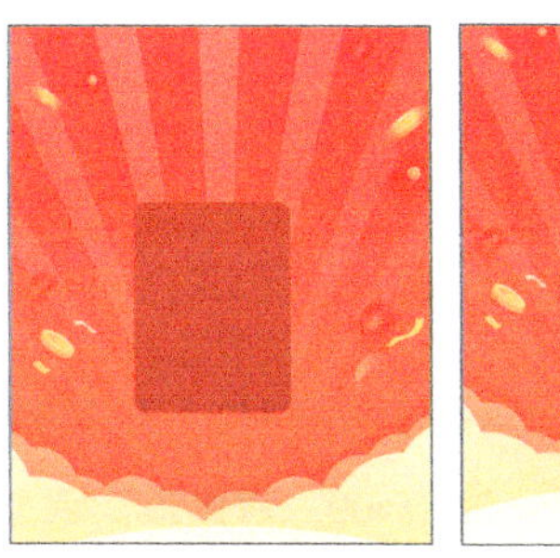

图5-35　绘制圆角矩形

图5-36　绘制圆角矩形

（14）选择“椭圆工具”，在工具属性栏中设置填充颜色为“#c80017”，在图像中绘制大小为“417像素×89像素”的椭圆，效果如图5-37所示。

（15）新建图层，选择“钢笔工具”，在圆角矩形右侧绘制如图5-38所示的形状，并填充颜色为“#de022f”，然后设置“不透明度”为“80%”。

（16）复制绘制的形状图层，选择复制的形状图层，按【Ctrl+T】组合键，使形状呈可变形状态，并在其上单击鼠标右键，在弹出的快捷菜单中选择“水平翻转”命令，并将复制的形状图层移动到圆角矩形左侧，效果如图5-39所示。

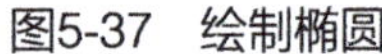

图5-37　绘制椭圆

图5-38　绘制形状

图5-39　复制形状

（17）选择“椭圆工具”，在工具属性栏中设置填充颜色为“#bc0000”，在图像中绘制1个大小为“236像素×203像素”的椭圆，2个大小为“181像素×159像素”的椭圆，调整椭圆位置，并将这3个椭圆图层合并形状，设置“不透明度”为“80%”，效果如图5-40所示。

（18）选择合并的椭圆图层并复制，修改椭圆图层的填充颜色为“#ff2d4b”，“不透明度”为“100%”，并移动椭圆位置，效果如图5-41所示。

（19）选择“椭圆工具”，在工具属性栏中设置填充颜色为“#c9090f”，在图像中绘制1个大小为“124像素×126像素”的椭圆，复制椭圆图层，修改复制的椭圆的填充颜色为“#fcef69”，并调整其大小与位置，效果如图5-42所示。

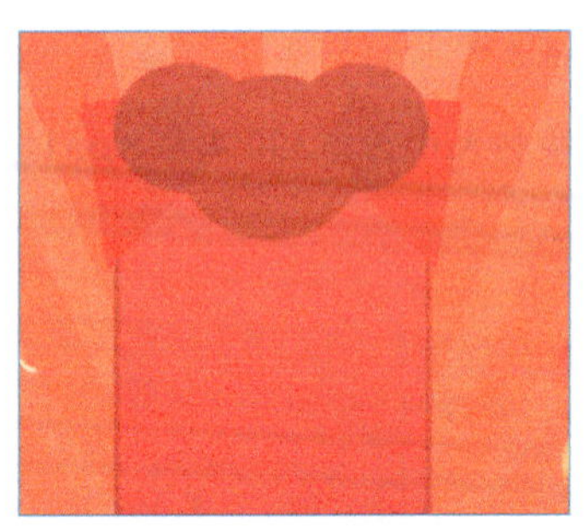

图5-40　绘制椭圆

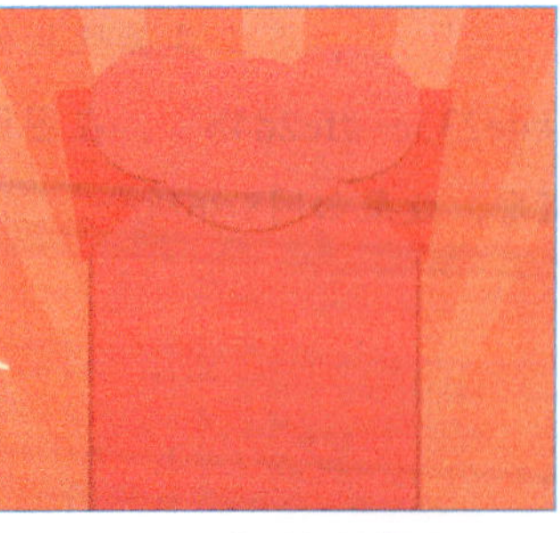

图5-41　复制椭圆图层

图5-42　绘制椭圆并复制

（20）使用相同的方法绘制2个大小分别为“100像素×99像素”“99像素×99像素”，颜色分别为“#fe8b00”“#ffaa00”的圆形，调整其位置。选择“横排文字工具”，在椭圆内输入“¥”文字，在工具属性栏中设置“字体”为“方正粗黑宋简体”，“文本颜色”为

“#fcef69”，并调整文字大小和位置，效果如图5-43所示。

（21）打开“图层”面板，选择步骤（14）到步骤（18）所制作的所有图层，单击鼠标右键，在弹出的快捷菜单中选择“创建剪贴蒙版”命令，效果如图5-44所示。

（22）新建组，将其重命名为“身体”，选择所有红包图层，并将其移动到新建的组中。

（23）新建图层，选择“钢笔工具”，在圆角矩形中绘制牙齿、舌头、嘴巴的形状，其填充颜色分别为“#ffffff”“#ff2d4b”“#c11825”，效果如图5-45所示。

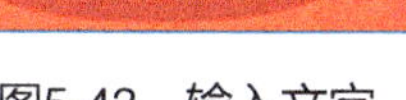

图5-43 输入文字

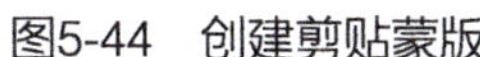

图5-44 创建剪贴蒙版

图5-45 绘制形状

（24）选择牙齿和舌头图层，将其移动到嘴巴图层上方，然后将其剪贴到嘴巴图层内。创建新组，按照前面的方法重命名为“嘴巴”，并将嘴巴的所有图层移动到新建的组中。

（25）新建图层，选择“钢笔工具”，在圆角矩形左侧绘制形状，并设置填充颜色为“#040000”。选择“椭圆工具”，在工具属性栏中设置填充颜色为“#ffffff”，在黑色形状右下侧绘制白色圆形，并将其剪贴到黑色形状内，效果如图5-46所示。

（26）选择并复制黑色形状图层与白色圆形图层，将其移动到红包右侧，调整位置与方向，效果如图5-47所示。完成后为这4个图层创建新组，并重命名为“眼睛”。

（27）选择“身体”“嘴巴”“眼睛”3个图层组，为这3个图层组创建新组，并重命名为“面部”。选择“面部”图层组，打开“图层样式”对话框，单击勾选“投影”复选框，设置“颜色”“不透明度”“距离”“大小”分别为“#310d00”“30”“50”“50”，单击 确定 按钮，如图5-48所示。

图5-46 绘制眼睛

图5-47 复制眼睛

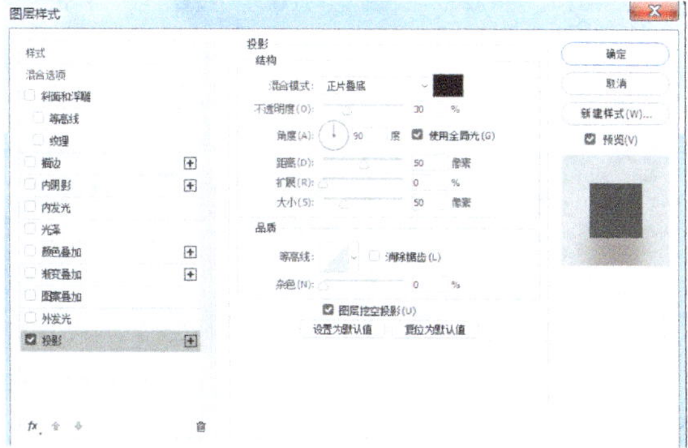


图5-48 设置投影参数

（28）新建图层，分别选择“钢笔工具”与“椭圆工具”，在红包形状的左右两侧绘制如图5-49所示的形状，并设置填充颜色为“#e30a34”，完成后为图层创建新组，并重命名为“手”。

（29）选择“面部”“手”2个图层组，为这2个图层组创建新组，名称为“红包”，复制2个“红包”图层组，调整位置与大小，效果如图5-50所示。

（30）选择“横排文字工具”，在红包上方输入“红包大派送 等你来抢”文字，在工具属性栏中设置“字体”为“汉仪太极体简”，“红包”的“文本颜色”为“#ff366c”，“抢”的“文本颜色”为“#fbfa54”，其余文字的“文本颜色”为“#ffffff”，并调整文字大小和位置。选择文字图层，打开“图层样式”对话框，单击勾选“描边”复选框，设置描边大小为“21像素”，描边颜色为“#391b03”，效果如图5-51所示。

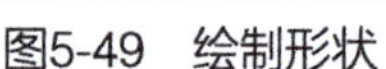

图5-49 绘制形状

图5-50 复制图层组

图5-51 输入文字

（31）新建图层，设置“前景色”为“#391b03”，选择“画笔工具”，在工具属性栏中，设置“画笔”为“硬边圆”，“画笔大小”为“80”，在文字下方的空隙进行涂抹，不断调整画笔大小并勾画图形，效果如图5-52所示。

（32）使用同样的方法在“红包”“抢”文字上方勾画白色的图形。新建图层，选择“钢笔工具”，在文字下方绘制如图5-53所示的形状，并设置填充颜色为“#831dff”。

（33）选择“横排文字工具”，在形状上输入“100%中奖 人人有份”文字，在工具属性栏中设置“字体”为“黑体”，并调整文字大小和位置。选择文字图层，打开“图层样式”对话框，单击勾选“渐变叠加”复选框，设置渐变颜色为“#ffd6a8~#ffffff”，继续单击勾选“投影”复选框，设置“颜色”“不透明度”“角度”“距离”“大小”分别为“#8a060f”“60”“53”“10”“20”，单击 确定 按钮，效果如图5-54所示。

图5-52 绘制文字背景

图5-53 绘制形状

图5-54 输入文字

（34）选择“横排文字工具”，在形状下方输入“活动时间：9月22日—10月1日”文

字，在工具属性栏中设置“字体”为“黑体”，“文本颜色”为“#ffffff”，效果如图5-55所示。

（35）打开“二维码.png”素材文件（配套资源：\素材文件\第5章\红包类开屏广告辅助素材\二维码.png），将其拖曳到图像下方，调整大小和位置，选择“横排文字工具”T，在二维码下方输入如图5-56所示的文字。

（36）选择“矩形工具”□，在红包下方绘制1个填充颜色为“#e0233e”和1个描边颜色为“#e0233e”的矩形。选择“横排文字工具”T，在矩形上分别输入“全场不止8折”“进店更多优惠”文字，在工具属性栏中设置“字体”为“黑体”，设置“全场不止8折”文字的“文本颜色”为“#ffffff”，设置“进店更多优惠”文字的“文本颜色”为“#e30a34”，效果如图5-57所示。

（37）完成后按【Ctrl+S】组合键，保存文件，完成制作（配套资源：\效果文件\第5章\红包类开屏广告.psd）。

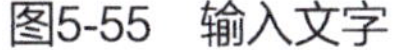
图5-55 输入文字

图5-56 添加输入并输入文字

图5-57 绘制矩形并输入文字

## 思考与练习

1. 互联网广告的创意设计表现在哪些方面？

2. 互联网广告的创意形式有哪些？简述各自的特点。

3. 列举经典的互联网广告页面，并分析其中的创意视觉与原则表现。

4. 根据提供的素材文件（配套资源：\素材文件\第5章\阅读App开屏广告素材.psd）制作阅读App开屏广告。该广告主要是推广App应用，达到增加新用户的目的。在制作时以“阅读 养心”为主题，在设计上采用浅灰色作为主色，以翻书的场景表现阅读的趣味，再通过“恬淡虚无——精神内守”文字将古韵感表现出来，使得整个广告不但具有吸引力，而且契合了“阅读 养心”主题。参考效果如图5-58所示（配套资源：\效果文件\第5章\阅读App开屏广告.psd）。

图5-58 阅读App开屏广告

Chapter

# 第6章 互联网传统媒体广告设计

什么是互联网传统媒体广告？

资讯媒体广告如何设计？

电商网站广告如何设计？

视频网站广告如何设计？

## 学习引导

| | 知识目标 | 能力目标 | 素质目标 |
|---|---|---|---|
| 学习目标 | 1. 了解互联网传统媒体的类型和广告特点<br>2. 了解资讯媒体广告的设计要点<br>3. 了解电商网站广告的设计要点与方法 | 1. 掌握资讯媒体广告的设计要点与方法<br>2. 掌握电商网站广告的设计要点与方法<br>3. 掌握视频网站广告的优势和常见的视频网站形式<br>4. 掌握视频网站广告的设计要点与方法 | 1. 培养良好的广告页面分析能力<br>2. 增长对互联网传统媒体广告的认知<br>3. 激发对互联网传统媒体广告的创作兴趣 |
| 实训项目 | 制作护肤品智钻广告 | | |

随着网络技术的进步，互联网传统媒体面临着很多新的机遇与挑战，同时，依托于互联网传统媒体的不断发展，互联网广告也将实现自我的升级与转型。设计人员需要快速掌握互联网传统媒体广告的基本知识，才能设计出符合当今时代的广告作品。

## 6.1 互联网传统媒体广告概述

在互联网的快速发展下，互联网传统媒体广告也在不断地进步与发展，这就需要设计人员通过认识并了解互联网广告不同类型的发布媒体，熟悉互联网传统媒体广告的特点，并以此设计出具有创新性的互联网传统媒体广告。下面将对互联网传统媒体的类型和互联网传统媒体广告的特点进行详细介绍。

慕课视频

互联网传统媒体广告概述

### 6.1.1 互联网传统媒体的类型

互联网传统媒体的种类繁多，既有满足人们生活需要的美团外卖、大众点评、饿了么等生活媒体平台，又有满足人们娱乐需要的腾讯视频、网易云音乐等视频和音乐媒体平台，还有帮助人们获取各类资讯的今日头条、腾讯新闻等信息资讯媒体平台。简而言之，互联网传统媒体的类型主要包括社交媒体、视频媒体、音乐媒体、资讯媒体、电商媒体、生活媒体、出行媒体、游戏媒体、工具媒体等。下面简单介绍各类媒体的应用平台。

- 社交媒体平台。社交媒体平台主要包括微信、Q Q、新浪微博等。
- 视频媒体平台。视频媒体平台主要包括腾讯视频、优酷视频、百度视频、爱奇艺视频、搜狐视频、新浪视频等。
- 音乐媒体平台。音乐媒体平台主要包括网易云音乐、酷我音乐、QQ音乐、酷狗音乐等。
- 资讯媒体平台。资讯媒体平台主要包括今日头条、腾讯新闻、新浪网、网易新闻、搜狐网等。
- 电商媒体平台。电商媒体平台主要包括天猫、淘宝、京东、唯品会、拼多多、网易严选等。
- 生活媒体平台。生活媒体平台主要包括美团外卖、大众点评、饿了么、美颜相机、墨迹天气等。
- 出行媒体平台。出行媒体平台主要包括百度地图、高德地图、去哪儿网、携程旅行等。
- 游戏媒体平台。游戏媒体平台主要包括王者荣耀、消消乐、欢乐斗地主、荒野行动、QQ飞车、宾果消消消等。
- 工具媒体平台。工具媒体平台主要包括百度搜索、腾讯管家、电脑管家、360卫士、清扫大师等。

### 6.1.2 互联网传统媒体平台的特点

互联网传统媒体广告常借助互联网传统媒体平台，将广告内容与互联网信息技术充分融合，在广告的展现中亦有不同的特点。了解互联网传统媒体平台的特点，有助于加强设计人员对这类广告的认识，并提高对这类广告的设计与制作水平。下面进行具体介绍。

- 媒体类型多样化。互联网广告媒体的类型丰富多样，消费者可以在不同的平台接收到广告信息。各大企业也可以在适合自己品牌调性的媒体上发布广告信息，将广告信息精准地传递到目标消费人群，这样也能够取得更好的广告效果。
- 表现方式的多元化。广告的表现方式不再局限于单一的文字、图片或视频。互联网技术的运用让多个广告可以同时表现在一个广告内容中，多元化的表现方式更能受到消费者的青睐，方便消费者更快、更准确地了解广告内容。
- 传播形式的多元化。互联网传统媒体平台的多样化，体现在消费者既可以单一地接收广告信息，又可以参与一些广告互动。如设计人员在设计弹窗广告、Banner广告、电商广告时，借助“触屏”技术，通过消费者选择广告中的不同选项来实现广告信息的双向传播。图6-1所示的Banner广告即为一个广告入口，消费者只需点击Banner即可进入活动页面，该页面主要对活动内容进行展现，在其中点击“立即领取”按钮，会获得相应品牌所发送的红包、优惠券等福利奖励。

图6-1　传播形式多元化的Banner广告

## 6.2 资讯媒体广告设计

资讯媒体广告是指发布在资讯媒体平台的互联网广告。下面将讲解资讯媒体广告中常见的广告形式，如网幅广告、信息流广告、弹出式广告等。

### 6.2.1 网幅广告设计

网幅广告是互联网广告中非常重要、有效的广告形式之一。设计人员需要对网幅广告的主要类型及设计要点进行了解，以掌握网幅广告的设计方法。

#### 1. 网幅广告的主要类型

根据网幅广告发布位置的不同，网幅广告可以分为4种类型：按钮广告、通栏广告、Banner广告和竖边广告。

- 按钮广告。按钮广告通常表现为一个小图标或者按钮链接，其尺寸偏小、表现手法简单，因此多用于提示性广告。
- 通栏广告。通栏广告通常以横贯页面的形式出现，它并没有固定的尺寸，一般是根据网站的需求而定制。位置一般在网站首页的上方或者中间位置，当消费者点击该广告时就会跳转到指定的页面中。由于该广告形式的尺寸较大，视觉冲击力强，能给消费者留下深刻印象，因此常用于活动信息的发布以及商品的推广等方面。
- Banner广告。Banner广告通常出现在App平台界面或网页界面的顶部或底部，是普遍采用的一种互联网广告形式，有静态、动态、轮播动画等多种表现形式，对消费者的干扰较小，制作相对简单。图6-2所示为网页顶部的Banner广告。

图6-2　Banner广告

- 竖边广告。竖边广告通常出现在网页的两侧，一般不会影响消费者的浏览体验，能有效地传播广告信息，如图6-3所示。

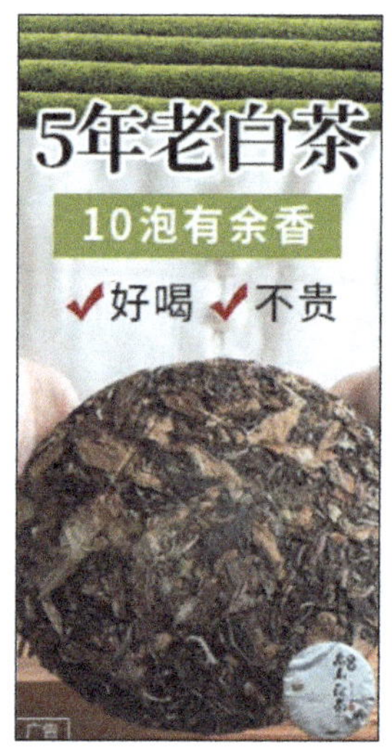


图6-3　竖边广告

**2．网幅广告的设计要点**

了解网幅广告的不同类型后，设计人员还需要对网幅广告的设计要点进行了解。网幅广告的设计要点主要包括配色、文字和图像三个方面。

- 配色。配色是网幅广告中非常重要的内容，醒目的配色会让网幅广告具有强烈的视觉吸引力。由于网幅广告的内容有限，其广告信息则更需要集中展现，合理的配色能使广告整体风格和谐统一。在配色时，设计人员需要用突出醒目的颜色强调重要的文字信息，在设计网幅广告时可以用明暗对比以及不同颜色的搭配来确定风格，并且背景颜色应该统一，不能使用太多的颜色，以免广告画面杂乱。图6-4所示的两个网幅广告的配色合理，与背景、商品或素材的搭配都非常统一。

图6-4　配色统一的网幅广告

- 文字。网幅广告的文字内容不宜过多，只需用简短的广告文案表达出主要的广告信息即可。在编辑广告文案时，文案的字体不要超过3种，可以用稍大或个性化的字体突出主题内容。除此之外，文字的选择也需要符合网幅广告的主题。如科技类、建筑类网幅广告可采用强壮有力的粗体字，使画面呈现出规整、爽朗、简洁之感；儿童用品类网幅广告可采用生动活泼、节奏明快的字体，突出儿童的天真、童趣。图6-5所示为保险的网幅广告，它通过“健康生活 人保相伴”的文字点明广告的主题，使整个效果不但视觉美观，而且主题明确。

图6-5　文字适中的网幅广告

- 图像。网幅广告中的图像主要有动态图像和静态图像两种类型。静态图像主要是以JPG/JPGE格式的图片为主；动态图像主要是以GIF的动画展现为主。无论是静态图像还是动态图像，都要求视觉效果丰富、广告信息清晰明确。需要注意的是，网幅广告不能太过复杂，太复杂的动态图像会让消费者的记忆点变得模糊，从而造成负面的广告效果。

### 3. 案例设计：网幅广告设计

本例主要是为某品牌制作网幅广告，并将其投放在新闻资讯网站，其类型为竖边广告，通过该广告的展示能让品牌获得更高的关注度与点击量。该网幅广告的参考效果如图6-6所示，其具体操作如下。

慕课视频

案例设计：网幅广告设计

图6-6　网幅广告设计效果

（1）在Photoshop CC 2018中新建大小为260像素×600像素，分辨率为72像素/英寸，名为“新品促销竖边广告”的图像文件。

（2）新建图层，选择新建的图层，设置“前景色”为“#faacd1”，选择“画笔工具”，在工具属性栏中单击按钮，打开“画笔设置”面板，设置“画笔”为“硬边圆”，“画笔大小”为“5像素”，“间距”为“917%”，如图6-7所示。

（3）在“画笔设置”面板中单击勾选“散布”复选框，设置“数量”为“1”，如图6-8所示。

（4）继续在“画笔设置”面板中单击勾选“传递”复选框，设置“不透明度抖动”为“41%”，如图6-9所示。

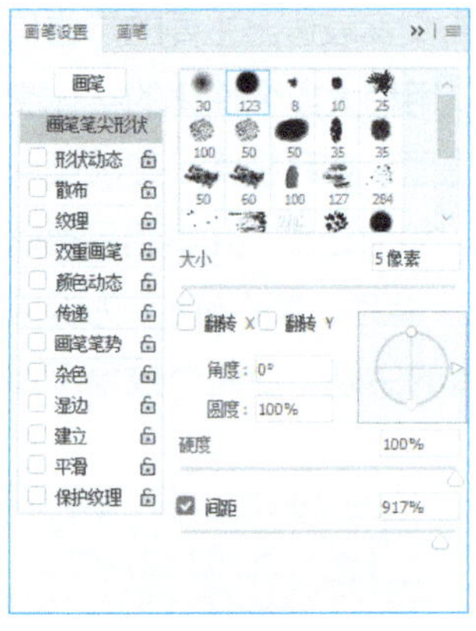

图6-7　设置画笔笔尖形状

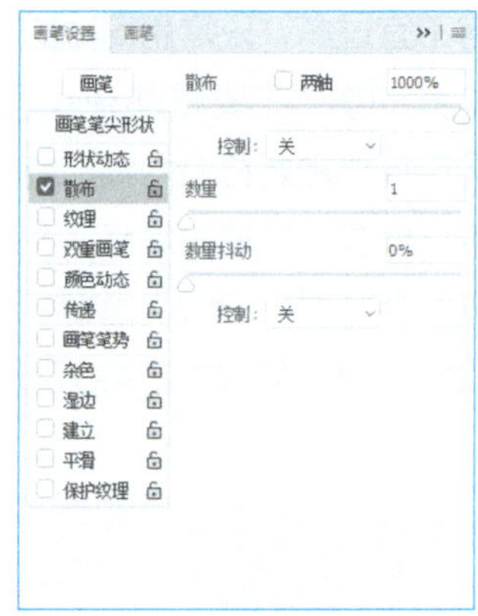

图6-8　设置画笔散布参数

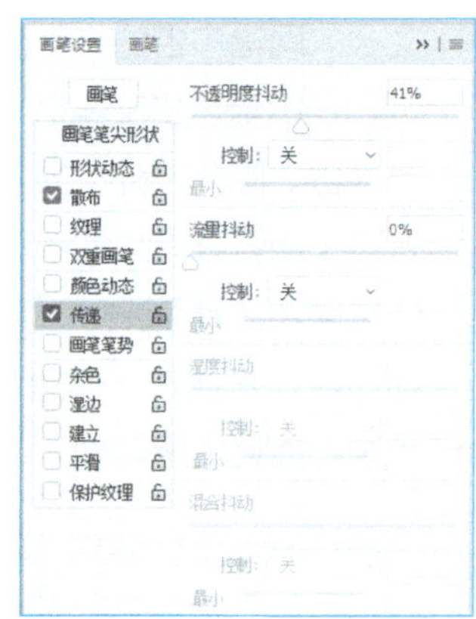

图6-9　设置画笔传递参数

（5）选择新建图层，使用画笔在新建的图层上按住鼠标左键不放，拖曳绘制散落的小圆形。选择“圆角矩形工具”，在文字的下方绘制11个颜色分别为“#fc2b5c”“#3ec3d3”“#852c6e”“#fde001”、半径为“50像素”的圆角矩形，并将其交错排列，完成后将所有的圆角矩形组成新组，效果如图6-10所示。

（6）选择“椭圆工具”，按住【Shift】键，在图像编辑区中绘制大小为“60像素×60像素”、填充颜色为“#fde001”的正圆，并调整圆形的位置，效果如图6-11所示。

（7）继续选择“椭圆工具”，使用相同的方法在图像编辑区中绘制大小分别为“80像素×80像素”“39像素×39像素”、填充颜色分别为“#3ec3d3”“#fde001”的正圆，设置这两个圆形的不透明度为“43%”，并调整圆形的位置，效果如图6-12所示。

图6-10　绘制圆角矩形

图6-11　绘制圆形

图6-12　绘制圆形并调整不透明度

（8）选择“横排文字工具”，在图像编辑区右上方输入“美妆特惠”文字，在工具属性栏中设置“字体”为“黑体”，“文本颜色”为“#f32076”，“字体大小”为“22”，效果如图6-13所示。

（9）选择“自定形状工具”，在工具属性栏中的形状下拉列表中选择“花1”选项，在图像编辑区中绘制大小为“209像素×209像素”、颜色为“#ffffff”的形状，效果如图6-14所示。

（10）双击形状所在的图层，打开“图层样式”对话框，单击勾选“投影”复选框，设置“不透明度”“角度”“距离”“扩展”“大小”分别为“42”“111”“7”“8”“8”，单击 确定 按钮，如图6-15所示。

图6-13　输入文字　图6-14　绘制形状

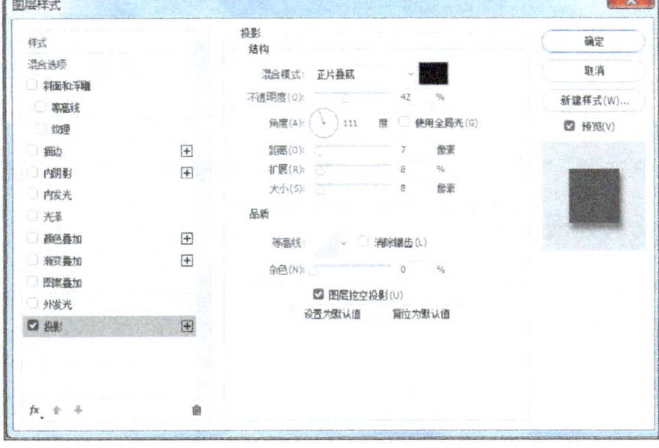

图6-15　设置投影参数

（11）选择“横排文字工具”T，在形状中输入“新品促销”文字，在工具属性栏中设置“字体”为“汉仪长宋简”，“文本颜色”为“f32076”，“文字大小”为“93.4”，并调整文字的位置。

（12）双击“新品促销”文字图层，打开“图层样式”对话框，单击勾选“投影”复选框，设置“不透明度”“角度”“距离”“扩展”“大小”分别为“42”“-172”“7”“8”“8”，如图6-16所示。

（13）继续单击勾选“描边”复选框，设置“大小”“位置”“不透明度”“颜色”分别为“4”“外部”“100”“#ffffff”，单击 确定 按钮，如图6-17所示。

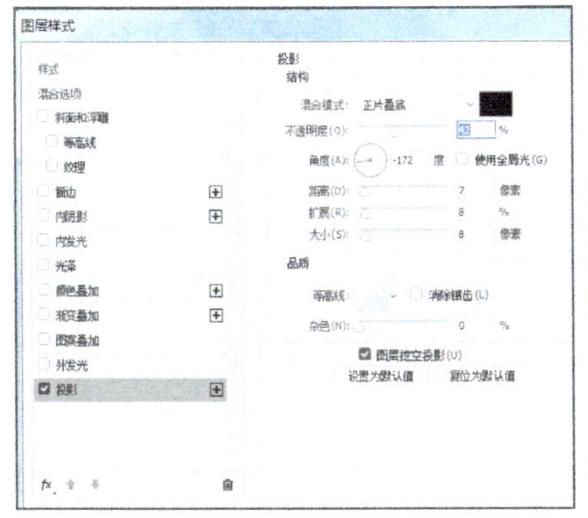

图6-16　设置投影参数

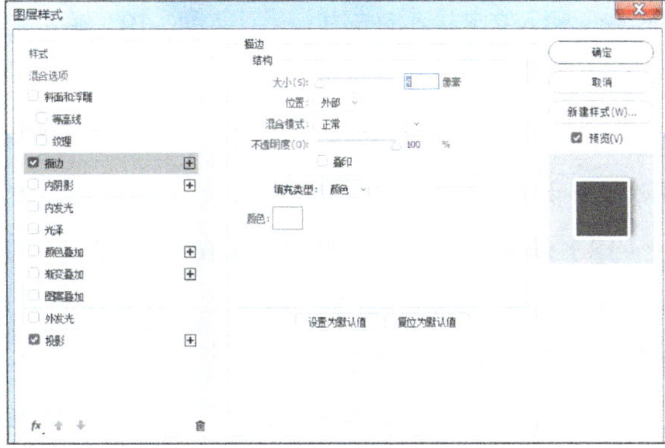

图6-17　设置描边参数

（14）使用相同的方法，在下方输入“全场2折起”文字，并设置“文本颜色”为“#3ec3d3”，然后为文字图层添加描边效果，并设置“描边颜色”“描边大小”分别为“#ffffff”“2”，并为“全场2折起”文字所在图层添加投影效果，完成后的效果如图6-18所示。

（15）选择“横排文字工具” T，在“全场2折起”文字下方输入“超值精品”“立即抢购”文字，在工具属性栏中设置“字体”为“方正正粗黑简体”，“文本颜色”为“852c6e”，并分别设置字体大小，修改“精”文字的“文本颜色”为“#fc3e6b”，字体大小为“45点”，并调整文字的位置，效果如图6-19所示。

（16）选择“椭圆工具”，按住“Shift”键，在文字下方绘制大小为“38像素×38像素”、填充颜色为“#852c6e”的正圆。选择“自定形状工具”，在工具属性栏中的形状下拉列表中选择“箭头2”选项，在圆形中绘制大小为“20像素×22像素”、颜色为“#ffffff”的形状，效果如图6-20所示。

图6-18 输入文字并添加描边和投影效果

图6-19 输入文字

图6-20 绘制形状

（17）选择“横排文字工具” T，在形状下方输入“活动时间：2020.8.9~8.10”文字，在工具属性栏中设置“字体”为“黑体”，“文本颜色”为“#fc2b5c”，“字体大小”为“16点”。

（18）设置“前景色”为“#3ec3d3”，选择“圆角矩形工具”，在工具属性栏的“填充”下拉列表中，单击“渐变”按钮，选择渐变样式为第2种，在图像编辑区绘制半径为“50像素”的圆角矩形，如图6-21所示。

（19）选择“圆角矩形工具”，在图像编辑区右下角绘制两个颜色分别为“#fde001”“#fc2b5c”、半径为“50像素”的圆角矩形，并设置“不透明度”为“70%”。完成后按【Ctrl+S】组合键，保存文件，完成本例的制作。其最终效果如图6-22所示（配套资源：\效果文件\第6章\新品促销竖边广告.psd）。

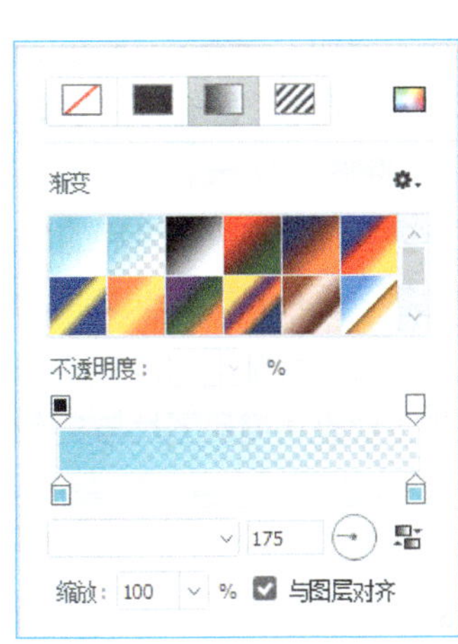


图6-21　绘制渐变圆角矩形

图6-22　最终效果

需要注意的是，由于各媒体平台与网页中的广告位不同，其竖边广告的尺寸也有所不同，设计人员在具体设计过程中可根据实际情况进行相应的尺寸调整。

### 6.2.2 信息流广告设计

信息流广告，顾名思义就是将广告内容加入到信息流当中展现给消费者，广告的展现形式与信息流中的信息形式保持了相同的格式。信息流广告的展现形式与商品内容本身展现的形式一致，在不破坏消费者体验的同时呈现出广告信息，能让广告的展现变得更自然。相对来说，信息流广告是消费者体验度非常好的一种广告形式。

#### 1. 信息流广告的样式

信息流广告可以投放到不同的媒体平台，如社交媒体平台、视频媒体平台、资讯媒体平台等。不同媒体平台的信息流广告也有所不同，如投放视频媒体平台的信息流广告以视频信息流为主，而投放到资讯媒体平台的信息流广告以图文信息流为主。在互联网中的信息流广告主要是发布在新闻资讯类平台（如今日头条、网易新闻）中的图文信息流广告，这类信息流广告样式较为多元化，主要有大图信息流广告、小图信息流广告和组图信息流广告等样式，通过这些样式能够精确地、高强度地曝光广告。

- 大图信息流广告。大图信息流广告是指广告信息由文字内容加上一张尺寸较大的图片组成。这种样式对图片的要求比较高，关键信息都需要在图片中进行展现，并且较大的图片也更能吸引消费者的视线，可以充分展现广告信息，能带给消费者较高的视觉体验，让消费者对该品牌产生好感，比较适合推广品牌。在具体的设计过程中，设计人员可以直接用文字加大图的方式来展现品牌，丰富广告的视觉效果，提升品牌的影响力，如图6-23所示。
- 小图信息流广告。小图信息流广告是指广告信息由文字内容加上一张尺寸较小的图片组成。这种样式由于图片较小，无法展现过多的广告内容，因此广告信息比较集中、精简，适合通过展现精美的图片来吸引消费者关注广告，如图6-24所示。
- 组图信息流广告。组图信息流广告是指广告信息由文字内容加上多张组合后的广告图片组成。由于图片面积较小，因此一般不会展示过多的内容。这种样式比较灵活，既可以用不同的图片来全方位、多角度地展现广告信息，又可以将一整张图片分割成不同的板块，从而组合在一起展现广告内容。图6-25所示的广告主要是将商品图片与文字信息分为3个板块分开展示，在展示出完整的广告内容的同时，也让广告信息更加清晰。

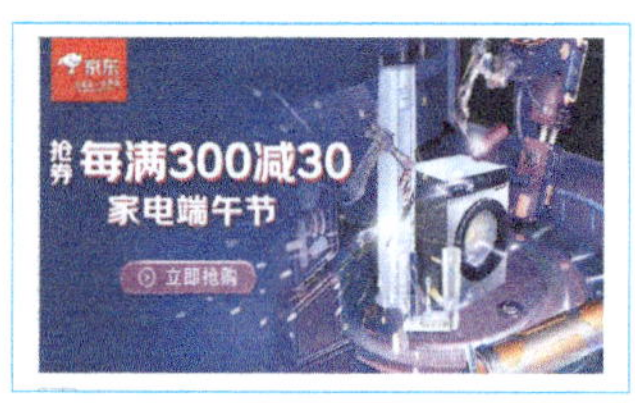

图6-23　大图信息流广告

图6-24　小图信息流广告

图6-25　组图信息流广告

**2. 信息流广告的设计要点**

设计人员在制作信息流广告前，首先要对信息流广告的设计要点进行了解，并在此基础上深入学习，最终设计出符合要求的信息流广告。信息流广告的设计要点主要是通过文案、图片、色彩这3点来展现。

- 文案。消费者使用资讯媒体平台主要是为了获取最新的新闻资讯以及与自身相关的热点消息。因此，设计人员在制作资讯媒体中的信息流广告时要抓住这类消费者的心理，在广告文案的选择上最好与资讯信息相似，尽量与资讯媒体的主调性等契合，如在标题文案上突出时事热点、与生活相关或有优惠信息等。图6-26所示为文案中有优惠信息的信息流广告。

图6-26　文案中有优惠信息的信息流广告

- 图片。设计人员在选择信息流广告图片时要尽量选择一些清晰度高且与广告素材、广告信息相符的图片，让信息的展示更加直观，这有利于广告信息的传递。图6-27所示的电蚊香广告，图片不仅清晰，而且与广告标题相关。

- 色彩。在信息流广告中，色彩的合理搭配不仅可以传达商品的气质、渲染画面的情感，还可以与周围的信息相互融合、共生，加深消费者对广告的认同，使其自然地接受广告信息。图6-28所示的广告的页面背景、商品等元素的色彩都非常和谐统一。

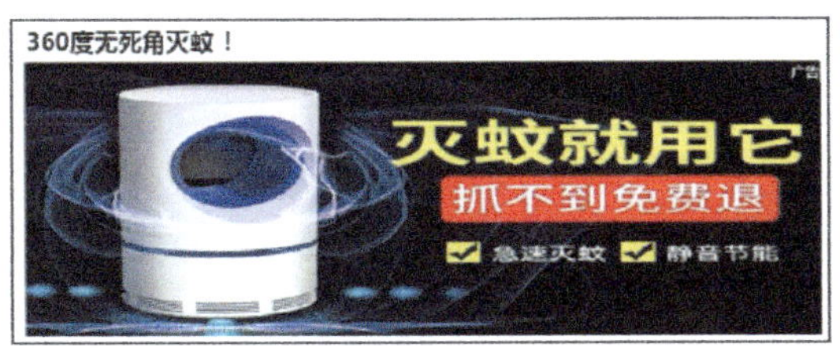


图6-27　图片清晰直观的信息流广告

线下生意难做，不如入驻天猫开网店，无需定金，最快5天下店

天猫入驻
绿色通道 全类目皆可入驻
立即点击入驻>>

图6-28　色彩统一的信息流广告

### 3. 案例设计：信息流广告设计

本例主要制作一个发布在新闻媒体平台的信息流广告，要求设计人员严格遵循信息流广告的设计要点，通过该案例掌握信息流广告的设计方法，参考效果如图6-29所示。其具体操作如下。

图6-29　信息流广告效果

（1）在Photoshop CC 2018中新建大小为620像素×314像素、分辨率为72像素/英寸、名为“年货节信息流广告”的图像文件。新建图层，设置“背景色”为“#f0c71f”，按【Ctrl+Delete】组合键，填充背景色。

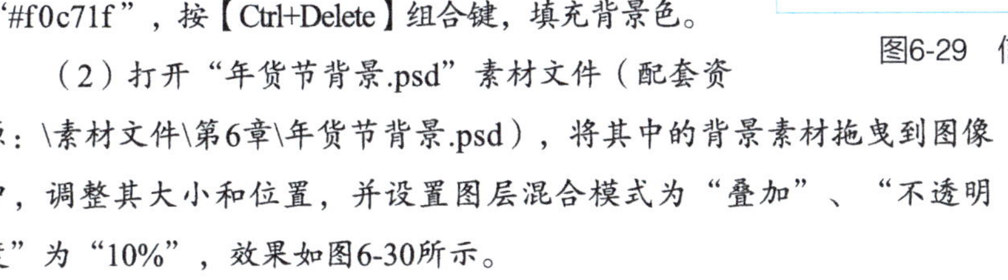

（2）打开“年货节背景.psd”素材文件（配套资源：\素材文件\第6章\年货节背景.psd），将其中的背景素材拖曳到图像中，调整其大小和位置，并设置图层混合模式为“叠加”、“不透明度”为“10%”，效果如图6-30所示。

案例设计：信息流广告设计

（3）选择“多边形工具”，在工具属性栏中单击按钮，在打开的下拉列表中，取消勾选“平滑拐角”“星形”“平滑缩进”复选框，然后在“边”右侧的数值框中输入“3”，再在图像中绘制三角形，效果如图6-31所示。

图6-30　添加素材并设置图层混合模式

图6-31　绘制三角形

（4）选择所绘制的三角形图层，单击鼠标右键，在弹出的快捷菜单中选择“栅格化图层”命令，然后按住【Ctrl】键不放，单击三角形前的缩略图，载入选区。

（5）选择【选择】/【修改】/【收缩】命令，打开“收缩选区”对话框，设置“收缩量”为“12”，单击 确定 按钮，如图6-32所示。

（6）按【Delete】键删除选区，按【Ctrl+D】组合键取消选区，效果如图6-33所示。

图6-32　收缩选区

图6-33　取消选区

（7）双击三角形所在图层，打开“图层样式”对话框，单击勾选“斜面和浮雕”复选框，设置“样式”“深度”“大小”“高光模式的颜色”“阴影模式的不透明度”分别为“外斜面”“50”“8”“#e3b22d”“67”，如图6-34所示。

（8）单击勾选“渐变叠加”复选框，设置“不透明度”“渐变”分别为“100”“#e5b62f~d7830f”，单击 确定 按钮，如图6-35所示。

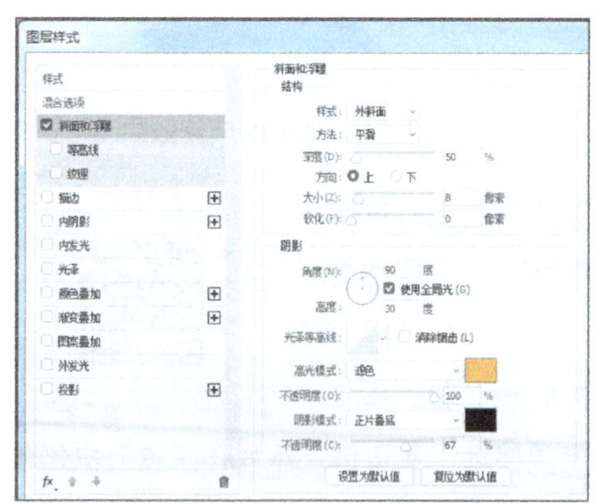

图6-34　设置斜面和浮雕参数

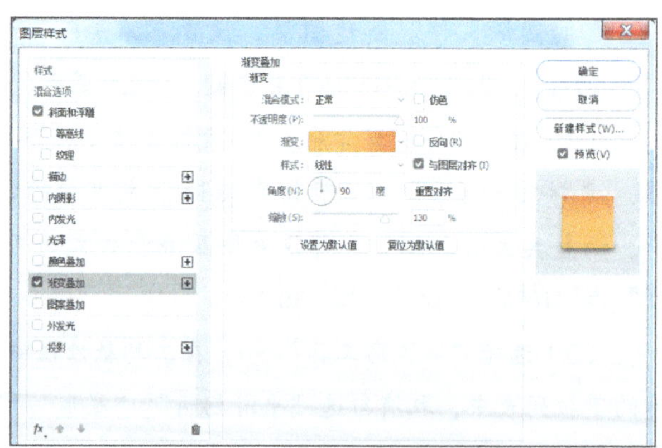

图6-35　设置渐变叠加参数

（9）打开“三角形状.psd”素材文件（配套资源：\素材文件\第6章\三角形状.psd），将“多边形”图形拖曳到图像中，并调整其大小和位置，效果如图6-36所示。

（10）打开“渐变背景.psd”素材文件（配套资源：\素材文件\第6章\渐变背景.psd），将素材拖曳到图像上方，调整大小和位置，并设置图层混合模式为“柔光”、“不透明度”为“50%”，效果如图6-37所示。

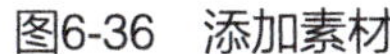
图6-36 添加素材

图6-37 添加素材并设置图层混合模式

（11）新建图层，选择“钢笔工具”，在图像左侧绘制如图6-38所示的形状，并填充颜色为“#030000”。

（12）双击形状图层，打开“图层样式”对话框，单击勾选“描边”复选框，设置“大小”“位置”“不透明度”“颜色”分别为“8”“外部”“100”“#d95d15”，单击 确定 按钮，如图6-39所示。

图6-38 绘制形状

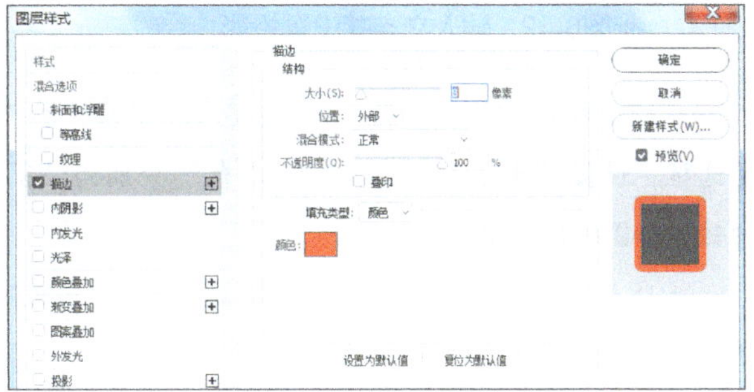

图6-39 设置描边参数

（13）选择“横排文字工具”，输入“年”文字，在工具属性栏中设置“字体”为“方正大黑简体”，“文本颜色”为“#00ffd2”，调整文字的大小和位置，并倾斜显示，效果如图6-40所示。

（14）双击“年”文字所在图层，打开“图层样式”对话框，单击勾选“投影”复选框，设置“颜色”“不透明度”“距离”“大小”分别为“#067b65”“100”“3”“0”，单击 确定 按钮，如图6-41所示。

图6-40 输入文字

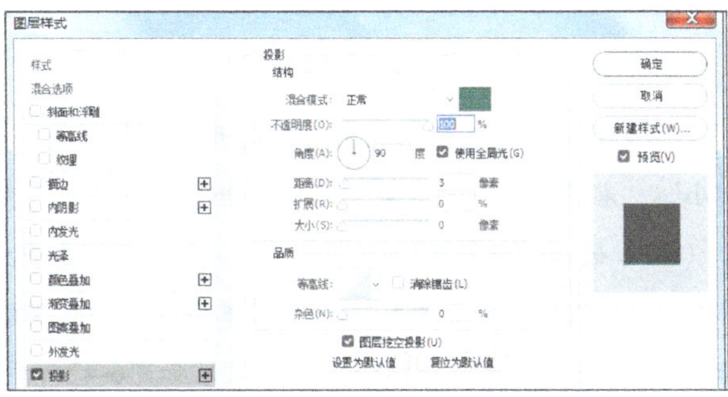

图6-41 设置投影参数

（15）使用相同的方法，继续在右侧输入“终囤货节”文字，设置“文本颜色”为“#ffed37”，为文字添加投影效果，并将“投影颜色”设置为“#e59616”，效果如图6-42所示。

（16）选择“横排文字工具”T，输入“热卖商品_ _”文字，在工具属性栏中设置“字体”为“思源黑体 CN”、“文本颜色”为“#ffffff”，并调整文字的大小和位置，效果如图6-43所示。

图6-42 输入文字并设置投影

图6-43 输入文字

（17）双击“热卖商品_ _”文字所在图层，打开“图层样式”对话框，单击勾选“描边”复选框，设置“大小”“位置”“颜色”分别为“8”“外部”“#1e1b1c”，单击 确定 按钮，如图6-44所示。

（18）新建图层，选择“钢笔工具”，在文字的下方绘制如图6-45所示的形状，并填充颜色为“#d61b1e”。

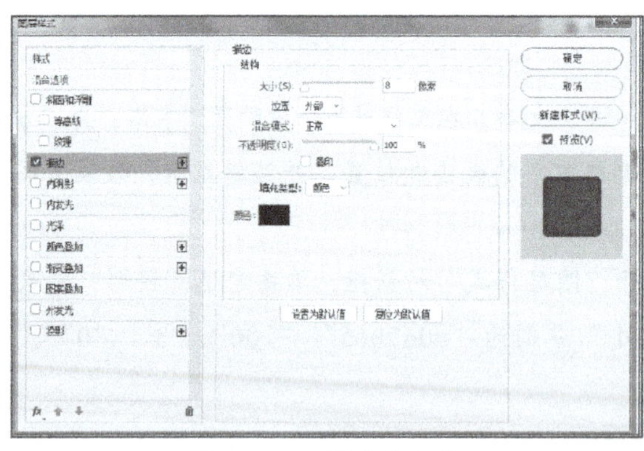

图6-44 设置描边参数

图6-45 绘制形状

（19）双击所绘制的形状图层，打开“图层样式”对话框，单击勾选“描边”复选框，设置“大小”“颜色”分别为“9”“#0b0306”，单击 确定 按钮，如图6-46所示。

（20）选择“横排文字工具”T，输入“点击查看”“GO”文字，在工具属性栏中设置“字体”为“思源黑体 CN”、“文本颜色”为“#ffffff”，调整文字的大小和位置，并为“GO”文字所在图层添加描边效果，效果如图6-47所示。

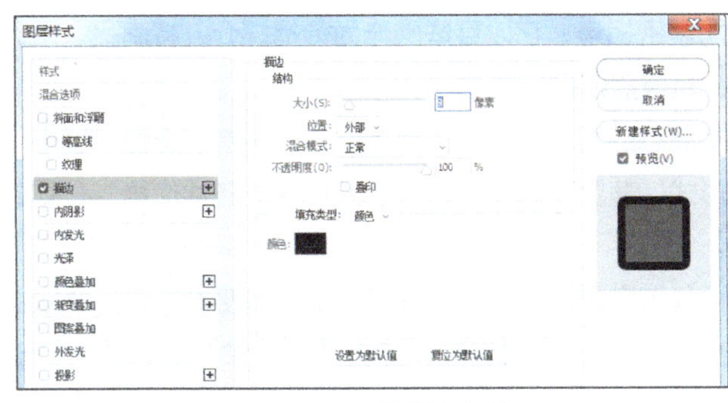

图6-46　设置描边参数

图6-47　输入文字

（21）打开“调整”面板，单击“曲线”按钮，打开“曲线”属性面板，在上方确定一点作为调整点并向上拖曳，增加亮度与对比度，在下方确定一点作为调整点向下拖曳，降低亮度与对比度，如图6-48所示。

（22）打开“调整”面板，单击“色相/饱和度”按钮，打“开色相/饱和度”属性面板，设置“色相”“饱和度”分别为“-1”“+21”，如图6-49所示。

（23）完成后按【Ctrl+S】组合键，保存文件，完成本例的制作。其最终效果如图6-50所示（配套资源：\效果文件\第6章\年货节信息流广告.psd）。

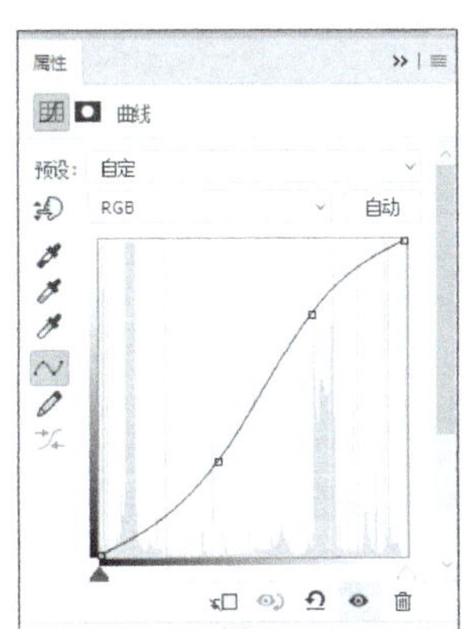

图6-48　设置曲线参数

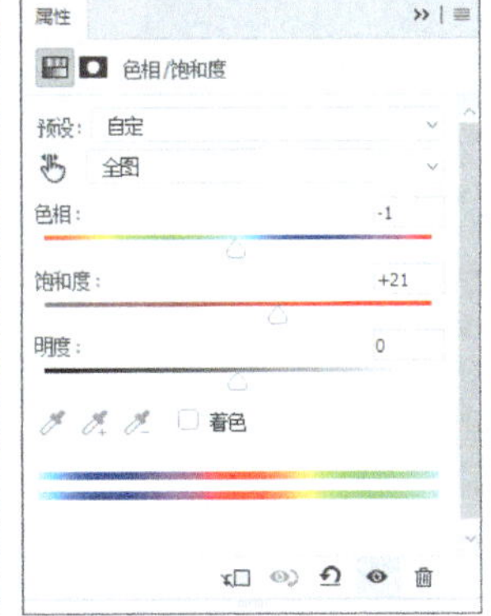

图6-49　设置色相/饱和度

图6-50　最终效果

### 6.2.3 弹出式广告设计

弹出式广告是指消费者在打开一个页面时自动弹出的广告形式。下面先讲解弹出式广告的特点，再对设计要点进行介绍，以帮助设计人员更好地掌握弹出式广告的设计方法。

#### 1. 弹出式广告的特点

弹出式广告具有强制消费者观看的特点，受到很多广告主的青睐，但是这种干扰消费者正常浏览互联网信息的方式也容易让消费者产生抵触情绪。因此，设计人员需要在视觉上展示出广告与众不同的特点，降低消费者的抵触心理，并获得其对广告的认同。

- 覆盖范围广。弹出式广告与互联网紧密相连，它以互联网作为传播媒介，将商品、服务或品牌等广告信息传递给消费者，其覆盖范围非常广泛。
- 表现形式丰富。弹出式广告不仅有静态的图文形式，还有集文字、声音、影像、图像、颜色、音乐等于一体的多种表现形式，兼顾了静态广告与动态广告的各种优势，在视觉和体验上会更容易吸引消费者。
- 具有互动性。弹出式广告的互动性是指商家将广告发布在平台上，消费者通过互联网进入相应页面获取到广告信息，若是对广告产生兴趣即可点击广告，参与到该广告活动中，并与广告商家产生互动。
- 内容种类多。弹出式广告的包容性强，内容种类非常多，其中服务类、商品促销类、活动广告类以及品牌宣传类都可以制作成弹出式的广告。图6-51所示为抽奖活动类弹出式广告，图6-52所示为商品促销类弹出式广告，图6-53所示为服务类弹出式广告。

图6-51 抽奖活动类弹出式广告

图6-52 商品促销类弹出式广告

图6-53 服务类弹出式广告

### 2. 弹出式广告的设计要点

设计人员除了需要了解弹出式广告的特点外，还需遵循以下4个设计要点，并将这些设计要点运用到广告设计中，才能制作出符合互联网需求的优质广告。

- 大小合理。弹出式广告的尺寸各有不同，有全屏的也有小窗口的，但无论是哪种尺寸，都需要设计人员进行合理的设计，在保证消费者正常、清晰地查看到广告信息的同时，也要保证广告页面的视觉效果美观。
- 与网站内容关联。设计人员在设计弹出式广告时需要注意，广告内容要与网站内容有关联性，符合浏览该广告的目标人群，这样，当消费者看到符合自身的兴趣或需求的弹出式广告时，会主动点击查看，从而增加广告的点击率。如教育网站的弹出式广告内容应与教育信息相关，旅游网站的弹出式广告应该与旅游信息相关。图6-54所示的弹出式广告就是与教育相关的内容。

- 内容具有引导性。内容具有引导性是指广告的风格、内容等通过合理的布局，传递给消费者，引导消费者按照广告的内容来思考，从而吸引消费者主动接受广告。如果该广告具有足够的吸引力，就能让消费者产生兴趣，并点击查看。图6-55所示的弹出式广告从色彩搭配、文案内容以及装饰元素上给消费者营造了一种促销活动的氛围，容易引起他们的购买欲望。

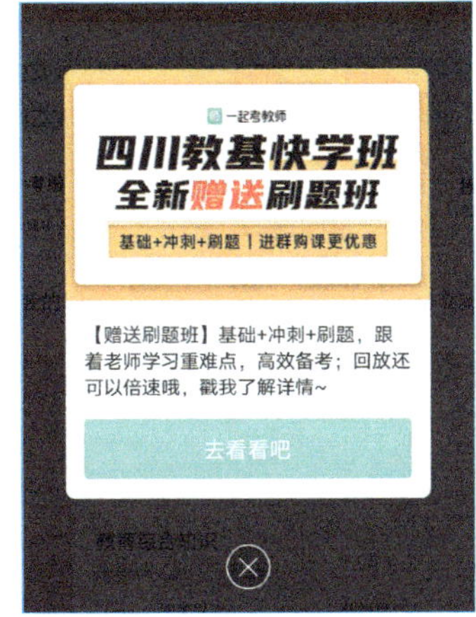


图6-54　教育类弹出式广告

图6-55　具有引导性内容的弹出式广告

- 设计明显的关闭按钮。弹窗广告的突然性插入会影响消费者的心情和工作效率，因此，一些消费者看到弹窗广告时就会寻找关闭按钮。设计明显的关闭按钮可以提高消费者的对广告的好感度。

### 3. 案例设计：弹出式广告设计

本例主要制作一个弹出式的活动类广告，因此设计人员在设计时要充分展现出活动的促销点，其参考效果如图6-56所示。其具体操作如下。

图6-56　弹出式广告效果

（1）在Photoshop CC 2018中新建大小为800像素×1233像素、分辨率为72像素/英寸、名为“化妆品弹窗”的图像文件。

（2）选择“圆角矩形工具”，在工具属性栏的“填充”下拉列表中，单击“渐变”按钮，设置“渐变”为“#f3474c~#ed6424”，“角度”为“90”，如图6-57所示。

（3）在图像编辑区中绘制“705像素×796像素”、半径为“50像素”的圆角矩形，效果如图6-58所示。

（4）选择“椭圆工具”，按住【Shift】键不放，在圆角矩形上方绘制两个大小分别为“409像素×409像素”“334像素×334像素”、填充颜色分别为“#ffd801”“#ee3d3c”的正圆，然后调整圆的位置，效果如图6-59所示。

慕课视频

案例设计：弹出式广告设计

图6-57　设置渐变参数

图6-58　绘制圆角矩形

图6-59　绘制正圆

（5）新建图层，选择“钢笔工具”，在正圆图形处绘制如图6-60所示的形状，并填充为“#552801”颜色。

（6）打开“金币.psd”素材文件（配套资源：\素材文件\第6章\金币.psd），将金币素材拖曳到图像上方，并调整其大小和位置，效果如图6-61所示。

（7）选择“横排文字工具”，输入“全场5折”“限时抢购”文字，在工具属性栏中设置“字体”为“方正大黑简体”、“文本颜色”为“#ffffff”，调整文字的大小和位置，并倾斜显示，效果如图6-62所示。

图6-60　绘制形状

图6-61　添加金币素材

图6-62　输入文字

（8）双击文字所在图层，打开“图层样式”对话框，单击勾选“描边”复选框，设置“大小”“位置”“不透明度”“颜色”分别为“10”“外部”“100”“#552801”，单击 确定 按钮，如图6-63所示。

（9）选择文字图层，按【Ctrl+J】组合键复制文字图层，并将复制图层的文字颜色修改为“#fee80b”，清除图层样式并栅格化文字。

（10）选择“橡皮擦工具”，设置橡皮擦大小为“30”，在栅格化的文字图层上方进行涂抹，使其形成渐变效果，如图6-64所示。

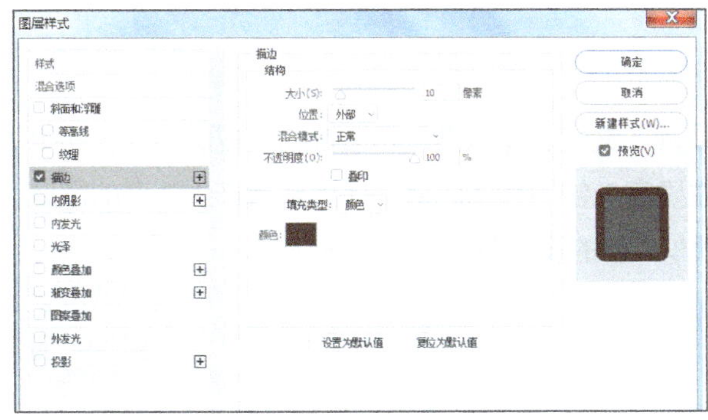


图6-63 设置描边参数

图6-64 擦除部分文字

（11）选择“圆角矩形工具”，在图像编辑区下方绘制大小为“664像素×113像素”、半径为“50像素”、颜色为“#ffffff”的圆角矩形。选择“横排文字工具”T，在圆角矩形上输入“查看更多”文字，然后在工具属性栏中设置“字体”为“黑体”、“文本颜色”为“#ee3d3c”，并调整文字的大小和位置，效果如图6-65所示。

（12）继续选择“圆角矩形工具”，在文字上方绘制大小为“472像素×132像素”、半径为“20像素”的圆角矩形，填充颜色为“#fffa6d”、描边颜色为“#ff3f00”、描边粗细为“4像素”的圆角矩形。按【Ctrl+T】组合键，在圆角矩形上单击鼠标右键，在弹出的快捷菜单中选择“透视”命令，拖曳左上角的控制点，变换圆角矩形，完成后按【Enter】键，效果如图6-66所示。

（13）选择“横排文字工具”T，输入“¥”“/套”文字，在工具属性栏中设置“字体”为“方正细圆简体”、“文本颜色”为“#ff0100”，调整文字的大小和位置，继续输入“199”文字，设置“字体”为“方正准圆简体”。打开“护肤品.psd”素材文件（配套资源：\素材文件\第6章\护肤品.psd），将素材拖曳到图像上方，调整大小和位置，效果如图6-67所示。

图6-65 绘制圆角矩形并输入文字

图6-66 绘制圆角矩形

图6-67 输入文字和添加护肤品素材

（14）完成后按【Ctrl+S】组合键保存图像，完成本例的制作（配套资源：\效果文件\第6章\化妆品弹窗.psd）。

## 6.3 电商网站广告设计

大部分的电商网站广告设计是由商品图片、文案、背景图片和装饰物组成的。优秀的电商广告设计可以根据商品的特点和品牌的特性确定广告的整体风格，让消费者产生消费的欲望。下面将对电商Banner广告、智钻广告、直通车广告的设计要点进行详细介绍。

慕课视频

电商Banner广告设计要点

### 6.3.1 电商Banner广告设计要点

电商Banner广告是指发布在电商网站的Banner广告，它与其他Banner广告形式类似。由于发布平台存在不同，其内容也就有所不同。电商Banner广告的设计要点主要有以下3点。

- 主题明确。在进行Banner设计前需要先明确设计主题。Banner中的主题需要围绕一个方向进行，如为某个节日主题活动制作的活动宣传Banner，或是针对某个品牌进行推广的主题设计。一般情况下，主题是通过商品和文字来体现，并将其放在Banner的第一视觉点上，能够让消费者直观地看到企业需要展现的内容。在编辑文字时，文案的字体不要超过3种，可用稍大或个性化的字体突出主题的内容。图6-68所示为“6 · 18”活动Banner广告，通过放大文字内容、色彩的搭配来突出活动的氛围，主题非常明确。
- 细节丰富。丰富且适当的细节内容可以让Banner广告更加精致，具有层次感，使广告能更详细地传达出商品的特点和品牌的理念，对广告的氛围搭建起到非常重要的作用。设计人员可以通过装饰元素、光影、纹理、色块等方式来丰富细节。图6-69所示的电商Banner广告的背景中即运用了不同的色块来丰富广告的细节。

图6-68 主题明确的Banner广告

图6-69 细节丰富的Banner广告

- 多种展现形式。电商广告可以在不同的设备中展现，因此，设计人员在设计时需要设计出多种尺寸的电商Banner广告，以适应不同的设备。图6-70所示分别为移动端与PC端的电商Banner广告。

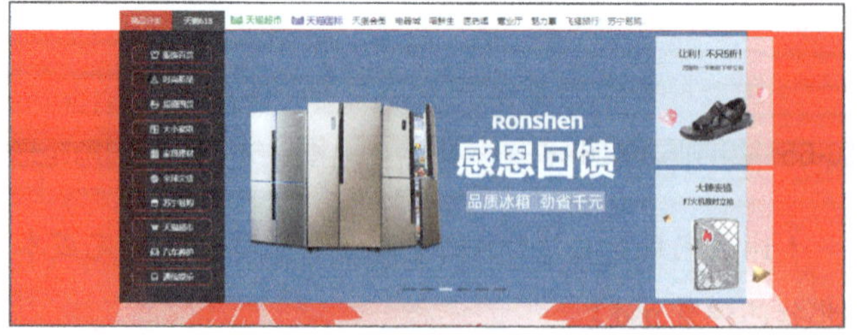


图6-70 多种展现形式的Banner广告

## 6.3.2 智钻广告设计要点

慕课视频

智钻广告设计要点

智钻是淘宝网提供的一种营销工具，是淘宝网图片类广告位竞价投放平台。智钻为商家提供了数量众多的网内优质展位，包括淘宝首页、内页频道页、门户等多个淘宝站内广告位，以及站外的搜索引擎、视频网站、门户网等媒体展位。智钻广告的位置和尺寸虽然丰富，但设计的标准是一致的，下面对其进行简单介绍。

- 主体突出。智钻的主体不一定是商品图片，也可以是创意方案或消费者诉求的呈现。突出主体才能吸引更多的消费者点击。
- 目标明确。智钻投放的目标很多，如上新、引流、大型活动预热、品牌形象宣传等。因此，在设计与制作智钻推广图时，设计人员首先需要明确自己的营销目标，针对目标进行素材的选择和设计，这样才能保证广告的点击率与转化率。
- 表现形式美观。美的东西总是令人无法抗拒的，效果美观的智钻广告更能获得消费者的好感，从而提高点击率，如图6-71所示。

该广告采用了左右构图的方式，其以手机为背景，并添加柔和的光效，使背景与商品融为一体。

图6-71　表现形式美观的智钻广告

## 6.3.3 直通车广告设计要点

慕课视频

直通车广告设计要点

直通车广告担负着为商品引流的重任，因此，在有限的画幅内对其进行精心的设计就显得十分重要。一般情况下，设计人员在制作直通车图时应遵循以下3个设计要点。

- 主题卖点简洁精确。主题卖点要简要明了、直接精确，紧扣消费者的诉求。图6-72所示的直通车广告的卖点即为“轻松解决皮肤红痒”，主题简单精练，紧扣消费者的诉求点。
- 构图合理。直通车的构图在总体上要符合消费者从左至右、从上至下、先中间后两边的视觉流程，恰当设置图文比例。应用文本时，文本的排列方式、行距、字体颜色、样式等要整齐统一。在设计时可通过改变字体大小或颜色的方式来清晰地呈现信息的层次。图6-73所示为斜角构图的方式。
- 具有吸引力。在设计直通车广告时，可使用能抓住消费者求实惠心理的文案，如“买一送一”“免费试用”“秒杀”“清仓”等文字来吸引消费者浏览，还可通过商品的精美搭配使商品图片与其他商品图片形成鲜明对比，从而吸引消费者，让消费者产生购买行为。图6-74所示的直通车广告运用了大量留白的背景，单一的色彩来体现出了商品的质感。

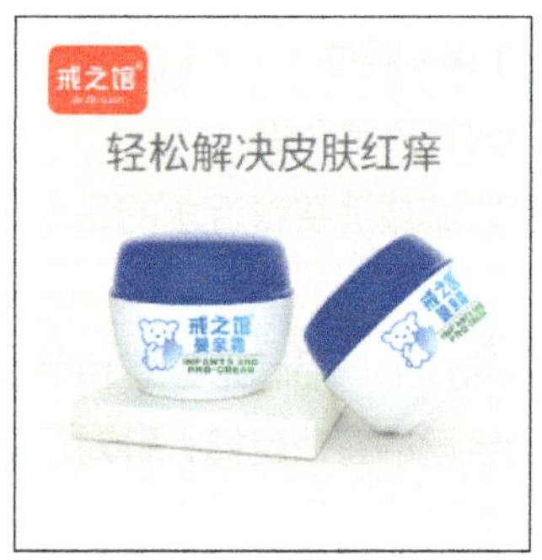

图6-72　卖点简洁　　图6-73　构图合理　　图6-74　具有吸引力

## 6.3.4 案例设计："口罩"智钻广告设计

本例主要为"口罩"制作一个智钻广告，其投放位置为淘宝平台的首页。设计人员在设计制作前，首先要明确本例是以商品推广为主的智钻广告，然后了解广告的主要内容是介绍商品特点，最后根据这些内容进行智钻广告的设计。完成后的参考效果如图6-75所示，其具体操作如下。

图6-75　淘宝平台首页的智钻广告效果

（1）在Photoshop CC 2018中新建大小为520像素×280像素，分辨率为72像素/英寸，名为"口罩智钻广告"的文件。

慕课视频
案例设计："口罩"智钻广告设计

（2）打开"口罩背景.png"素材文件（配套资源：\素材文件\第6章\口罩背景.png），将素材拖曳到图像上方，调整其大小和位置，并设置图层的混合模式为"明度"，效果如图6-76所示。

（3）新建图层，选择"多边形套索工具"，在图像编辑区中绘制图6-77所示的形状，并填充为"#4585a9"颜色。

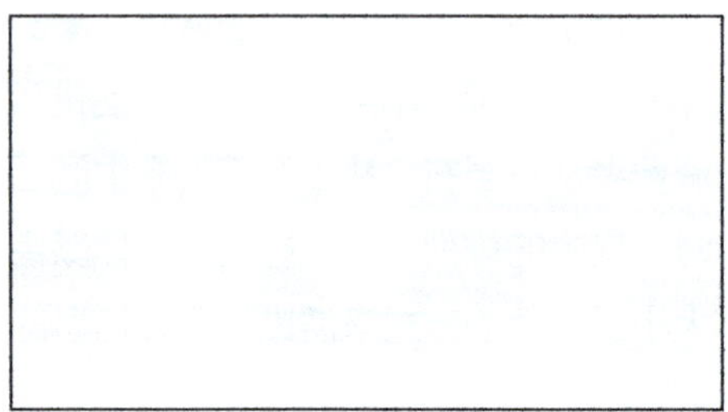

图6-76　添加素材

图6-77　绘制形状

（4）新建图层，选择“钢笔工具”，在图像编辑区中绘制如图6-78所示的形状，并填充“#4585a9”颜色。

（5）打开“口罩.png”素材文件（配套资源：\素材文件\第6章\口罩.png），将素材拖曳到图像中，调整大小和位置，效果如图6-79所示。

图6-78　绘制形状

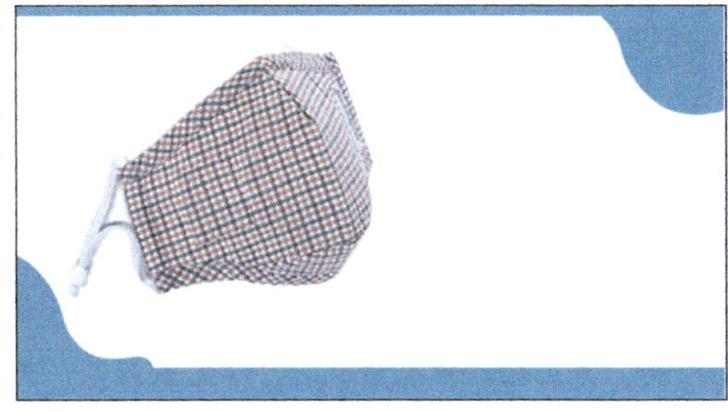
图6-79　添加素材

（6）选择“多边形工具”，在工具属性栏中设置无填充颜色，描边颜色为“#ffffff”，描边宽度为“5像素”，在“边”右侧的文本框中输入“3”，在图像编辑区绘制4个不同大小的三角形状，并调整其位置与角度，效果如图6-80所示。

（7）选择“自定形状工具”，在工具属性栏的形状下拉列表中选择“波浪”选项，在图像中绘制2个大小为36像素×20像素，颜色为“#ffffff”的波浪效果，效果如图6-81所示。

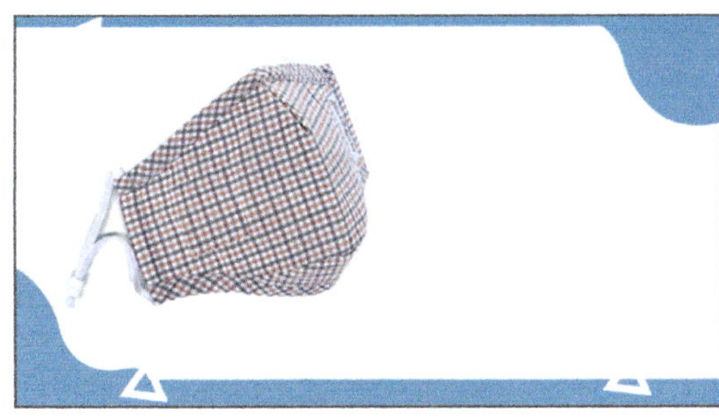
图6-80　绘制三角形

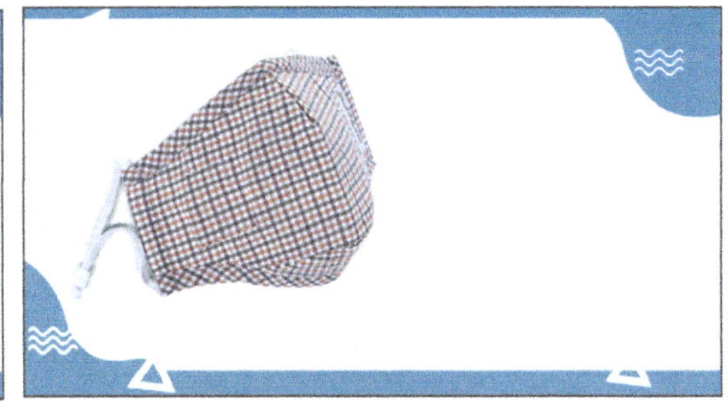
图6-81　绘制波浪形状

（8）打开“花.psd”素材文件（配套资源：\素材文件\第6章\花.psd），将素材拖曳到图像上方，并调整其大小和位置。

（9）双击“花.psd”素材图层，打开“图层样式”对话框，单击勾选“颜色叠加”复选框，设置“颜色”“不透明度”分别为“#abc2cd”“100”，单击 确定 按钮，如图6-82所示。

（10）选择“花.psd”素材图层，按住【Alt】键不放，向右进行拖曳以复制4个素材形状，并调整其大小与位置，效果如图6-83所示。

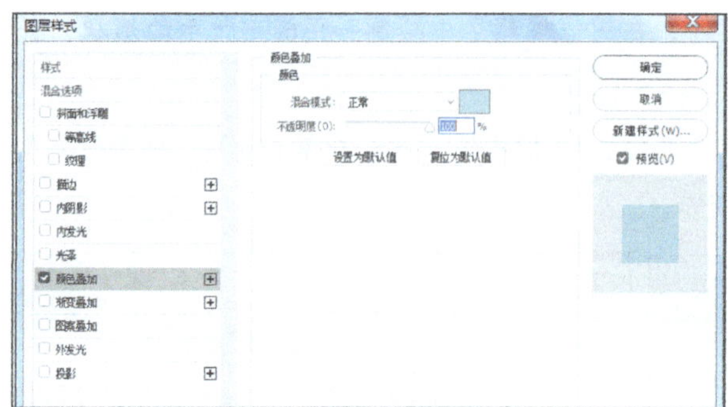

图6-82　设置颜色叠加参数

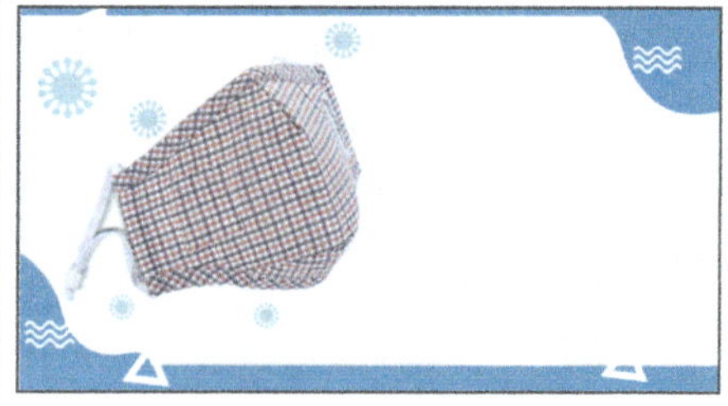

图6-83　复制素材

（11）选择“横排文字工具” T，输入如图6-84所示的文字，在工具属性栏中设置“字体”为“方正韵动中黑简体”，“文本颜色”为“#0f6285”，并调整文字大小和位置。

（12）新建图层，选择“钢笔工具”，在文字下方绘制如图6-85所示的形状，并设置填充颜色分别为“#116385”“#f0882f”。

图6-84　输入文字

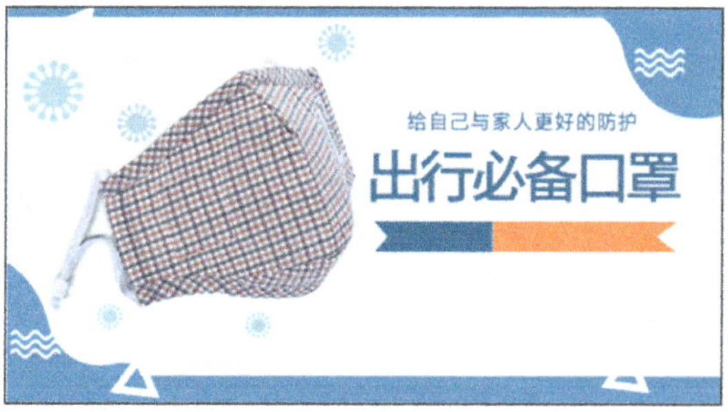

图6-85　绘制形状

（13）选择“横排文字工具” T，在形状中输入“遮罩口部”“远离粉尘、雾霾”文字，在工具属性栏中设置“字体”为“方正韵动中黑简体”，“文本颜色”为“#ffffff”。继续选择“横排文字工具” T，在形状下方输入“专享价：¥3.2元/个”文字，设置“¥3.2元/个”文字的“文本颜色”为“#e94619”，并调整文字大小和位置，效果如图6-86所示。

（14）完成后按【Ctrl+S】组合键，保存文件，完成本例的制作，最终效果如图6-87所示（配套资源：\效果文件\第6章\口罩智钻广告.psd）。

图6-86　输入文字

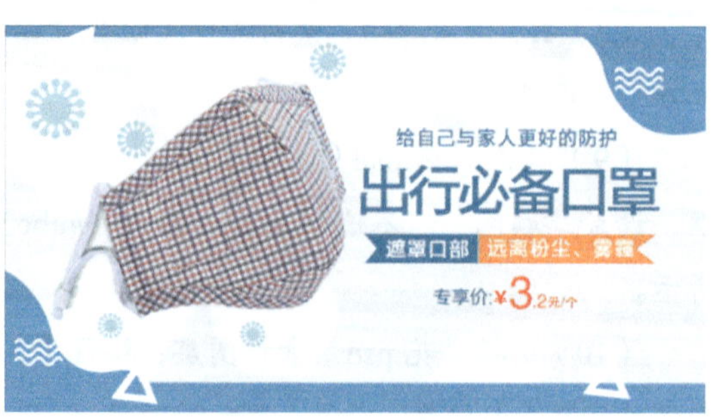


图6-87　最终效果

# 6.4 视频网站广告设计

视频网站经过多年的发展，已经拥有了比较成熟的广告投放机制，其广告内容具有直接和丰富，且感染力强等特点，非常适合企业宣传品牌、促销商品以及发布营销活动的投放。下面将对视频网站广告的优势、常见的视频网站广告形式、视频网站广告的设计要点等知识进行详细介绍。

慕课视频

视频网站广告的优势

## 6.4.1 视频网站广告的优势

视频网站广告是广告集传统的电视广告优点和新兴的互联网广告优势于一身的广告形式，与图文广告相比，视频网站广告具有以下3点优势。

- 信息传达全面丰富。视频广告可以将广告信息以最直接、最有效的方式传达给消费者，通过视频的方式全面地将广告内容展现在消费者的眼前，画面的表现力更强，让广告信息的传达变得更加丰富和全面，从而能够快速引发消费者的共鸣。
- 双向互动满足多方需求。视频广告通过生动形象的视频形式给消费者带来了一种沉浸式的体验感，激发了消费者对广告内容的兴趣，让消费者主动选择观看广告。同时，消费者对广告不同的选择倾向也会让品牌收集到消费者对广告内容的倾向，并调整广告创意，使其与消费者更好地进行沟通，满足了消费者与品牌之间的双向需求。
- 精准定向引导消费者转化。由于视频创意和模式非常灵活，消费者可以互动的场景越来越多。广告投放时，可根据消费者的行为、兴趣、时间、地点等特征对广告进行精准分化，从而提高广告转化率。

慕课视频

常见的视频网站广告形式

## 6.4.2 常见的视频网站广告形式

随着各大视频网站的不断发展，视频网站广告的形式也更加多样化，为互联网广告注入了新的活力，同时也吸引了更多消费者关注视频网站广告。下面将介绍5种比较常见的视频网站广告形式。

- 角标广告。角标广告常在播放过程中的边角处出现，多以动态图形式弹出呈现，因为占据的区域较小，所以对消费者观看体验的影响也较小。
- 暂停广告。暂停广告是消费者在暂停播放视频时出现的广告，该广告出现后可随时关闭，因此对消费者的体验影响较小，不易引起消费者的负面情绪，一般来说，暂停广告多数是以静态图片的形式呈现，如图6-88所示。
- 创可贴广告。创可贴广告又称压屏条广告，是一种创新场景的精准广告。创可贴广告在内容上贴合剧情，与视频内容紧密结合，容易抓住消费者的注意力，并降低消费者因广告产生的负面情绪，是一种新兴的广告呈现形式，如图6-89所示。

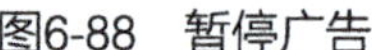
图6-88 暂停广告

图6-89 创可贴广告

- 贴片广告。贴片广告一般分为前贴广告、中贴广告、后贴广告，其时间长短各有不同，前贴广告是视频播放前所出现的广告，中贴广告是视频播放中所出现的广告，后贴广告是视频播放结束后所出现的广告，图6-90所示为前贴广告。

图6-90 贴片广告

- 中插广告。中插广告是指在正片之外，一些由剧中角色来演绎的创意情景广告短片。主要由原生演员来演绎形式幽默的另类剧情，并将广告与剧情创意地融合到一起，充分地传达出品牌理念及商品特点，且不会影响到主剧情进展，是当视频网站广告中非常流行的一种广告形式，如图6-91所示。

图6-91 中插广告

慕课视频

视频网站广告的设计要点

### 6.4.3 视频网站广告的设计要点

优秀的视频网站广告是品牌营销的不二法宝，可以在很大程度上推动品牌的进步与发展，扩大品牌的营销市场。下面讲解视频网站广告的设计要点，以帮助设计人员设计出合适的视频网站广告，为品牌的发展提供动力。

- 适度、自然地植入广告信息。在视频中高频率且生硬地植入广告信息，会影响视频的连贯性，降低视频的质量，容易让消费者对该广告产生排斥心理。因此，在设计视频广告时，要适度、自然地将商品、品牌、广告信息等内容植入视频中，达到无缝融合的效果，这种低调、自然的植入方式更能够赢得消费者的喜爱，同时也能提高广告的营销效果，如图6-92所示。

- 视频广告内容具有感染力。具有感染力的视频广告内容不仅能塑造品牌形象，还能吸引消费者在看完广告的同时产生购买行为，实现销售转化。在设计过程中要加强视频广告的内容优化，如通过故事融入的方式优化广告内容，或者在视频广告中添加具有吸引效果的广告语或广告图片，激发消费者的消费动机心理，如“现在下单，立减10元”“点开有惊喜”等，鼓励消费者在观看视频时能直接进行消费。图6-93所示的“半价尝鲜”广告语，让消费者产生想要购买的欲望。

图6-92　适度、自然的广告信息

图6-93　具有感染力的视频广告

- 视频广告内容要迎合消费者的需求和兴趣点。消费者在接受广告信息时，总是会去寻找存在共鸣并能满足自己兴趣的内容。因此，在进行视频广告设计时，需要精准定位消费人群，迎合目标消费人群的需求和兴趣点，加深消费者对该品牌的印象。图6-94所示的视频广告先以问句的形式击中了目标消费人群的痛点，然后再针对该痛点推出商品，满足了这部分消费人群的需求。
- 让视频广告与消费者有互动感。在进行视频广告设计时，可以在广告中添加支线剧情、视角切换等互动效果，鼓励消费者积极主动地参与互动，这样可以减少消费者对视频广告的排斥情绪。图6-95所示的洗发水视频广告中，消费者可以根据个人喜好选择不同的广告剧情并与之产生互动，实现了品牌与消费者的双向沟通。

图6-94　迎合消费者需求的视频广告

图6-95　具有互动性的视频广告

### 6.4.4 案例设计：暂停广告设计

本例将设计一个发布在腾讯视频中的暂停广告，该广告能够独占消费者的视线，并且曝光度较高，因此具有强烈的视觉吸引力，参考效果如图6-96所示，其具体操作如下。

图6-96 暂停广告设计效果

（1）在Photoshop CC 2018中新建大小为400像素×300像素，分辨率为72像素/英寸，名为“暂停广告”的图像文件。

（2）将“背景色”设置为“#a7d0db”，按【Ctrl+Delete】组合键，填充背景色。

慕课视频

案例设计：暂停广告设计

（3）打开“水果素材.psd”素材文件（配套资源：\素材文件\第6章\水果素材.psd），将其中的素材拖曳到图像编辑区中，并调整其大小和位置，效果如图6-97所示。

（4）选择“横排文字工具” T，在图像编辑区中输入“鲜果上市 水果沙拉吃不停”文字，在工具属性栏中设置“字体”为“方正正粗黑简体”，“文本颜色”为“#ffffff”，“字体大小”为“30点”，效果如图6-98所示。

图6-97 添加素材

图6-98 输入文字

（5）继续选择“横排文字工具” T，在图像编辑区中分别输入“满59立减10元”“点击查看”文字，在工具属性栏中设置“字体”分别为“Adobe 黑体 Std”“黑体”，“文本颜色”为“#62a9ba”，并调整文字大小和位置，效果如图6-99所示。

（6）选择“鲜果上市 水果沙拉吃不停”文字图层，按【Ctrl+J】组合键复制该图层，将复制后的图层“文本颜色”修改为“#578f9d”，并调整文字的位置，效果如图6-100所示。

图6-99　输入其他文字

图6-100　复制文字

（7）选择“矩形工具”□，在图像编辑区中绘制6个颜色为“#ffffff”的矩形，效果如图6-101所示。

（8）打开“手指.psd”素材文件（配套资源：\素材文件\第6章\手指.psd），将其中的素材拖曳到图像的右侧，并调整其大小和位置。按【Ctrl+S】组合键，保存文件，完成本例的制作，完成后的效果如图6-102所示（配套资源：\效果文件\第6章\暂停广告.psd）。

图6-101　绘制矩形

图6-102　完成后的效果

## 项目▶ 制作护肤品智钻广告页面

### 项目要求

本项目将制作一款护肤品的智钻广告，设计时要重点展示所销售的商品，还要用文案来传达出商品卖点。要求完成后的护肤品智钻广告图片清晰、细节丰富、文案突出，能充分展示广告内容。

### 项目目的

本项目将根据提供的素材文件（配套资源：\素材文件\第6章\护肤品智钻广告辅助素材\）制作智钻广告。图6-103所示为设计过程中会用到的辅助素材。

图6-103　素材文件

## 项目分析

商家为了提升网店的商品销量，扩大品牌的影响力，增加曝光率，通常会选择一些平台投放广告。智钻是淘宝商家常用的一种营销手段，其可以帮助商家在短时间内吸取更多人气，获得更多的新流量。本项目将以“新品促销”为营销点，制作护肤品智钻广告。图6-104所示为完成后的效果展示。

图6-104　护肤品智钻广告效果

## 项目思路

本项目是一个实际操作案例，将根据项目要求与目的进行广告的制作，最终呈现出符合项目要求的广告作品。其思路如下。

（1）主体和文案。本项目是一个护肤品智钻广告，其主体即为护肤品，因此在设计时需要突出护肤品的外观，并且还要在文案中体现出该护肤品的卖点特征、优惠折扣等广告信息，以此达到吸引消费者的目的。

（2）色彩。色彩需要根据行业及商品的颜色来确定，本项目护肤品的主色调为紫色，因此选择紫色的背景和文字来搭配，使其整体色调一致，美化其视觉效果。

（3）营销目标。本项目的营销目标是通过智钻广告来宣传新产品，因此在设计时需要将营销目标具体地体现到广告效果中。

## 项目实施

慕课视频

制作护肤品智钻广告

下面将制作护肤品智钻广告，其具体操作步骤如下。

（1）在Photoshop CC 2018中新建大小为520像素×280像素，分辨率为72像素/英寸，名为“护肤品智钻广告”的图像文件。

（2）打开“背景.jpg”“护肤品.png”素材文件（配套资源：\素材文件\第6章\护肤品智钻广告辅助素材\背景.jpg、护肤品.png），将素材分别拖曳到图像编辑区中，并调整大小和位置，如图6-105所示。

（3）选择“护肤品.png”图层，在“图层”面板中单击“添加图层蒙版”按钮；选择蒙版，设置前景色为“#000000”，选择“画笔工具”，设置画笔样式为“柔角”，“不透明度”为“70%”，“画笔大小”为“60像素”，使用画笔涂抹护肤品的投影部分，让化妆品的投影显示更加自然，效果如图6-106所示。

图6-105 添加素材

图6-106 涂抹投影

（4）选择“横排文字工具”T，在工具属性栏中设置“字体”为“黑体”，“文本颜色”为“#773f8d”，输入如图6-107所示的文字，并调整字体大小和位置。

（5）修改“有效补水 持久保湿”文本颜色为“#585959”。输入“补水柔肤 肌肤活力满格”文字，并设置“字体”为“汉仪中宋简”，“字号”为“23点”。

（6）双击该文本图层，在打开的“图层样式”对话框中单击勾选“渐变叠加”复选框，将渐变颜色分别设置为“#6a4490”“#c1b3d7”，单击 确定 按钮，如图6-108所示。

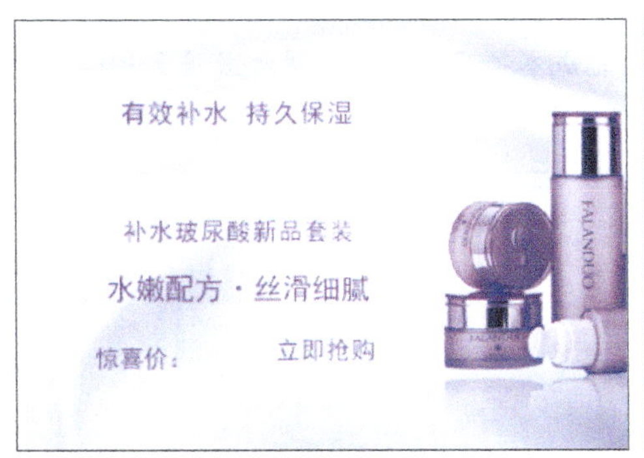


图6-107 输入文字

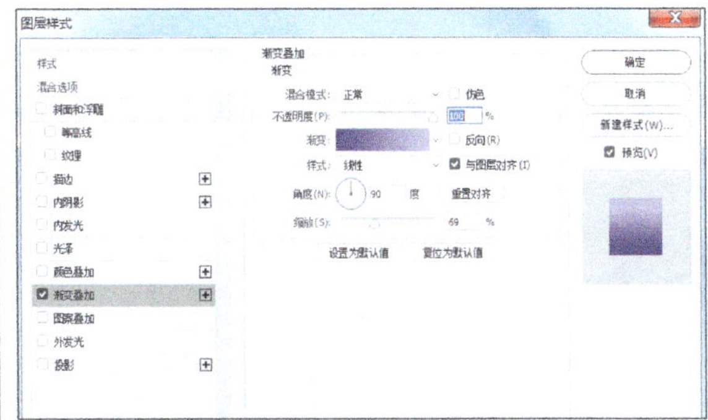


图6-108 添加渐变叠加

（7）继续选择“横排文字工具”T，设置“字号”为“38点”，在“惊喜价：”文字后方输入“36”文字，按住【Alt】键不放，选择“补水柔肤 肌肤活力满格”文字图层右侧的“指示图层效果”图标fx，向上拖曳至“36”文字图层上，复制图层样式，效果如图6-109所示。

（8）选择“圆角矩形工具”，在工具属性栏的“填充”下拉列表中，单击“渐变”按钮，设置渐变颜色为“#dd2569~#734194”，设置角度为“-7”，如图6-110所示。

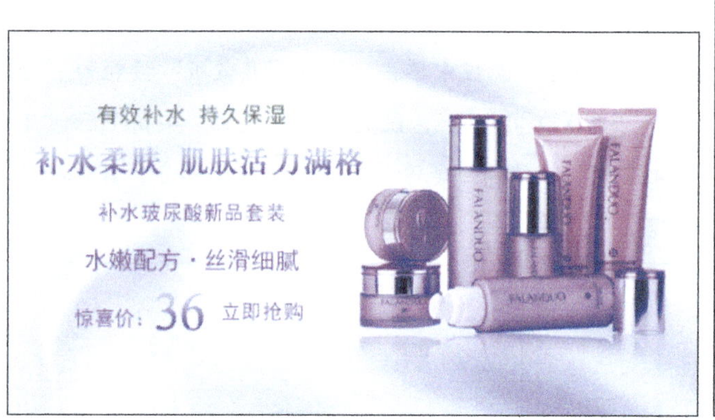


图6-109 输入文字并复制图层效果

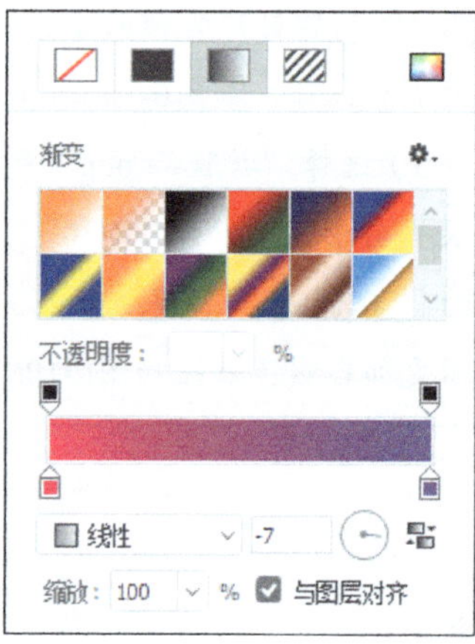


图6-110 设置渐变参数

（9）在“补水玻尿酸新品套装”文字下方绘制大小为“148像素×22像素”，半径为“5像素”的圆角矩形。复制圆角矩形，将其拖曳到“立即抢购”图层下方，并将圆角矩形内的文字颜色修改为“#ffffff”，然后将圆角矩形的大小修改为“74像素×22像素”，效果如图6-111所示。

（10）选择“惊喜价：”“36”“立即抢购”文字图层以及“立即抢购”文字图层下方的圆角矩形图层，按【Ctrl+G】组合键将其创建为图层组；按【Ctrl+J】组合键复制该图层组，选择图层组，按【Ctrl+T】组合键使其呈可编辑状态，单击鼠标右键，在弹出的快捷菜单中选择“垂直翻转”命令，调整该图层位置，使其形成投影效果。

（11）选择图层组，在“图层”面板中单击“添加图层蒙版”按钮；设置前景色为“#000000”，选择“画笔工具”，设置画笔样式为“柔角”，“不透明度”为“70%”，“画笔大小”为“60像素”，使用画笔工具涂抹图层组的下方，使投影过渡自然。

（12）完成后按【Ctrl+S】组合键，保存文件，完成本项目的制作，最终效果如图6-112所示（配套资源：\效果文件\第6章\护肤品智钻广告.psd）。

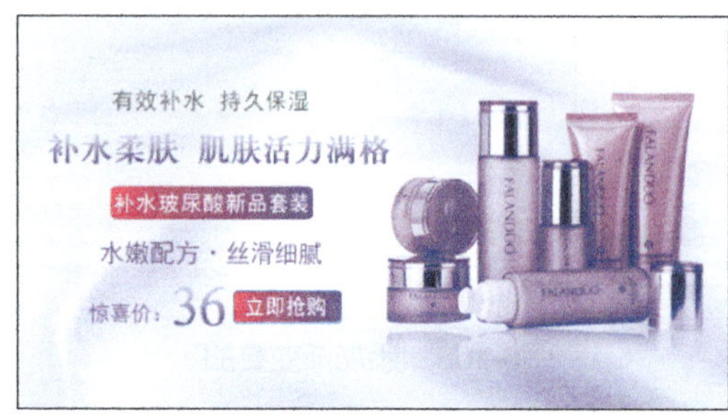


图6-111 绘制圆角矩形

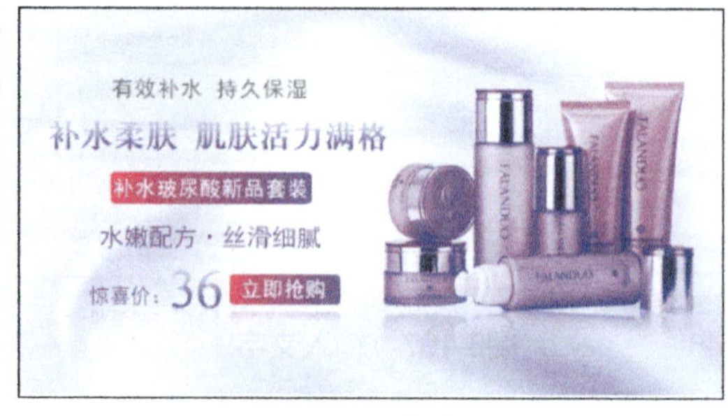


图6-112 最终效果

## 思考与练习

1. 简述互联网传统媒体广告的特点。

2. 查找相关资料，了解互联网传统媒体广告还有哪些比较常见的形式。

3. 根据提供的素材文件（配套资源：\素材文件\第6章\限时抢购信息流广告素材.png）制作限时抢购信息流广告，其参考效果如图6-113所示（配套资源：\效果文件\第6章\限时抢购信息流广告.psd）。

4. 根据提供的素材文件（配套资源：\素材文件\第6章\手机竖边广告素材）制作手机竖边广告，其参考效果如图6-114所示（配套资源：\效果文件\第6章\手机竖边广告.psd）。

图6-113 限时抢购信息流广告效果

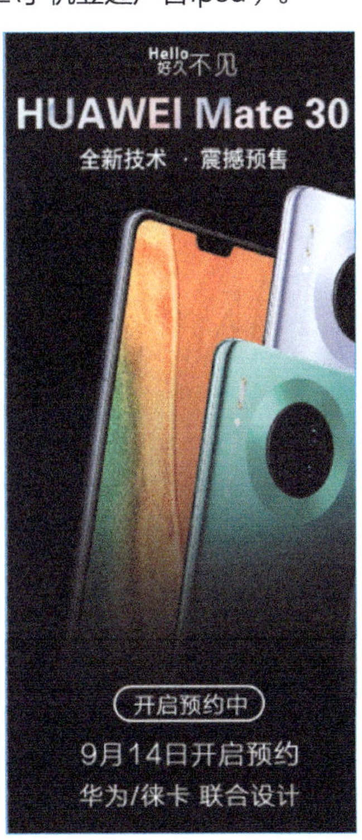


图6-114 手机竖边广告效果

Chapter 7

# 第7章 互联网新媒体广告设计

什么是互联网新媒体广告？

社交媒体广告如何设计？

短视频App广告如何设计？

## 学习引导

| | 知识目标 | 能力目标 | 素质目标 |
|---|---|---|---|
| 学习目标 | 1. 了解互联网新媒体广告的类型、优势与传播特点<br>2. 了解社交媒体广告<br>3. 了解短视频App广告 | 1. 掌握社交媒体广告的类型与设计方法<br>2. 掌握短视频App广告的类型与设计方法 | 1. 提高创新能力、创意表现能力<br>2. 熟悉中国传统文化元素在设计中的应用<br>3. 激发对互联网新媒体广告的学习兴趣 |
| 实训项目 | 活动类H5广告设计 | | |

随着互联网的不断发展，互联网新媒体广告正以一种全新的形式融入到广大消费者的生活，成为了一种新的互联网广告类型。互联网新媒体广告在一定程度上丰富了广告的传播，同时还具备了大众参与、评论、转发等功能，使互联网广告行业呈现出了新的生机。

# 7.1 互联网新媒体广告概述

慕课视频

互联网新媒体广告概述

随着互联网的发展迅速，新媒体广告已经越来越频繁地出现在人们的日常生活中，可以说，互联网新媒体广告在一定程度上改变了人们的生活。下面将对互联网新媒体广告类型、优势以及传播特点进行详细介绍。

## 7.1.1 互联网新媒体广告类型

互联网新媒体广告是指使用新媒体作为传播媒介的互联网广告。互联网新媒体广告的类型也会随着新媒体平台的不同而有所变化，就目前来说，社交媒体广告和短视频App广告是比较热门的两大互联网新媒体广告类型。

**1. 社交媒体广告**

社交媒体是大众用来分享意见、经验和观点的工具和平台，其信息的传播量比较大，是人们社交生活中非常重要的传播方式。众多商家在其中进行广告的发布与分享，从而促进了广告信息的广泛传播。以微博和微信为代表的移动互联网的兴起，更是将广告渗透到了消费者的日常生活中，为社交媒体广告的发展奠定了基础。

**2. 短视频App广告**

短视频App广告是以短视频App，如抖音、秒拍等目前主流的短视频软件为平台，以互联网为基础，继传统视频广告之后的一种新型广告形式。短视频App广告能够在较短的时间内完整地表述广告内容，以快速吸引消费者的注意力，提高广告的营销效果。

短视频广告的最大特点就是时间短、节奏快，可以很好地满足消费者碎片化的娱乐需求，而且短视频广告能够在发布的第一时间就被消费者观看到，且在短时间内得到大量传播。一旦短视频广告拥有了热度，就会被消费者主动传播到各大社交平台，迅速地扩大传播范围，提升广告效果，如图7-1所示。

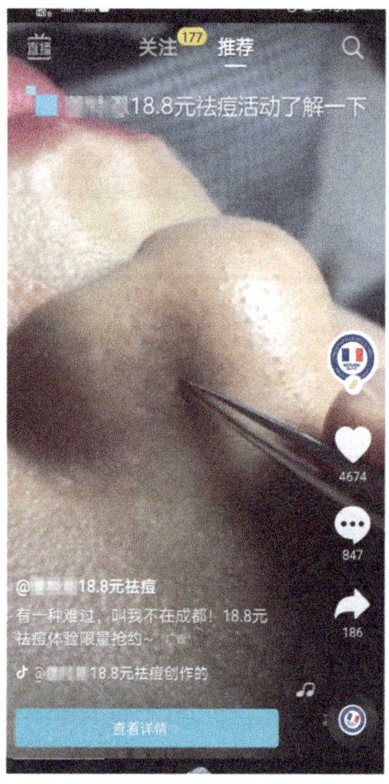

图7-1　短视频App广告

## 7.1.2 互联网新媒体广告的优势

互联网新媒体广告主要是以个人为中心传播，消费者可以及时对信息发布者进行反馈，具有充分的自主性，能够主动地发现、选择、处理广告内容。下面对互联网新媒体广告的优势进行介绍。

- 双向互动形式更加突出。在这种全民互动的背景下，互联网广告的形式有了一些新的变化，形成了一种双向的互动形式，消费者不仅仅能单纯地接收广告信息，还可以通过社交媒体平台、短视频媒体平台等媒介与商家进行交流和互动。商家将会根据消费者的性别、个性标签、年龄、职业等条件进行广告推送，不但能收集到更多的反馈信息，还能够实现与消费者的互动，以提升消费者的好感度。
- 广告成本较低。互联网新媒体平台中会有很多低成本的推广平台，能够很好地降低广告的营销成本。并且，如果广告内容具有新意，能够让消费者非常喜欢或感到有价值，他们会在各种新媒体广告平台中进行免费传播。
- 广告传播更加精准化、个性化。广告的精准化、个性化传播是指让目标消费者能够看到合适的广告信息，使广告精确地传播给每个目标消费者。互联网新媒体广告借助互联网的精准定位技术将消费者划分为不同的消费群体，比如上班族消费者群体、体育类消费者群体和美食类消费者群体等。图7-2所示的互联网新媒体广告所定位的是对提高英语水平有需求的人群。

- 广告更具创意性。在如今广告信息泛滥的互联网时代，具有创意性的广告将会更加吸引到消费者关注。在互联网新媒体广告中，设计人员通过互联网新媒体这个载体，将更多创新性的元素融入互联网新媒体广告设计中，并通过消费者的互动参与，让广告发挥出更强大的力量，展示出广告应有的价值。图7-3所示的广告中使用具有创意性的绘画特效来吸引消费者注意。
- 传播效果好。与传统广告的硬性推广不同的是，互联网新媒体广告大多是软广告，主要通过更巧妙、更隐蔽的方式传达出去，让消费者需求得到满足的同时也不会对广告产生厌恶情绪，能有效地提高广告的传播效果。图7-4所示的广告则是通过故事情节的形式让消费者在不知不觉中接受广告所传达的内容，具有很好的传播效果。

图7-2 定位精准的广告

图7-3 具有创意性的广告

图7-4 传播效果好的广告

## 7.1.3 互联网新媒体广告的传播特点

互联网新媒体广告依托数字技术和网络技术，取得了革命性的进步，尤其是微信、微博等新媒体的出现，使得每一个消费者都能够成为信息的发布者，表达自己独特的观点。从整体上来说，互联网新媒体广告具有以下4个特点。

- 传播与更新速度快，成本低。一方面，新媒体广告依托数字技术和互联网，可以进行高速传播并实时更新，使广告信息在瞬间同步展示给该媒体的所有受众，传播速度极快。另一方面，新媒体广告传播主要依赖受众在新媒体上自发进行的二次传播，广告主无需支付昂贵的媒体费用，成本相对低廉。
- 针对性强、转化率高。借由大数据分析，可以通过受众近期在网络上的行为来精准定位需求，以此实现新媒体广告的精准投放，最大程度地找准受众需求，实现消费转化。
- 传播方式、传播媒介多样。新媒体是多种媒体的综合体，且同时具有文字、声音和视觉等功能，所以新媒体广告通过运用不同的传播载体，可以实现文字、音频、图像、视频的单一传播或者组合传播。
- 超文本传播。超文本是指数据中包含与其他数据的链接，受众点击文本链接或图片链接即可跳转到其他页面。新媒体广告的超文本传播顺应了人类思维的跳跃性、发散性特点，能够更大程度地满足受众的需要。

## 7.2 社交媒体广告

社交媒体是人们彼此之间用来分享意见、见解、经验和观点的工具和平台，现阶段主要包括微信、微博和QQ等。这些平台都有着非常惊人的浏览量，因此成为了各大广告主争相抢占的广告资源。下面将对微信广告、微博广告和QQ广告进行详细介绍。

慕课视频

微信广告

### 7.2.1 微信广告

微信是一款即时通信软件，具有聊天、朋友圈、微信支付、公众平台、微信小程序等功能。微信广告即是投放在微信平台上的广告，目前主要包括微信公众号广告、微信朋友圈广告、微信小程序广告。

#### 1. 微信公众号广告

微信公众号广告常以公众号文章内容的形式在公众号文章中部、底部、视频贴片广告3个广告位进行展示。

- 文中广告。微信公众号文中广告主要展现在公众号的文章正文中，通过大图的形式进行展示。文中广告，可以获得更多曝光机会，提高广告的转化率，如图7-5所示。
- 底部广告。微信公众号底部广告主要展现在微信公众号文章的底部，常在文章的内容区与评论区之间。该广告不会影响消费者正常阅读公众号文章，体验度较高，有图文和视频两种样式，如图7-6所示。
- 视频贴片广告。微信公众号视频贴片广告主要展现在公众号文章内，且时长大于3分钟的视频前。该广告主要是以视频的形式进行展现，能够丰富地展示广告信息，如图7-7

所示。

图7-5　文中广告

图7-6　底部广告

图7-7　视频贴片广告

### 2. 微信朋友圈广告

微信朋友圈广告就是在朋友圈中出现的广告。该类广告的展现位置是在微信朋友圈的信息流中。下面对常见的微信朋友圈广告的类型进行介绍。

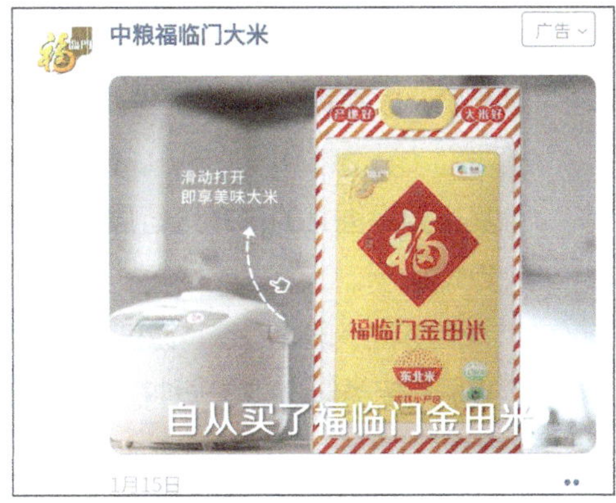


图7-8　全幅式卡片广告

- 微信朋友圈全幅式卡片广告。微信朋友圈全幅式卡片广告常以大幅的图片或视频的形式进行展现，视觉效果比较好，会带给消费者一种沉浸式的视觉体验，能有效地传达出广告信息，如图7-8所示。
- 微信朋友圈选择式卡片广告。微信朋友圈选择式卡片广告可以让消费者根据自己的喜好，有选择性地接受广告内容，在丰富广告展示的同时也满足了用户个性化的需求。微信朋友圈选择式卡片广告不仅让广告的展现效果更加丰富，也满足了消费者自我表达的需求，更容易激发消费者的互动传播。图7-9所示的广告中就为消费者展示了两种不同的选择，满足消费者个性化的表达需求。
- 微信朋友圈基础式卡片广告。微信朋友圈基础式卡片广告主要是将外层的文案标题、文案详情、图片以及视频等内容汇聚到一张卡片广告中，让广告的信息更加集中，也更能吸引消费者视线，如图7-10所示。
- 微信朋友圈常规式广告。微信朋友圈常规式广告的形式主要有视频与图文2种。微信朋友圈常规广告的广告内容很好地融入了朋友圈中，消费者不易察觉，是一种原生广告，同时也可以与好友一起进行广告互动，广告的营销效果比较好，图7-11所示为图文形式的微信朋友圈常规式广告。

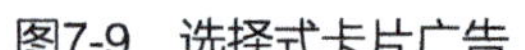
图7-9　选择式卡片广告

图7-10　基础式卡片广告

图7-11　常规式广告

### 3. 微信小程序广告

微信小程序广告即是投放在小程序广告位中的广告，其类型主要可分为3种，下面分别进行详细介绍。

- 微信小程序激励式视频广告。微信小程序激励式视频广告的展现位置并不固定，可根据小程序的特点并结合小程序场景自定义展现位置，让消费者在查看广告的同时即可获取相应奖励，以提升消费者对广告的好感度。图7-12所示为微信小程序激励式视频广告。
- 微信小程序Banner广告。微信小程序Banner广告的展现位置主要是在小程序页面内，其主要是图文的形式进行展示，具体的播放位置主要是由小程序的流量主来决定，如图7-13所示。
- 微信小程序插屏广告。微信小程序插屏广告的展现位置由小程序流量主自定义，与App的插屏广告类似，都是一种在特定场景切换时以卡片方式弹出的广告形式，如图7-14所示。

图7-12　小程序激励式视频广告

图7-13　小程序Banner广告

图7-14　小程序插屏广告

## 7.2.2 微博广告

慕课视频

微博广告

微博拥有着海量且优质的消费者，是一个以移动端为主的社交类媒体平台。微博广告即是指投放在微博平台的广告，可根据展现位置的不同而出现多种展现形式，主要包括了大图卡片广告、视频卡片广告、九宫格广告、开机报头广告、全景图广告、焦点样式广告、首页Banner广告、边看边下/H5广告、正文页Banner广告、评论流卡片广告、轮播卡片广告、热点视窗广告、关键词搜索广告、热门搜索榜广告等形式，下面分别进行介绍。

- 大图卡片广告。大图卡片广告是指以一张完整的广告图片进行呈现，支持多种场景，包含多种样式的按钮，如“参与”“购买”“下载”，如图7-15所示。
- 视频卡片广告。视频卡片广告是指以视频的形式进行呈现，支持在Wi-Fi环境自动加载播放，可以给消费者很好的视觉感受，如图7-16所示。
- 九宫格广告。微博九宫格广告主要由9张图片组合而成，以原生博文的形式进行发布，可以在九宫格图片中添加详情链接，当消费者对图片中的广告感兴趣时，就能够直接点击图片进入广告的详情页面，提升广告的点击率，如图7-17所示。

图7-15　大图卡片广告

图7-16　视频卡片广告

图7-17　九宫格广告

- 开机报头广告。微博开机报头广告是指当消费者打开微博App时强制出现的一种全屏广告。该广告具有覆盖范围广、强势曝光的特点，能够为品牌带来可观的曝光效果，可用于品牌推广、新品发布等多种营销场景。
- 全景图广告。全景图广告可以在Wi-Fi环境下随陀螺仪转动，也可以触摸移动全景图片，任意方向旋转查看广告信息。
- 焦点样式广告。焦点样式广告支持多图轮播，常以图片拼接组合的形式进行呈现，点击图片时可打开H5落地页。
- 首页Banner广告。首页Banner广告主要出现在微博的首页位置处，点击广告图片可以跳转到具体的广告详情页，如图7-18所示。

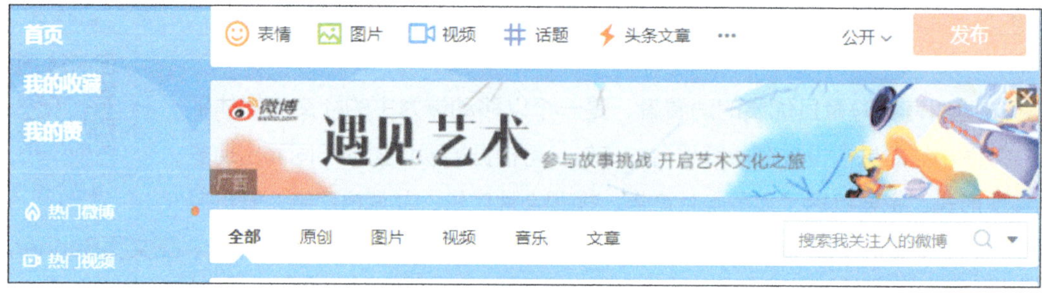


图7-18　首页Banner广告

- 边看边下/H5广告。边看边下/H5广告是微博广告中的一种新的广告形式，消费者点击视频广告即可进入下载页面，然后下载推广的软件。这种形式可以有效地增加曝光率，最大程度降低下载流失率，如图7-19所示。
- 正文页Banner广告。正文页Banner广告主要出现在微博正文结束的下方，其广告形式是Banner图片，如图7-20所示。
- 评论流卡片广告。评论流卡片广告也是一种信息流广告，主要出现在微博的评论中，不易被消费者察觉，有图片和视频两种形式。图7-21所示为视频形式的评论卡片广告。

图7-19　边看边下/H5广告

图7-20　正文页Banner广告

图7-21　评论流卡片广告

- 轮播卡片广告。轮播卡片广告也是微博中常见的广告类型，广告创意素材既可以是大图、组图，又可以是视频卡片。消费者滑动广告卡片可查看不同的广告信息，点击广告卡片即可跳转到具体的广告详情页。
- 热点视窗广告。热点视窗广告主要出现在发现页的首屏焦点位置，其形式多样，可以通过大幅图片或视频来吸引消费者视线，也可以将热点视窗的内容与微博热搜精选热点内容相互混合，进行轮播展现，提升消费者的好感度，图7-22所示即为混合展现的热点视窗广告。

- 关键词搜索广告。关键词搜索广告是消费者在微博搜索某内容时，在搜索结果页上方所展示的广告，其主要是以图文形式呈现，如图7-23所示。
- 热门搜索榜广告。微博的热门搜索榜广告应紧抓消费者兴趣与时下的热点话题来吸引消费者关注，传播速度与效率都非常高，吸引了一大批品牌广告主进行广告投放，如图7-24所示。

图7-22　热点视窗广告

图7-23　关键词搜索广告

图7-24　热门搜索榜广告

## 7.2.3 QQ广告

慕课视频

QQ广告

QQ应用软件是年轻消费者所推崇的社交平台。QQ广告运用科技和多元玩法赋能品牌在社交、运动、购物、游戏等场景中与年轻消费者深度互动，其主要分为了手机QQ广告和QQ空间广告两大部分，下面进行详细介绍。

### 1．手机QQ广告

手机QQ累积了大量的用户资源，手机QQ广告可以说是曝光度较高、覆盖面较广、推广渠道众多的原生社交广告。下面分别介绍4种常见的手机QQ广告类型。

- QQ看点信息流广告。广告展现在QQ看点公众号和动态区，以大图文样式和小图文样式呈现，并且能够通过消费者兴趣进行广告定向投放，转化率高，如图7-25所示。
- QQ看点底部大图广告。广告主要展现在QQ看点的文章底部，能够进行精准的广告投放，有图文与视频两种形式，如图7-26所示。
- QQ购物号公众广告。广告通过向关注有“QQ购物”公众号的消费者推送消息，根据消费者的兴趣对广告进行定向投放，精准触达目标消费者。该广告类型常以图文样式或视频样式进行呈现，具有曝光高、转化率好的特点，如图7-27所示。

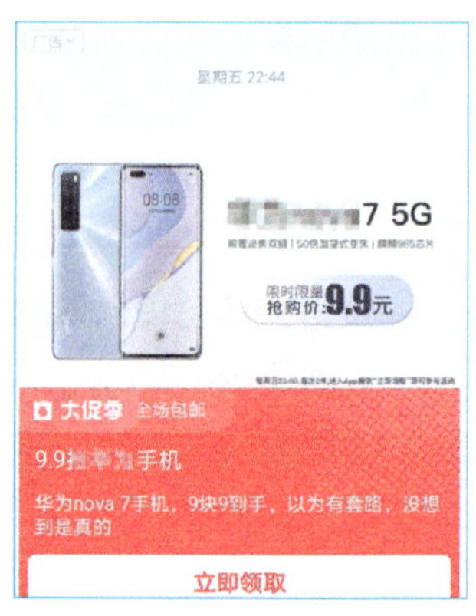


图7-25　QQ看点信息流广告　　图7-26　QQ看点底部大图广告　　图7-27　QQ购物公众号广告

- QQ天气广告。QQ天气覆盖所有手机QQ客户端的消费者，曝光量较大，并且支持定向投放。其广告样式主要有消息页广告和内容详情页通栏广告两种。消息页广告的图片较小，展现内容比较局限，因此，设计人员在设计消息页广告时要尽量精简文字信息，如图7-28所示。而内容详情页通栏广告的图片较大，可以充分展示出广告图片的创意，广告效果较好，如图7-29所示。

图7-28　消息页广告　　图7-29　内容详情页通栏广告

**2. QQ空间广告**

QQ空间与手机QQ一样，其受众都比较年轻，其中有着大量优质的目标消费群体。QQ空间广告主要出现在消费者的好友动态中，可以在移动端和电脑端的QQ空间中进行展现。下面介绍5种常见的QQ空间广告类型。

- 图文卡片广告。图文卡片广告在QQ空间广告中非常常见。它能直观地展现广告内容，消费者的体验度较高，还可以支持消费者点赞、评论和转发，能够有效拉近品牌与消费者之间的距离，提升品牌知名度。
- 视频故事广告。QQ空间的视频故事广告一般为品牌宣传类广告。视频故事广告打破了传统社交广告15秒的限制，不会限制时长，主要通过深入地讲述品牌故事来获得消费者的关注，从而有效地实现品牌传播。QQ空间的视频故事广告主要展示在消费者的好友动态信息流中，具有吸引消费者注意力，建立起品牌认知的目的。
- 多图轮播广告。多图轮播广告主要以多张图片进行展示，点击图片即可跳转到广告详情页，其广告创意丰富、灵活，能有效提升广告的传播效果。
- 沉浸视频流广告。沉浸视频流广告主要展现在消费者的原生视频流中，给消费者提供沉浸式的观看体验。当消费者点击任意视频内容后即可进入视频信息流，向上滑动观看更多视频内容，就会出现沉浸视频广告。
- 随心互动广告。随心互动广告主要是依靠两张图片来展现不同的动态效果，当消费者滑动好友动态时，静态的广告图片会以动态的形式来引起消费者的注意，具有趣味性强、消费者体验性强的特点，能有效提升广告转化率。图7-30所示为QQ空间的随心互动广告，这三张图片以圆圈动画形式互相切换展现。

图7-30　随心互动广告

### 7.2.4 案例设计：微博九宫格广告设计

在微博中，除了发布简单的事件外，还可进行商品的推广。在推广时常以九宫格的方式进行展现。本例将制作过年相关的微博九宫格广告，在设计上以红色为主，然后添加商品图片和促销文字，以更好地展现促销信息。其具体操作如下。

慕课视频

案例设计：微博九宫格广告设计

（1）在Photoshop CC 2018中新建大小为500像素×500像素，分辨率为72像素/英寸，名为“微博九宫格广告1”的图像文件。

（2）将“前景色”设置为“#b40202”，按【Alt+Delete】组合键，填充前景色，选择“矩形工具”▭，设置“填充”为“#ffffff”，在图像左侧绘制“330像素×447像素”的矩形，效果如图7-31所示。

（3）打开“微博九宫格广告素材1.psd”素材文件（配套资源：\素材文件\第7章\微博九宫格广告1素材.psd），将其中的祥云图像拖曳到图像文件中，调整素材的位置和大小。

（4）新建图层，将“前景色”设置为“#000000”，选择“钢笔工具”✎，在祥云的上方绘制形状，完成后按【Ctrl+Enter】组合键将路径转换为选区，并按【Alt+Delete】组合键，填充前景色，效果如图7-32所示。

（5）选择绘制的形状图层，按【Ctrl+J】组合键复制一个形状图层，再次选择下方的形状图层，选择【滤镜】/【模糊】/【高斯模糊】命令，打开“高斯模糊”对话框，设置“半径”为“5像素”，单击 确定 按钮，如图7-33所示。

图7-31 填充前景色并绘制矩形

图7-32 绘制形状

图7-33 设置高斯模糊

（6）选择“形状1拷贝”图层，设置该形状的填充颜色为“#c22d23”。

（7）双击形状所在图层，在打开的对话框左侧单击勾选“描边”复选框，设置“大小”“不透明度”“渐变”“角度”分别为“2”“100”“#efd4bc~#ffe4cb”“0”，如图7-34所示。

（8）单击勾选“内阴影”复选框，设置“颜色”“距离”“阻塞”“大小”分别为“#ffec50”“45”“12”“54”，如图7-35所示。

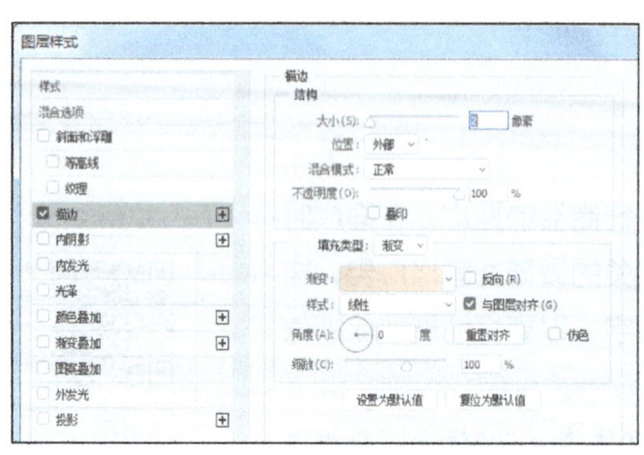

图7-34 设置描边参数

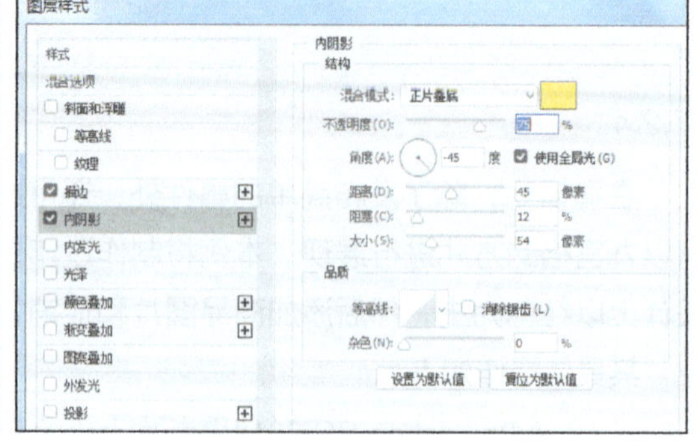

图7-35 设置内阴影参数

（9）单击勾选“内发光”复选框，设置“颜色”“大小”“范围”分别为

“#921519”“3”“50”，单击 确定 按钮，如图7-36所示。

（10）选择“横排文字工具” T，输入“过年不打烊”文字，在工具属性栏中设置“字体”为“方正粗圆简体”，“文本颜色”为“#ffffff”，并调整文字大小和位置，效果如图7-37所示。

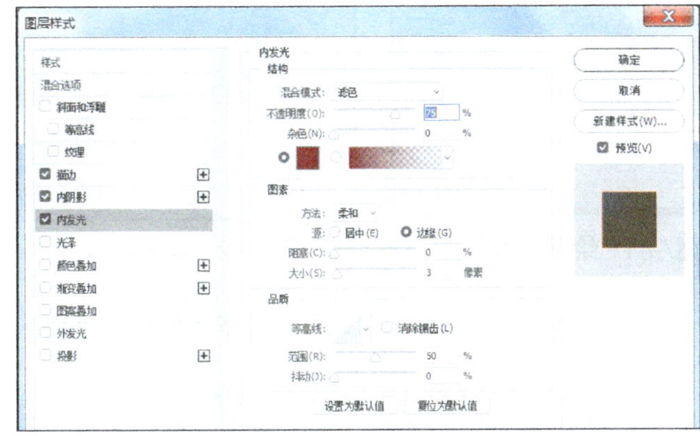


图7-36 设置内发光参数

图7-37 输入文字

（11）双击“过年不打烊”图层，在打开的对话框左侧单击勾选“渐变叠加”复选框，设置“不透明度”“渐变”“角度”分别为“100”“#fffe91~#faf5b6”“90”，如图7-38所示。

（12）单击勾选“投影”复选框，设置“颜色”“不透明度”“角度”“距离”“大小”分别为“#070002”“75”“-45”“1”“1”，单击 确定 按钮，如图7-39所示。

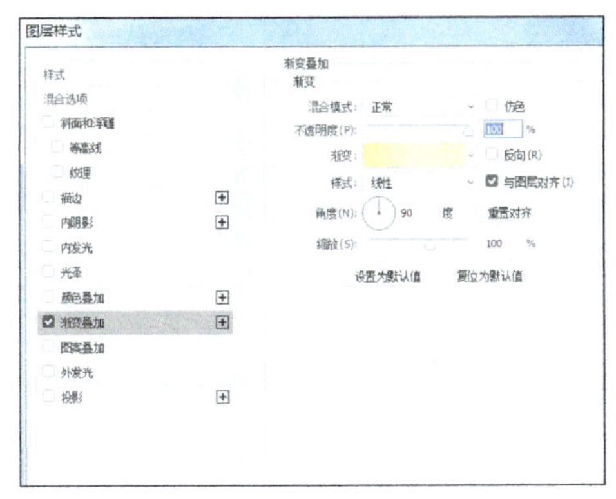


图7-38 设置渐变叠加参数

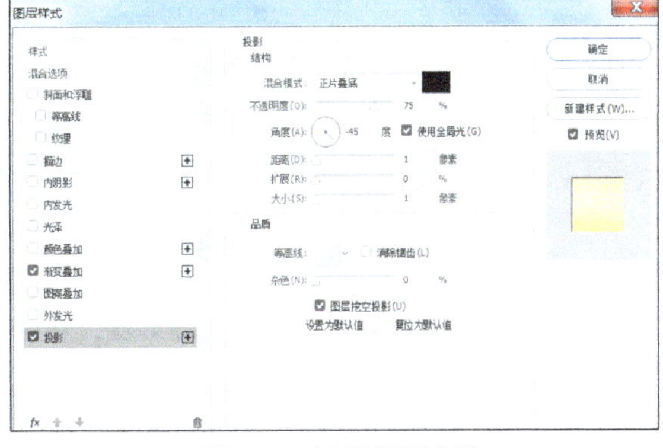


图7-39 设置投影参数

（13）在打开的“微博九宫格广告素材1.psd”素材文件中，将其中的商品、花瓣、边框素材拖曳到图像文件中，调整素材的位置和大小，效果如图7-40所示。

（14）选择“圆角矩形工具” ▢，在边框图层上绘制“180像素×142像素”的圆角矩形，并设置“填充”为“#015566”，“描边”为“#ffe9af，3像素”，如图7-41所示。

（15）选择“横排文字工具” T，输入如图7-42所示的文字，在工具属性栏中设置“字体”为“方正大黑简体”，“文本颜色”分别为“#ffe9af”“#ffffff”“#cf0202”，并调整文字大小和位置。

图7-40　添加素材

图7-41　绘制圆角矩形

图7-42　输入文字

（16）选择“圆角矩形工具”，在“津贴优惠券更划算”文字图层下方绘制圆角矩形，并设置“填充”为“#ffffff”。

（17）双击圆角矩形所在图层，打开“图层样式”对话框，单击勾选“渐变叠加”复选框，设置“渐变”为“#fff0c9~#ffeb8f”，单击 确定 按钮，如图7-43所示。

（18）选择“矩形工具”，设置“填充”分别为“#014e5d”“#0296bb”，在下方绘制“421像素×90像素”和“421像素×23像素”的矩形，如图7-44所示。

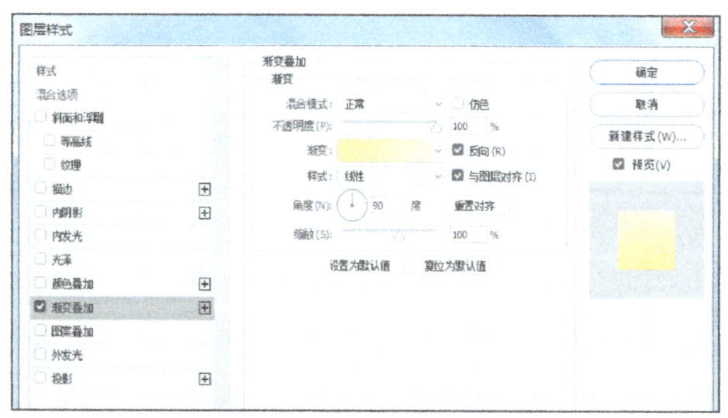


图7-43　设置渐变叠加参数

图7-44　绘制矩形

（19）选择上方的矩形，单击鼠标右键，在弹出的快捷菜单中选择“转换为智能对象”命令，将形状转换为智能对象。

（20）选择【滤镜】/【模糊】/【高斯模糊】命令，打开“高斯模糊”对话框，设置“半径”为“15.3”，单击 确定 按钮，如图7-45所示。

（21）选择“矩形工具”，设置“填充”为“#ffe487”，在下方绘制“435像素×4像素”的矩形。在打开的“微博九宫格广告素材.psd”素材文件中，将波纹素材拖曳到矩形中，并调整素材的位置和大小，效果如图7-46所示。

（22）新建图层，选择“钢笔工具”，绘制如图7-47所示的形状，按【Ctrl+Enter】组合键，将路径转换为选区，并填充颜色为“#d40101”。

图7-45　设置高斯模糊

图7-46　添加素材

图7-47　绘制形状

（23）双击形状所在图层，打开“图层样式”对话框，单击勾选“描边”复选框，设置“大小”“颜色”分别为“3”“#fddc87”，如图7-48所示。

（24）单击勾选“渐变叠加”复选框，设置“渐变”为“#af0303~#d70606”，如图7-49所示。

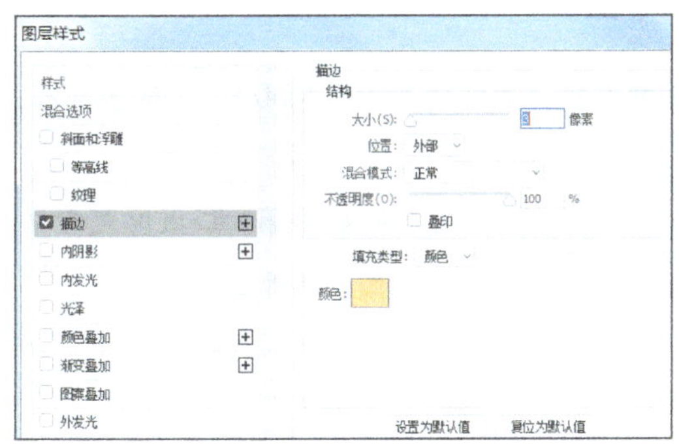

图7-48　设置描边参数　　图7-49　设置渐变叠加参数

（25）单击勾选“投影”复选框，设置“角度”“距离”“大小”分别为“-45”“5”“30”，单击按钮，如图7-50所示。

（26）选择“横排文字工具”T，输入如图7-51所示的文字，在工具属性栏中设置“字体”为“方正大黑简体”，“文本颜色”分别为“#fef3ce”“#ffffff”“#fdd28a”，然后调整文字大小和位置。

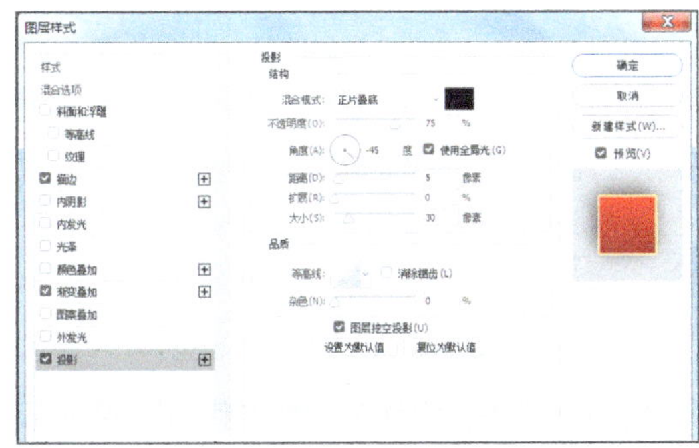

图7-50　设置投影参数

图7-51　输入文字

（27）选择“圆角矩形工具”▢，在“活动到手价”文字图层下方绘制圆角矩形，并设置“填充”为“#015566”，效果如图7-52所示。

（28）双击“298”文字所在图层，打开“图层样式”对话框，单击勾选“渐变叠加”复选框，设置“渐变”为“#fdf5f1~#ffef80”，角度为“-98”，单击 确定 按钮，如图7-53所示。

图7-52 绘制圆角矩形

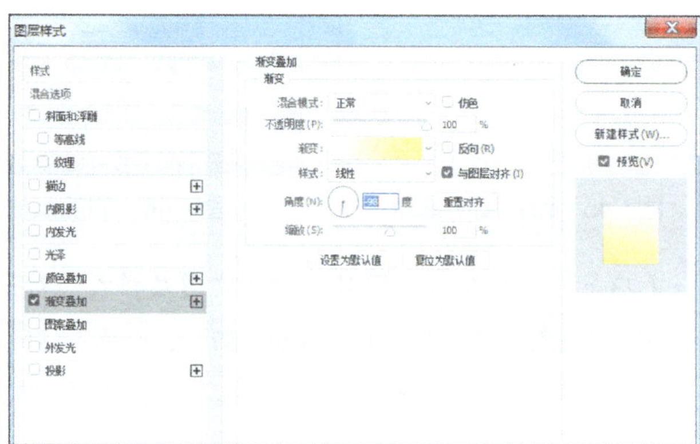


图7-53 设置渐变叠加参数

（29）完成后按【Ctrl+S】组合键，完成本例的制作，最终效果如图7-54所示（配套资源：\效果文件\第7章\微博九宫格广告1.psd）。

（30）使用相同的方法制作其他8张广告图片（配套资源：\效果文件\第7章\微博九宫格广告2.psd~微博九宫格广告9.psd）。完成后发布广告，发布后的效果如图7-55所示。

图7-54 最终效果

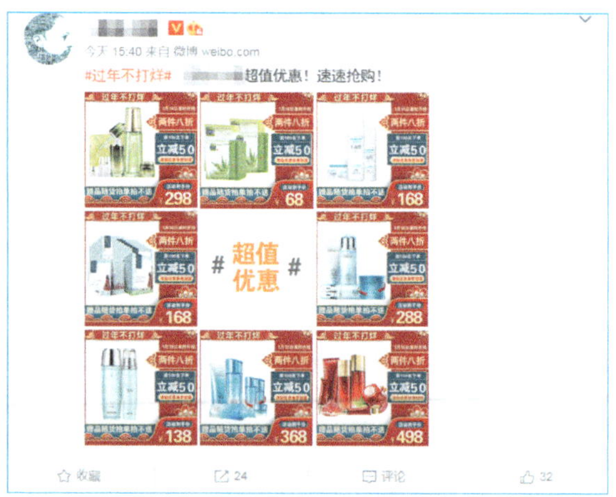


图7-55 发布后的效果

## 7.3 短视频App广告

随着互联网的不断更新与发展，短视频App广告应运而生，迅速成为新时代互联网新媒体广告类型之一。短视频广告融合了文字、语音和视频为一体，能够丰富地表达出商家所要展现的广告内容，也能与消费者更好地互动，获得更多的关注。

### 7.3.1 短视频App类型

慕课视频

短视频App类型

随着短视频的不断发展，各类短视频App开始爆发式的增长，很多品牌和商家也会选择在短视频App中进行广告投放，以获得更高的曝光率。下面将简单介绍3种常见的短视频App类型。

- 快手短视频App。快手短视频App是一款记录和分享生活的应用平台。其内容覆盖了生活中的方方面面，消费者使用度较高。
- 抖音短视频App。抖音短视频App是一款专注于音乐、动感和节奏的创意短视频App，其年龄层面覆盖较广。消费者可通过该软件以音乐为主题进行拍摄，满足自身追求个性和自我的心理需求。
- 美拍App。美拍App是一款既可以直播，又能够制作小视频的多功能短视频App。该款应用凭借高清唯美的画质，迅速成为女性消费者追捧的短视频应用。

慕课视频

短视频App广告优势

### 7.3.2 短视频App广告优势

与传统的长视频广告相比，短视频App广告能够在互联网新媒体平台上进行实时分享和无缝对接，有着非常独特的优势。下面分别对广告的优势进行介绍。

- 营销效果佳。短视频App广告不仅表现内容非常丰富，还能够让消费者在观看视频或视频广告的同时购买广告中的商品，广告的转化率较高，营销效果较好。
- 互动性强。很多短视频App能够实现单向和双向的交流，因此，短视频App广告具非常强的互动性。这种强烈的互动性能够使短视频App广告快速传播，提升广告的营销效果。
- 传播速度快。短视频App广告主要是通过互联网进行发布，因此也可以借助互联网的实时性特点进行广泛传播。同时，短视频广告的时间都比较短，一个优秀的短视频App广告能够在短时间内得到大量传播。
- 满足移动时代的碎片化需求。随着人们生活节奏的加快和移动端互联网的发展，消费者的生活逐渐呈现出碎片化形态，短视频App广告这种短平快的展现方式更容易满足消费者的需求。
- 覆盖面广。短视频App广告不仅能够在单一平台中进行广泛传播，还能够分享在微博、微信等社交平台中，覆盖了大量的目标消费人群。

慕课视频

信息流视频广告

### 7.3.3 信息流视频广告

信息流视频广告是原生视频广告的一种表现形式，主要是指以原生的展现方式呈现，在消费者观看视频时不定期插入的短视频广告。该类广告对消费者的干扰度较小，消费者如果对该广告内容感兴趣，可以点击视频进行观看，或者点击视频广告下方的链接进行进一步的操作，如图7-56所示。信息流视频广告主要可分为内容原生视频广告和场景原生视频广告两种，下面分别进行介绍。

- 内容原生视频广告。内容原生视频广告主要是指将广告的主题内容与消费人群进行精准定位，进而将内容原生的信息流视频广告投放在相同类型和内容周围，在保证广告精准定位兴趣人群的同时提升广告的吸引力和点击率。图7-57所示的广告即定位在对牙齿矫正有需要的人群。
- 场景原生视频广告。场景原生视频广告是指视频广告展现的内容与消费者当前的场景有一定的关联性。图7-58所示为一个端午节的公益广告，该广告结合了端午节的节日热点，让广告信息与消费者端午节的场景高度融合，让广告过渡自然。

图7-56　视频广告

图7-57　内容原生视频广告

图7-58　场景原生视频广告

## 7.3.4 定制话题活动视频广告

慕课视频

定制话题活动视频广告

随着短视频App的不断发展，其功能逐渐齐全，单向的短视频App广告的传播已经满足不了消费者的需求，而具有话题性的广告内容能引起他们更大的兴趣。因此，以定制话题为主的活动广告，在当下的短视频App广告中具有较大的发展潜力。定制话题活动广告主要是通过将品牌内容与定制的话题内容深度结合，增强消费者对品牌的认知，同时让消费者有参与感，让话题活动广告得到更好的传播。如小米在抖音上发布了“小米10记录向往的生活”话题活动，要求消费者发布一段模仿《向往的生活》节目的短视频，并添加话题“#小米10记录向往的生活”，然后根据消费者的点赞数量奖励小米手机，该广告将品牌与热门综艺联合营销，引起消费者的积极参与，增加了小米品牌与目标消费群体的互动。

## 7.3.5 “粉丝头条”广告

慕课视频

“粉丝头条”广告

短视频App广告中的“粉丝头条”广告功能类似于微博粉丝通、淘宝直通车。由于短视频App平台的不同，其粉丝头条广告的形式也会有所不同。如抖音短视频App中的粉丝头条广告“Dou+”，主要是为抖音消费者提供视频加热，能够高效提升视频播放量与互动量，提升广告的曝光率，满足他们的多样化需求；快手短视频App中的“粉丝头条”广告主要用于增加视频曝光和“粉丝”的关注量等需求，让广告出现在消费者的发现页、关注页和同城页等位置，让更多的消费者能够看到该广告。总体来说，“粉丝头条”广告主要是帮助广告主将短视频广告推送给“粉丝”或者对这个视频感兴趣的人，以提升广告的曝光量。

### 7.3.6 案例设计：美食短视频广告设计

慕课视频

案例设计：美食短视频广告设计

在抖音短视频App中，商家除了可以发布一些简单的生活小视频外，还可进行发布短视频广告。本例将在抖音短视频App平台上发布一个美食短视频广告，在发布前需要先进行简单的编辑，使广告内容更加吸引消费者。其具体操作如下。

（1）打开抖音短视频App，进入软件的主界面，点击下方的按钮，进入拍摄模式，点击页面下方的“上传”按钮，如图7-59所示。

（2）进入视频编辑页面，在其中选择视频“美食类视频.mp4”素材文件（配套资源：\素材文件\第7章\美食类视频.mp4），在页面中点击右下角的下一步按钮，如图7-60所示。

（3）继续在打开的页面中点击右上角的下一步按钮，如图7-61所示。

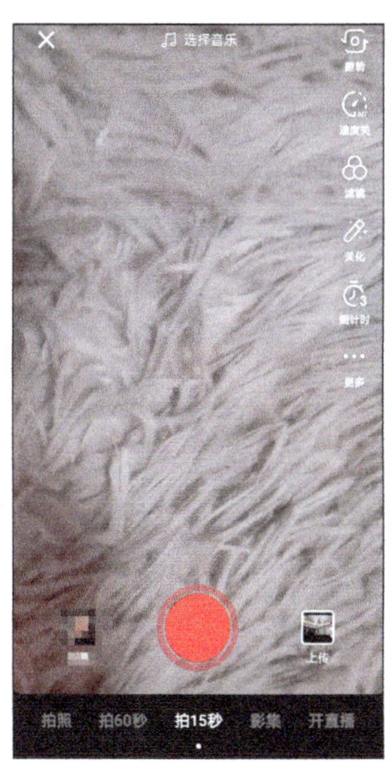


图7-59　进入拍摄模式

图7-60　选择视频

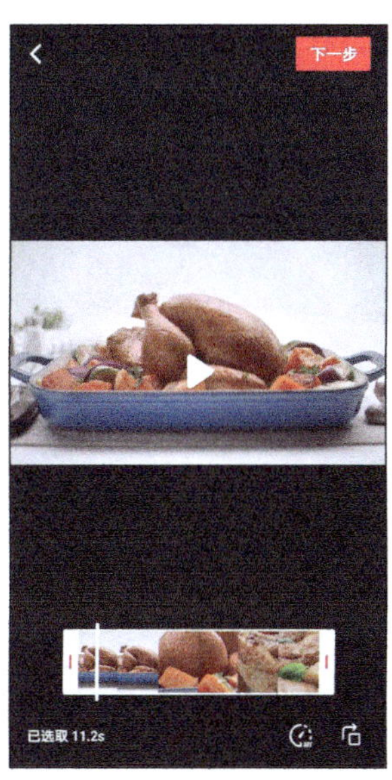


图7-61　再次选择视频

（4）进入视频编辑页面，在视频编辑页面下方点击“特效”按钮，如图7-62所示。

（5）进入特效编辑页面，在下方选择并长按“烟雾”特效样式，当黄色滑块移动到视频最后位置时松开手指停止运用特效，如图7-63所示。

（6）在下方点击“转场”按钮转场，在视频的开头处选择“模糊变清晰“转场样式，如图7-64所示，完成后点击上方的“保存”按钮。

图7-62 进入视频编辑页面

图7-63 选择特效样式

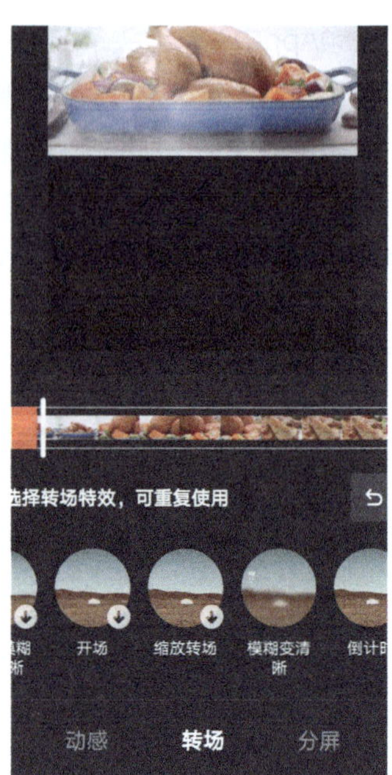


图7-64 选择转场样式

（7）在视频编辑页面下方点击“贴纸”按钮，在打开的页面中选择“贴图”中的“文字”选项，在“文字”选项中选择“它不香吗？”文字样式，如图7-65所示。

（8）返回视频编辑页面，在视频中点击“它不香吗？”贴纸，选择“设置时长”选项。在打开的页面中将贴纸的持续时间设置为“1.5s”，点击按钮，如图7-66所示。

图7-65 选择贴纸样式　　图7-66 设置贴纸样式的时长

（9）在视频编辑页面下方点击“文字”按钮Aa，在打开的页面中输入“特色烤鸡”文字，并点击完成按钮，如图7-67所示。

（10）返回视频编辑页面，在视频中点击“特色烤鸡”文字，选择“设置时长”选项，在打开的页面中将贴纸的持续时间设置为“2.0s”，时间段设置为“1.8s~3.9s”，完成后点击按钮，如图7-68所示。

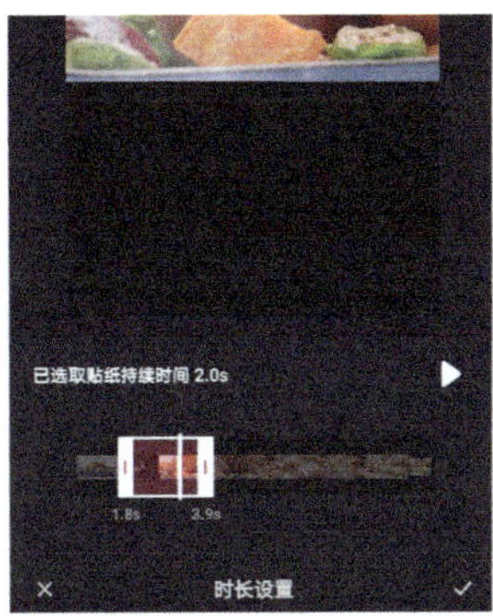


图7-67　输入字幕文字　　　　图7-68　设置字幕的时长

（11）返回视频编辑页面，使用相同的方法输入“现烤现卖”文字，将持续时间设置为“3.0s”，时间段设置为“4.4s~7.4s”；将字幕“欢迎品尝”的持续时间设置为“3.0s”，时间段设置为“8.2s~11.2s”，完成后点击✓按钮。

（12）返回视频编辑页面，在下方点击“选配乐”按钮♫，在打开的页面中搜索“夏天的冰淇淋”配乐，可点击配乐进行试听，确定后点击配乐后的 使用 按钮，如图7-69所示。

（13）完成后回到视频编辑页面，在页面中点击右下角的 下一步 按钮，在发布页面中输入标题“美味不等待，欢迎光临”，并带“美食”话题，完成后点击右下角的 发布 按钮，如图7-70所示。

（14）在“抖音短视频”主界面的下方点击“我”选项，进入个人中心，选择“作品”选项即可查看最终效果（配套资源：\效果文件\第7章\美食.mp4），如图7-71所示。

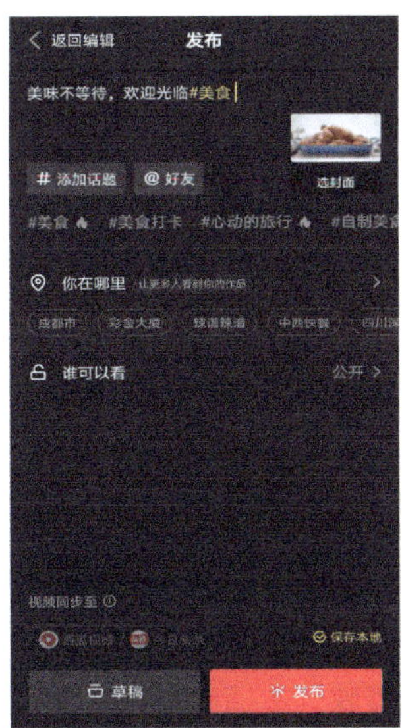

图7-69　选择配乐　　　图7-70　输入标题与话题　　　图7-71　最终效果

## 项目 ▶ 天猫狂欢季H5广告设计

### 项目要求

运用本章所学知识，先利用Photoshop CC 2018软件设计天猫狂欢季H5广告，再运用专业的H5制作工具易企秀生成H5广告动效，要求H5广告简洁美观、具有创意性。

### 项目目的

本项目将根据提供的素材文件（配套资源：\素材文件\第7章\活动类H5广告设计素材\），制作天猫狂欢季H5广告。图7-72所示为设计过程中会用到的辅助素材。通过本项目的制作，读者能够熟悉H5广告设计流程，并掌握H5视觉设计的基本方法，使广告能够达到营销目的。

图7-72　辅助素材

### 项目分析

在社交平台投放活动类广告是各大商家宣传或推广商品、提升品牌形象、增加粉丝黏性非常重要的传播手段。H5广告主要是以H5制作工具进行广告的创意设计，并通过互联网社交媒体平台，向目标消费群体进行商品信息互动传播的互联网新媒体广告，其发展速度较快，尤其是移动端的发展为H5广告的爆发式增长提供了良好的契机。H5广告凭借着多种平台的通用性和互动性，受到众多广告主和消费者的青睐。本项目主要是以“天猫狂欢节”为主题活动设置制作H5广告，在设计时需要营造出强烈的活动氛围，以赢得消费者的好感，最终促成商品交易。图7-73所示为天猫狂欢季H5广告完成后的效果。

图7-73　天猫狂欢季H5广告效果

## 项目思路

制作本项目前首先构思H5广告的主题、内容以及风格，然后运用Photoshop CC 2018软件设计出H5广告的整体效果，最后再运用H5制作工具制作出完整的H5动效。其具体思路如下。

（1）广告主题、内容。在对项目进行了简单分析后，可以将本次项目的主题定位在“活动促销”，其内容主要分为3个部分，第1个部分主要通过第1页来展现广告主题和具体时间，引起消费者继续阅读的兴趣；第2个部分主要是通过第2页~第5页来展现出具体的广告内容，让消费者对广告信息更加了解；第3个部分主要通过第6页来展现出领取红包的互动页面，加强消费者的购买决心。

（2）确定广告风格。本项目中H5广告的目的是营销，因此在色彩的选择上需要使用与促销相关的红色为主色调，再搭配明亮的黄色，这是典型的促销型色彩搭配。在设计上可以采用一些扁平化风格与中式风格相符合的元素，简约时尚，同时再添加一些互动性的按钮，提高消费者的体验度，最后搭配相同类型的音乐，营造出浓厚的活动氛围。

（3）设计H5广告界面。设计H5广告界面主要运用Photoshop CC 2018软件，包括H5广告的文字排版、素材的添加以及色彩的搭配等方面。在各页面的版式设计上，选择常见的上下式排版，方便移动端用户查看。

（4）利用制作工具制作H5。本项目主要使用易企秀工具制作H5广告，为H5广告页面中的各个元素添加动效和音效，让H5广告更具视觉吸引力，并且能与消费者及时互动。

## 项目实施

在项目实施过程中主要采用Photoshop CC 2018软件和易企秀制作H5广告，其中Photoshop CC 2018软件主要是进行H5页面的布局设计，而动态效果则在易企秀工具中完成。其具体操作如下。

慕课视频

使用Photoshop CC 2018制作图像效果

### 1. 使用Photoshop CC 2018制作图像效果

下面将使用Photoshop CC 2018软件制作天猫狂欢季H5广告的整体效果，具体操作如下。

（1）制作第1页。在Photoshop CC 2018中新建大小为640像素×1008像素，分辨率为72像素/英寸，名称为“H5广告第1页”的图像文件。

（2）打开“素材1.psd”素材文件（配套资源：\素材文件\第7章\天猫狂欢季H5广告设计素材\素材1.psd），将其中的素材依次拖曳到图像中，调整其大小和位置，效果如图7-74所示。

（3）新建图层，选择“钢笔工具”，在工具属性栏中设置描边颜色为“#efe3aa”，描边大小为“5像素”，取消填充，绘制如图7-75所示的天猫形状。

（4）选择“横排文字工具”T，在“天猫狂欢季”文字下方输入如图7-76所示的文字，设置“字体”为“Adobe 黑体 Std”，设置“- - 火力全开　热卖来袭 - -”文字的“文本颜色”为“fdfdcf”，其余文字的“文本颜色”为“#ffffff”，调整文字大小和位置。

图7-74　添加素材

图7-75　绘制天猫形状

图7-76　输入文字

（5）选择“矩形工具”，在“活动当天全场5折”图层下方绘制大小为“257像素×43像素”的矩形。双击该矩形图层，在打开的“图层样式”对话框中单击勾选“渐变叠加”复选框，将渐变颜色分别设置为“#e6c689”“#f7fbc7”“#e5bb7d”，角度为“–170”，单击 确定 按钮，如图7-77所示。

（6）选择“椭圆工具”，按住【Shift】键，在文字“5”图层的下方绘制大小为“32像素×32像素”，填充颜色为“#b2122a”的正圆，并将文字“活动当天全场折”的“文本颜色”修改为“#b2122a”，效果如图7-78所示。

（7）打开“素材2.psd”素材文件（配套资源：\素材文件\第7章\天猫狂欢季H5广告设计素材\素材2.psd），将其中的素材拖曳到图像编辑区，调整其大小与位置。选择“圆角矩形工具”，在图像编辑区下方绘制颜色为“#ffffff”，半径为“10像素”，大小为“189像素×63像素”的圆角矩形，并在其中输入“开启狂欢”文字，并设置文本颜色，效果如图7-79所示。完成后按【Ctrl+S】组合键保存文件，完成制作（配套资源：\效果文件\第7章\H5广告第1页.psd）。

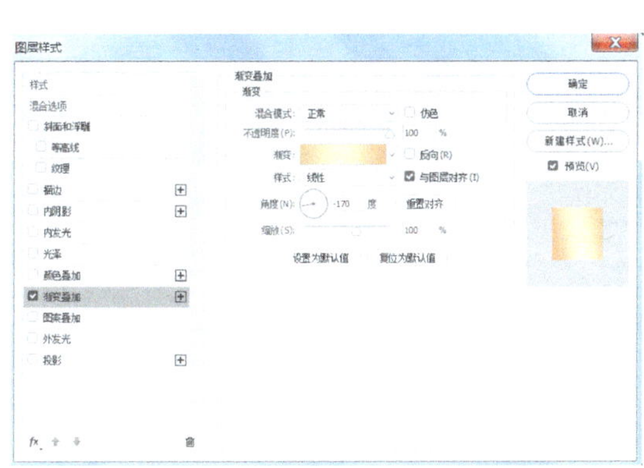


图7-77　设置渐变叠加参数

图7-78　绘制椭圆　　图7-79　添加素材并输入文字

（8）制作第2页。在Photoshop CC 2018中新建大小为640像素×1008像素，分辨率为72像素/英寸，名称为“H5广告第2页”的图像文件。

（9）在打开的“素材1.psd”素材文件中，将图7-80所示的素材依次拖曳到图像中，调整其大小和位置。

（10）选择“椭圆工具”，在中间商品图层的下方绘制填充颜色为“#061a1f”，大小为“121像素×17像素”的椭圆，选择椭圆所在图层，设置不透明度为“70%”。选择【滤镜】/【模糊】/【动感模糊】命令，在打开的对话框中单击 转换为智能对象(C) 按钮，在动感模糊界面中设置角度为“5度”，距离为“75像素”。使用相同的方法为其他商品添加阴影效果，效果如图7-81所示。

（11）选择“椭圆工具”，在图像中绘制填充色为“#a10202”，大小为“105像素×105像素”的圆形。双击圆形所在图层，打开“图层样式”对话框，单击勾选“内阴影”复选框，设置“颜色”“不透明度”“角度”“大小”分别为“#ffffff”“46%”“90”“7”，如图7-82所示。

图7-80　添加素材

图7-81　绘制椭圆

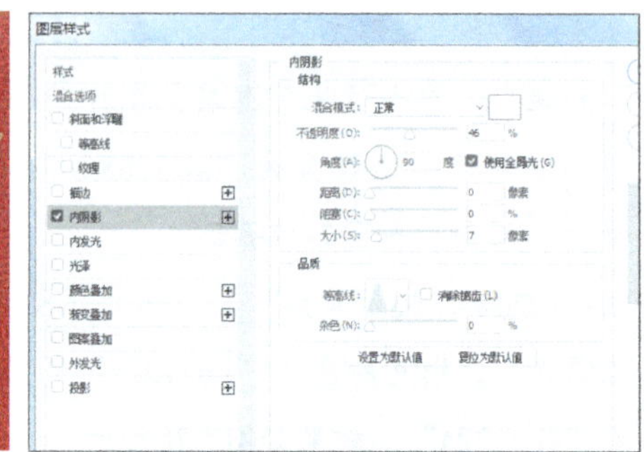

图7-82　设置内阴影参数

（12）单击勾选“渐变叠加”复选框，设置渐变颜色分别为“#f5043c”“#9c0202”，角度为“145”，如图7-83所示。

（13）单击勾选“投影”复选框，设置“投影颜色”“不透明度”“角度”“距离”“扩展”“大小”分别为“#8c0a25”“75”“90”“8”“0”“8”，单击 确定 按钮，如图7-84所示。

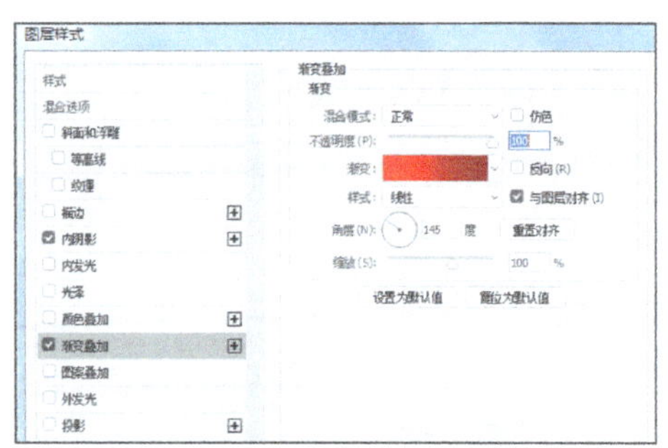

图7-83　设置渐变叠加参数

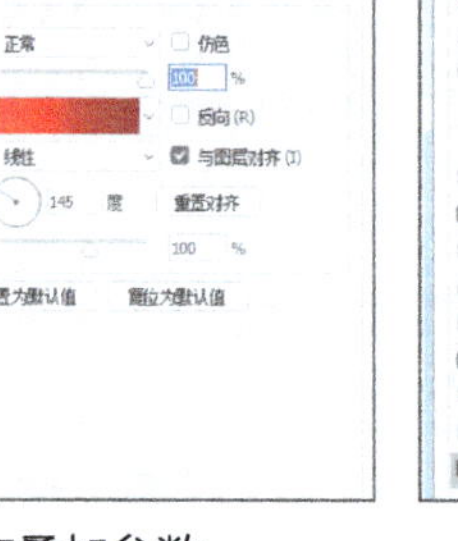

图7-84　设置投影参数

（14）选择圆形，按住【Alt】键不放向右拖曳复制3个圆。选择“横排文字工具” T，在图像上方输入图7-85所示的文字，并设置第1排文字“字体”为“Adobe 黑体 Std”，第2排和第3排文字“字体”为“黑体”，“买1送1”文字的“文本颜色”为“#fbef88”，其余文字的“文本颜色”为“#ffffff”。

（15）选择“横排文字工具” T，在图像下方输入图7-86所示的文字，其中第1排的文字“字体”为“黑体”，第2排和第3排文字“字体”为“方正细圆简体”，选择第2排文字，打开“字符”面板单击“删除线”按钮 T，选择第3排文字，单击“仿粗体”按钮 T，设置“文本颜色”统一为“#ffffff”。

（16）打开“按钮.png”素材文件（配套资源：\素材文件\第7章\天猫狂欢季H5广告设计素材\按钮.png），将其中的素材拖曳到图像右下角中，并在其中输入文字“抢先预定”，文字“字体”为“方正细圆简体”，单击“仿粗体”按钮 T，设置“文本颜色”为“#a51a1a”，效果如图7-87所示。完成后按【Ctrl+S】组合键，保存文件，完成制作（配套资源：\效果文件\第7章\H5广告第2页.psd）。

图7-85 输入文字　　图7-86 再次输入文字　　图7-87 添加按钮

（17）使用H5广告第2页的方法制作出第3张、第4张和第5张H5广告页面（配套资源：\效果文件\第7章\H5广告第3页.psd~H5广告第5页.psd），最终效果如图7-88所示。

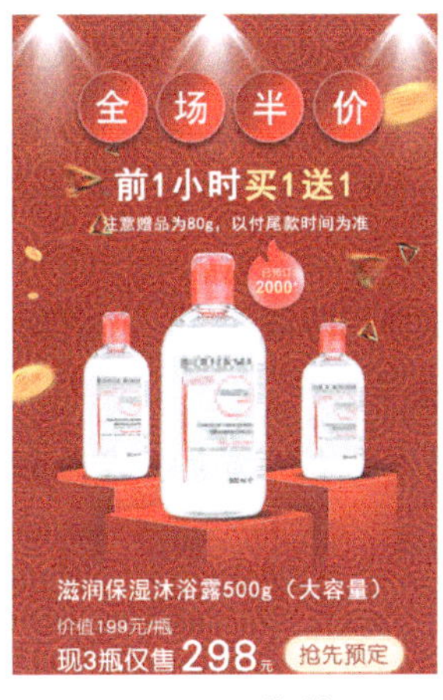

图7-88 最终效果

（18）制作第6页。在Photoshop CC 2018中新建大小为640像素×1008像素，分辨率为72像素/英寸，名称为“H5广告第6页”的图像文件，使用相同的方法制作第6页图像。

（19）打开“优惠券.png”素材文件（配套资源：\素材文件\第7章\天猫狂欢季H5广告设计素材\优惠券.png），将其中的素材拖曳到图像中。选择“横排文字工具”T，在图像上方输入图7-89所示的文字，设置“30元”的“字体”为“方正粗黑宋简体”，设置其余文字的“字体”为“黑体”，选择“满119使用”文字，单击“仿粗体”按钮T，设置“点击领取”文字的“文本颜色”为“#ffffff”，其余文字的“文本颜色”为“#d63200”。

（20）选择优惠券相关的所有图层，按【Ctrl+G】组合键将内容放置到新建的组中，选择图层组，按住【Alt】键向下拖曳复制2个图层组，并修改其中信息，效果如图7-90所示。

（21）为了让后续H5的动画效果更好，设计人员可以在该页面中添加一个领取优惠券之后的弹窗效果。打开“弹窗.psd”素材文件（配套资源：\素材文件\第7章\活动类H5广告设计素材\弹窗.psd），将其中的素材拖曳到图像中，调整其大小和位置，如图7-91所示。完成后按【Ctrl+S】组合键，保存文件，完成制作（配套资源：\效果文件\第7章\H5广告第6页.psd）。

图7-89　添加素材并输入文字　图7-90　复制并修改优惠券信息　图7-91　添加弹窗素材

**高手点拨**

为了便于后期在易企秀中的动画效果展示，设计人员尽量将最终效果图像文件中各种特殊的图层效果进行栅格化处理，并将一些图层进行合并操作。

### 2. 使用H5制作工具生成H5作品

慕课视频

使用H5制作工具生成H5作品

下面将使用易企秀制作天猫狂欢季动画效果，以此讲解使用H5制作工具生成H5广告的方法。其具体操作如下。

（1）登录易企秀官方网站，进入易企秀首页，在右侧列表中单击个人头像，进入个人中心，单击 + 创建作品 按钮，如图7-92所示。

图7-92　进入首页页面

（2）在创建类型栏中选择H5类型，单击 空白创建 按钮，在“选择创建作品类型”栏打开的对话框中单击竖屏H5下方的 空白创建 按钮，如图7-93所示。

（3）进入空白模板编辑界面，在界面右侧单击“导入PSD”按钮 Ps ，如图7-94所示。

图7-93　创建空白页面　　　　图7-94　导入PSD文件

（4）打开“PSD上传”对话框，将“H5广告第1页.psd”图像文件（配套资源：\效果文件\第7章\H5广告第1页.psd）上传到页面中。完成后可看到该图像已经显示在图像编辑区中，选择图层1，打开“组件设置”对话框，在其中选择“动画”选项卡，如图7-95所示。

（5）单击+添加动画按钮，在“动画”右侧的下拉列表中选择“淡入”进入动画，并设置动画时间为“1.5”，如图7-96所示。

（6）使用相同的方法为“图层3拷贝”和“烟火”图层都添加“淡入”进入动画，并设置动画时间为“1.5”。继续分别为图层2和图层4添加“向下移入”“向上移入”进入动画。

图7-95　添加psd图像文件　　　图7-96　添加动画样式

（7）为“图层3”添加“粒子进入”进入动画，为“组3”图层添加“翻转进入”进入动画，为剩下所有图层都添加“向上移入”进入动画，单击页面右上角的保存按钮，如图7-97所示。

图7-97　添加动画样式

（8）单击页面右侧的+常规页按钮，建立第2个空白页面，使用相同的方法将“H5广告第2页.psd”图像文件（配套资源：\效果文件\第7章\H5广告第2页.psd）上传到第2个空白页面中。

（9）在右侧的“页面管理”栏中返回第1页，选择“开启狂欢”图层，在“组件设置”对话框中选择“样式”选项，在“功能设置”下拉列表中单击“点击跳转”下拉列表框，选择“跳转固定页面”选项，在“场景页面”下拉列表框中选择“第2页”选项，如图7-98所示。

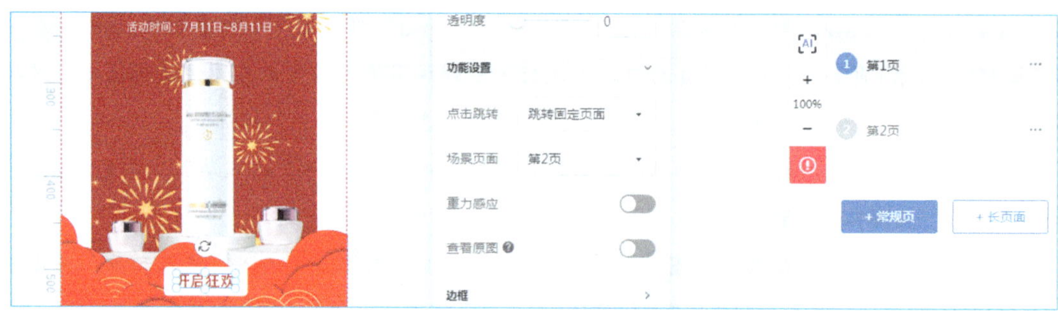

图7-98　添加动画样式

（10）返回第2页页面，选择“图层13拷贝2”图层，为其添加“闪烁”强调动画，为图层1添加“缩小进入”进入动画。

（11）按住【Shift】键的同时选择“全场半价”文字图层和“椭圆2拷贝3”图层，为这两个图层添加“粒子进入”进入动画。使用相同的方法为“图层5”“图层6”和“图层6拷贝”图层添加“抖动”强调动画，为“图层4”图层添加“放大抖动”强调动画，如图7-99所示。

图7-99　再次添加动画样式

（12）使用相同的方法为图7-100所示的所有图层添加“向上弹入”进入动画。

（13）为图7-101所示的所有图层统一添加“向下弹入”进入动画。

（14）选择“抢先预定”图层，在“功能设置”下拉列表中点击“点击跳转”下拉列表框，选择“跳转链接”选项，在链接地址文本框中输入商品购买链接。

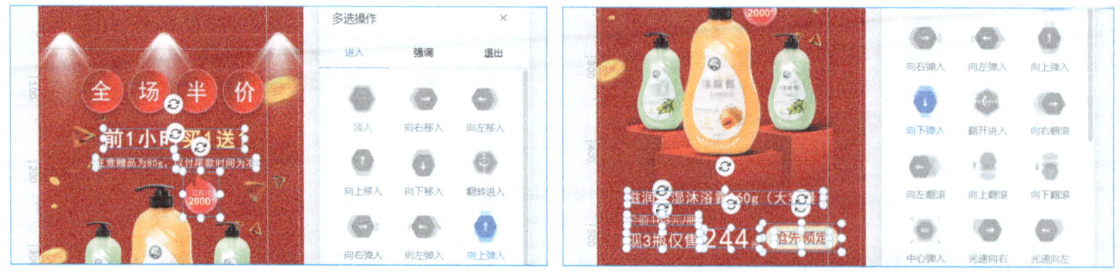

图7-100　添加动画样式　　　　图7-101　再次添加动画样式

（15）继续创建3个新的页面，使用相同的方法将“H5广告第3页.psd”“H5广告第4页.psd”“H5广告第5页.psd”图像文件（配套资源：效果文件\第7章\H5广告第3页.psd~H5广告第5页.psd）分别上传到新建的空白页面中，并设置其中的动效与第2页相同。

（16）创建新的页面，将“H5广告第6页.psd”图像文件（配套资源：效果文件\第7章\H5广告第6页.psd）上传到新建的空白页面中。

（17）在右侧“图层管理”栏中将图层5、图层6、图层7前的小眼睛关闭，如图7-102所示。

（18）为背景图层添加“淡入”进入动画，为“图层8”添加“向上翻滚”进入动画，为“图层13拷贝”2图层添加“闪烁”强调动画，为“图层3”和“图层4”添加“缩小进入”进入动画，为“专属福利”和“椭圆2拷贝3”图层添加“粒子进入”进入动画。

（19）为所有的优惠券信息图层都添加“中心放大”进入动画，如图7-103所示。

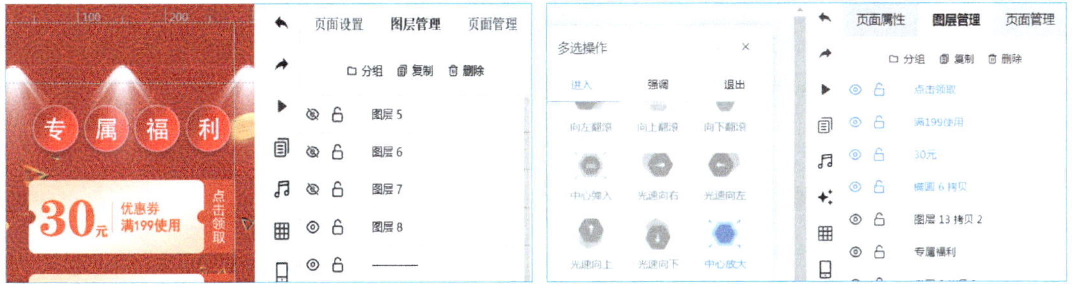


图7-102　关闭图层　　　　图7-103　添加动画

（20）选择30元优惠券中的“点击领取”图层，在“组件设置”对话框中选择“触发”选项，单击+添加触发按钮，选择触发条件为“点击触发”，选择“目标对象”为“图层5”，单击显示按钮，如图7-104所示。使用相同的方法设置50元优惠券中的“点击领取”图层的触发对象为“图层6”，设置80元优惠券中的“点击领取”图层的触发对象为“图层7”。

（21）在右侧“图层管理”中将“图层5”“图层6”“图层7”前的小眼睛打开，并将其排列在一起。选择“图层5”，在“触发”选项中单击+添加触发按钮，选择触发条件为“点击触发”，选择“目标对象”为“图层5”，单击隐藏按钮，如图7-105所示。使用相同的方法设置“图层6”的“触发对象”为“图层6”，单击隐藏按钮，设置“图层7”的“触发对象”为“图层7”，单击隐藏按钮。完成后，单击页面右上角的发布按钮。

（22）打开预览对话框，在其中修改名称为“天猫狂欢季H5广告”，最后可以将其分享到微博、QQ等社交平台，如图7-106所示（配套资源：\效果文件\第7章\天猫狂欢H5效果.tif）。

图7-104　设置触发对象　　　　图7-105　再次添加触发条件

图7-106 修改名称

## 思考与练习

1. 简述互联网新媒体广告的特点。

2. 查找相关资料，了解互联网新媒体广告的发展趋势是。

3. 查找相关资料，了解还有哪些常见的社交媒体广告形式。

4. 根据提供的素材文件（配套资源：\素材文件\第7章\红包H5广告.psd），运用PS软件制作红包H5广告，然后再导入易企秀总制作H5广告动画，其参考效果如图7-107所示（配套资源：\效果文件\第7章\红包H5广告1.psd~红包H5广告3.psd）。

图7-107 广告参考效果

Chapter 8

# 第8章 综合案例——“绿嫲嫲”美食互联网广告设计

如何进行案例分析？
如何设计“绿嫲嫲”资讯类媒体广告？
如何设计“绿嫲嫲”电商类网站广告？
如何设计“绿嫲嫲”视频类网站广告？
如何设计“绿嫲嫲”社交类媒体广告？
如何设计“绿嫲嫲”短视频App广告？

<table>
<tr><th colspan="4">学习引导</th></tr>
<tr><td></td><td>知识目标</td><td>能力目标</td><td>素质目标</td></tr>
<tr><td>学习目标</td><td>1. 了解综合案例应包含的内容<br>2. 了解不同类型广告的设计方法</td><td>1. 能够利用互联网广告设计的基础知识制作综合案例<br>2. 掌握综合案例的分析方法</td><td>1. 培养对信息的收集与整合能力<br>2. 掌握不同类型综合案例的制作方法<br>3. 培养传承和弘扬中华民族优秀传统文化的意识</td></tr>
</table>

本章主要综合运用前面所学知识来设计“绿嫲嫲”美食品牌的互联网广告，以提高品牌的知名度。在设计前要先对需求进行分析，了解品牌和消费者的需求，并收集需要的素材，梳理思路，确定整体的设计风格，然后再撰写广告策划文案，最后根据不同媒体平台的需要，设计出不同类型的广告作品，如弹窗广告、钻展广告、视频网站暂停广告、H5广告以及短视频App广告等，下面分别进行介绍。

慕课视频

案例分析

## 8.1 案例分析

作为一名设计人员，在正式设计之前需要做好案例分析工作，这样才能设计出符合需求的互联网广告效果。下面先分析需求，并收集素材，然后确定设计风格，并对策划方案进行撰写，便于后期效果的设计。

### 8.1.1 分析需求，收集素材

在设计广告前，可从消费者、品牌方和广告目的的角度对需求进行分析，不仅可以满足品牌方宣传品牌、营销商品的需要，提升广告的营销效果，还能够加强消费者对品牌的好感度，准确地向消费者传达出广告的信息。收集素材是设计人员在进行广告设计前所要完成的必备工作，不仅能够让接下来的设计工作事半功倍，还能在收集素材的过程中激发设计人员的创意灵感，从而让广告作品更加吸引消费者视线，达到营销效果。下面将先分析需求，再对素材收集的方法进行介绍。

**1．消费者需求**

本案例为“绿嫲嫲——樟林老字号绿豆糕”品牌的互联网广告，该品牌是一个当地的老字号品牌。要使品牌在互联网广告中焕发出新的生机与活力，需要将消费者定位于喜欢新时代传统文化、注重生活品质，追求健康食材的这类人群，尤其是年轻的女性消费群体。她们对于休闲类食品的需求更高，同时对生活品质和视觉美感的要求也比较高。因此，从消费者的需求来看，设计人员在设计该广告时应该注重视觉创意，并融入新时代元素，从而满足消费者需求。

**2. 品牌方需求**

该品牌的主打商品为樟林绿豆糕，是一种传统的特色糕点，营养丰富、口味独特，是当地颇具代表性的美食。随着互联网时代的进步，品牌方也需要进行战略转型，借助互联网强大的传播特点将该品牌和商品推广宣传给更多的消费者，使消费者更了解该品牌和商品。通过在一些不同的媒体平台上发布不同类型的广告，可提高该品牌的知名度，以扩宽商品的销售渠道。

**3. 广告目的需求**

通过分析消费者和品牌方需求后可以得知，该案例中的品牌正处于互联网新时代的过渡期，因此，这一阶段的广告目的主要是宣传品牌，提高品牌的知名度，最终达到促销商品的目的。

**4. 素材收集**

本案例中素材的收集方式主要是品牌方提供和素材网站下载。图8-1所示的图片中，主要展示的是品牌方所提供的部分素材，其内容是该品牌的IP形象，设计人员可根据设计过程中的需要，进行合理选择，以达到宣传品牌的广告目的。

图8-1　品牌方提供的素材

## 8.1.2 确定设计风格

确定整体的设计风格与方向可以满足消费者与品牌方的需求，是决定广告最终能否成功的关键。设计人员可根据对消费者的分析、品牌方的需求，以及该品牌的IP形象来确定设计风格，下面分别进行介绍。

- 根据对消费者的分析来确定。该品牌的目标消费者主要是年轻的女性消费群体，因为她们对休闲类糕点的需求多，更注重视觉上的创意美观喜欢纯天然的食物。
- 根据品牌方的需求来确定。品牌方需要将品牌进行多方面的推广，从广告设计上来说，需要符合大部分消费者的审美需求，以及符合当下的流行趋势，加深消费者对品牌的印象。
- 根据该品牌的IP形象来确定。该品牌的IP形象是一个卡通版的“嫲嫲”形象，消费者看到该形象时会回忆起小时候那种绿豆糕的味道，有一种具有强烈的情感色彩。

设计人员在设计该品牌的广告作品时应该注重创新性、互动性，并且要符合当下消费者的审美趋势。本案例将以嫲嫲的IP形象为主要设计点进行广告的设计，利用传统文化让消费者产生一种情感上的共鸣，使消费者感受到童年时代对于绿豆糕的美好回忆，以获取消费者的认同，同时也要满足目标消费者对于高品质、绿色健康生活的追求，通过这些内容确定该品牌的设计风格不但要以时尚简约、新颖创意为主，还要与消费者之间有一种情感上的共鸣。

### 8.1.3 撰写互联网广告策划方案

互联网广告策划方案是广告的核心所在，该项目以品牌宣传和商品销售为主要广告目的，因此设计人员在撰写广告策划方案时，需要充分展现出品牌和商品的特点，如老字号、纯手工、健康、绿色、记忆中的味道等，其具体内容如下。

## 樟林老字号绿豆糕广告策划方案

**产品定位**

营养、美味、健康

↓

**消费者分析**

很多年轻消费者经常熬夜、加班，
很多年轻女性消费者对绿色健康食品的需求较大，
她们注重生活，追求品质，
在繁忙的工作生活中会怀念小时候嫲嫲做的传统糕点。

↓

**通过调研发现**

很多人说想要找到一款美味健康、纯天然、纯手工，
带有深刻童年记忆的传统糕点。

↓

**推广策略**

绿豆糕口感口味独特，
且富含营养物质，并传承了记忆中的味道。

↓

**创意概念**

嫲嫲做的绿豆糕，记忆中的味道。

↓

**创意内容**

小时候嫲嫲做绿豆糕的情景，
嫲嫲悠闲地坐着摇椅，在晾晒新鲜的绿豆，
再用传统的石磨进行研磨。
然后揉面、制作绿豆糕，
最后挑着担售卖、吆喝绿豆糕。

↓

**媒体传播**

运用资讯媒体、电商媒体、传统视频媒体
及社交媒体、短视频媒体等，

进行广告投放，进而形成整合传播。

↓

**网络渠道活动**

“绿嫲嫲的生活”

以短视频的方式，

分享绿嫲嫲的日常生活记录，

展示绿豆糕纯手工制作的过程，

让消费者感受到绿豆糕的天然与健康。

↓

**社交平台活动**

邀请网友们

分享自己制作的“绿豆糕”，

以及与嫲嫲之间的趣事。

##  8.2 设计“绿嫲嫲”资讯类媒体广告

本案例中的品牌急需扩大影响力，因此，也可以发布一些广告信息在资讯类媒体平台上，以扩大目标消费人群。下面将制作资讯类媒体广告中的弹出式广告，在设计制作前需要先进行广告的前期策划，再设计弹出式广告。

慕课视频

弹出式广告的前期策划

### 8.2.1 弹出式广告的前期策划

根据对资讯类媒体广告的了解与前面的案例分析来看，设计人员可以从文案写作、设计要素以及创意性这3个方面来进行前期策划，下面分别进行介绍。

**1. 文案写作**

从广告类型上来看，本例主要是制作一个弹出式的广告，由于篇幅有限，文案内容不宜过多，需要目的明确、精简。如“嫲嫲送福利”，这类文案简明扼要，不仅突出了广告的内容与主题，还让消费者一目了然，避免因文案过多而造成的广告页面冗杂。

**2. 设计要素**

设计要素是广告设计前的必要策划工作。下面将从图像设计、文字设计、色彩设计和版式设计这4个方面进行简单介绍。

- 图像设计。由于弹出式广告本身就打断了消费者的正常浏览，在设计时效果不能太过于动感，否则会使消费者产生眼花缭乱的感觉，从而失去观看的兴趣，因此本例将制作一个静态的图像广告。
- 文字设计。弹出式广告是突然出现在消费者眼前的，因此文字字体要易于识别，要让消费者第一眼就能够明确广告信息。在设计时可以选择黑体类的字体来展现广告主题，并采用中心对齐的方式，让消费者视线更加集中。

- 色彩设计。通过前期的分析来看，本例中的色彩搭配应以红色和黄色为主，这样能够体现出广告的活动氛围，给消费者一种突出的视觉感受。
- 版式设计。通过前期的分析来看，本例将制作一个以红包形象为主的弹出式广告，因此在版式上应该与传统的红包形象一致，并且是以上文下图的构图方式进行构图。

**3. 创意性**

具有创意性的广告更容易抓住消费者的眼球。尤其在资讯类的媒体平台中，发布创意性广告会给消费者不一样的视觉感受，能够让消费者在获取新闻资讯后有一种视觉上的感受，产生眼前一亮的感觉。因此，设计人员在具体的设计过程中需要注意广告中的创意性表达，如可以在案例中展示出品牌的IP形象，这种品牌形象不仅可以加深消费者对品牌的印象，还能展示出品牌独具个性的创意视觉表现。同时，还可以用红包的整体形象来进行广告设计，让消费者通过点击红包来与品牌进行交流和互动，是一种互动化的创意视觉表现。

### 8.2.2 弹出式广告设计

慕课视频

弹出式广告设计

本例主要为“绿嫲嫲”品牌制作弹出式广告，在该广告中要求展现出品牌形象。其具体操作如下。

（1）在Photoshop CC 2018中新建大小为700像素×940像素，分辨率为72像素/英寸，名称为“绿嫲嫲弹出式广告”的图像文件。

（2）选择“椭圆工具”，在工具属性栏的“填充”下拉列表中，单击“渐变”按钮，设置“渐变”为“#ff865a~#ff242a”，在图像中绘制大小为“1162像素×719.59像素”的椭圆，效果如图8-2所示。

（3）打开“背景.png”素材文件（配套资源：\素材文件\第8章\背景.png），将其拖曳到图像编辑区的下方，为其添加颜色为“#ffcc9b”的颜色叠加效果，调整其大小和位置，设置不透明度为95%，效果如图8-3所示。

（4）选择素材图层，单击“图层”面板下方的“添加图层蒙版”按钮，选择“渐变工具”，在图像编辑区中从上往下拖曳渐变轴线，让背景呈现出透明的渐变效果，效果如图8-4所示。

图8-2　绘制椭圆

图8-3　添加素材

图8-4　添加图层蒙版

（5）选择椭圆图层，按【Ctrl+T】组合键，在椭圆上单击鼠标右键，在弹出的快捷菜单中选择“变形”命令，向下拖曳最下方的两个控制轴调整椭圆弧度，完成后按“Enter”键，如图8-5所示。

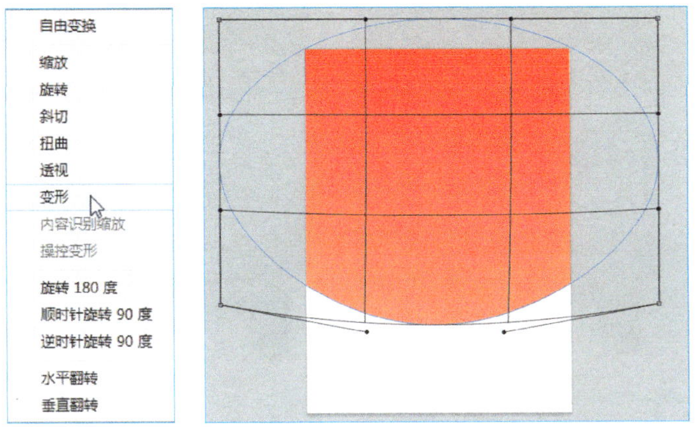

图8-5　对椭圆变形

（6）选择“椭圆工具”，在工具属性栏的“填充”下拉列表中，单击“渐变”按钮，设置“渐变”为“#fdb196~#fe5155”，在图像中绘制大小为“45像素×45像素”的圆形，效果如图8-6所示。

（7）继续在图像中绘制1个“渐变”为“#ff795b~#ff2428”，旋转渐变为“180”，大小为“423像素×423像素”的圆形，效果如图8-7所示。

（8）复制步骤（6）绘制的圆形，在工具属性栏中修改复制圆形的旋转渐变为“–144”，大小为“116像素×116像素”，调整位置，效果如图8-8所示。

图8-6　绘制圆形

图8-7　继续绘制圆形

图8-8　复制形状

（9）新建图层，选择“钢笔工具”，在图像左侧绘制图8-9所示的形状，并填充“#ff472e”颜色。

（10）新建图层，选择“钢笔工具”，继续在图像左侧绘制图8-10所示的形状，并填充“#ff644f”颜色。

（11）新建图层，选择“钢笔工具”，在图像左侧绘制如图8-11所示的形状，并填充颜色为“#ff7859”。

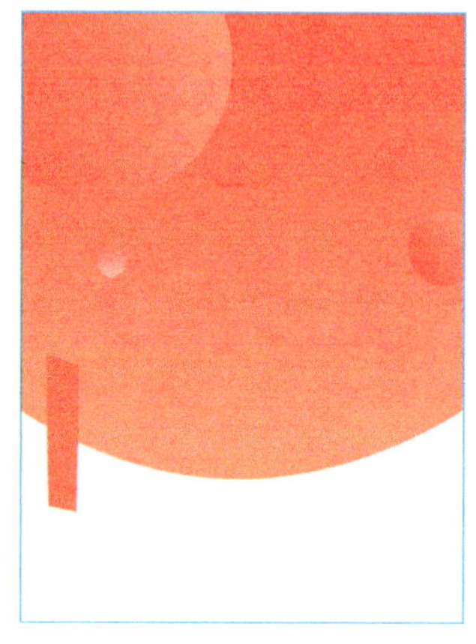
图8-9　绘制形状

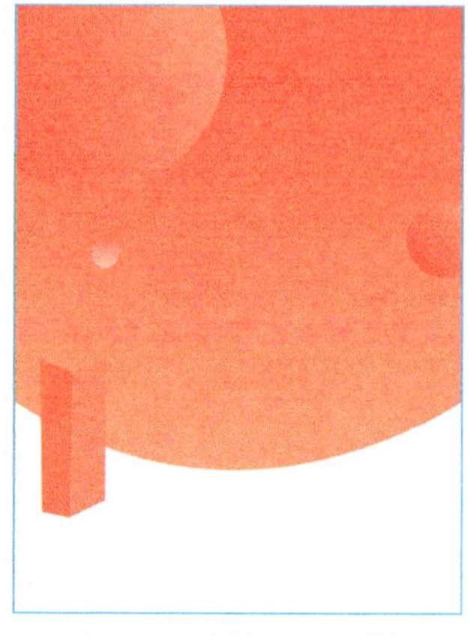
图8-10　继续绘制形状

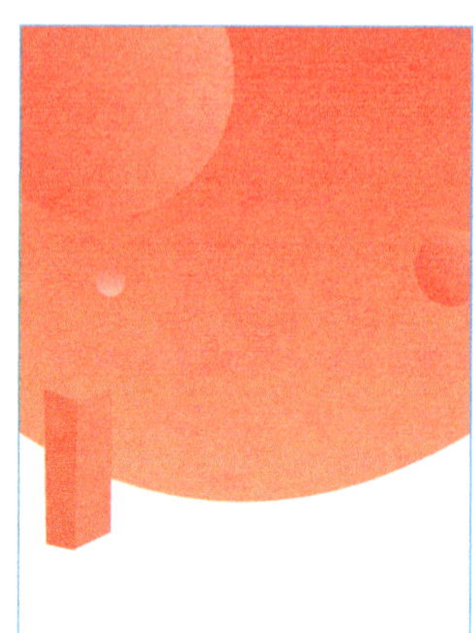
图8-11　绘制形状

（12）选择步骤（9）~（11）所绘制的所有形状，按【Ctrl+G】组合键创建图层组，然后按【Ctrl+J】组合键复制图层组，调整这两个图层组的大小和位置，效果如图8-12所示。

（13）在图层面板选择这2个图层组，单击鼠标右键，在弹出的快捷菜单中选择“合并图层”命令，再次单击鼠标右键，在弹出的快捷菜单中选择“创建剪贴蒙版”命令，效果如图8-13所示。

（14）打开“嫲嫲.png”素材文件（配套资源：\素材文件\第8章\嫲嫲.png），将其拖曳到图像编辑区中，使用相同的方法将素材置入椭圆中，效果如图8-14所示。

图8-12　复制图层组

图8-13　合并图层并创建剪贴蒙版

图8-14　为素材创建剪贴蒙版

（15）选择“横排文字工具”，输入两行文字，在工具属性栏中设置“文本颜色”为“#ffffff”，设置第1行文字的“字体”为“Adobe 黑体 Std”，第2行文字的“字体”为“黑体”，并调整文字大小和位置，效果如图8-15所示。

（16）选择“圆角矩形工具”，在工具属性栏的“填充”下拉列表中，单击“渐变”按钮，设置“渐变”为“#ff654b~#ff4735”，在图像中绘制大小为“420像素×108像素”，半径为“54”像素的圆角矩形。双击圆角矩形所在图层右侧的空白区域，单击勾选“投影”复选框，设置“不透明度”“距离”“扩展”“大小”分别为“44”“3”“0”“25”，单击 确定 按钮，如图8-16所示。

（17）在圆角矩形中输入“立即领取”文字，打开“关闭.png”素材文件（配套资源：\素材文件\第8章\关闭.png），将其拖曳到页面右上角，调整大小和位置，如图8-17所示。完成后保存图像，查看完成后的效果（配套资源：\效果文件\第8章\绿嬷嬷弹出式广告.psd）。

图8-15　输入文字

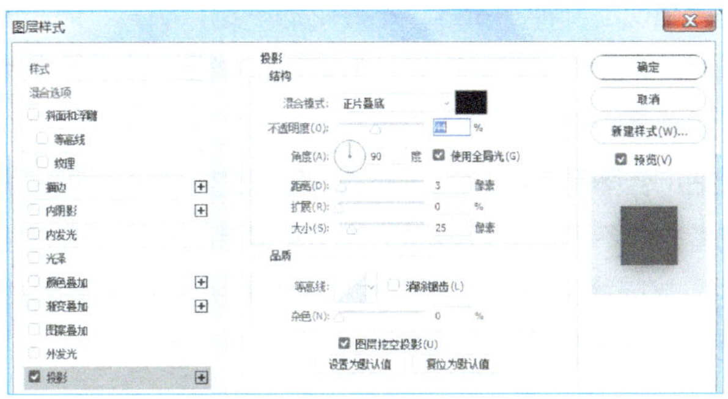


图8-16　设置投影参数

图8-17　完成后的效果

## 8.3 设计“绿嬷嬷”电商类网站广告

随着电商行业的迅速发展，电商类网站广告在品牌宣传中的使用越来越多。本例中绿嬷嬷想要快速提升品牌形象，在电商网站中投放广告是一个非常不错的选择，而智钻则是网站广告中最常用的一种方式。下面先讲解电商广告中智钻广告的前期策划，再进行智钻广告的设计。

慕课视频

智钻广告的前期策划

### 8.3.1 智钻广告的前期策划

智钻广告主要依靠图片展示来吸引消费者的点击，从而获取巨大流量，由此可知一张好的智钻广告图片尤为重要。在进行智钻广告的设计前，设计人员可以从文案写作、设计要素以及创意性3个方面来进行智钻广告的前期策划，下面进行简单介绍。

#### 1. 文案写作

从广告类型上来看，本例所制作的智钻广告属于电商广告的类型，因此其文案需要展现出电商广告文案的特点，以增加促销的电商广告氛围。本例中的文案写作可以分为两个部分，第1个部分是广告的主题文案，第2个部分是广告的正文文案。广告的主题主要是起到吸引消费者视线的作用，因此，主题文案应具有一定的号召力，并营造出一种营销活动的氛围，如“吃货们嗨起来”，而正文文案则需要准确地说明广告的内容，如广告的活动时间、优惠信息等。

#### 2. 设计要素

智钻广告是品牌方进行品牌传播和商品促销时的一种表现方式，因此其设计非常重要。下面将从图像设计、文字设计、色彩设计和版式设计4个方面进行简单介绍。

- 图像设计。本例的图像为静态图像，设计人员在进行设计时主要是通过搜集素材和绘制

装饰图形来完成智钻广告的图像设计。

- 文字设计。在智钻广告中，文字的设计尤为重要，不仅要传达出广告的重要信息，还要具有美观性。在主题文字的字体选择上，本例可选择美观的艺术体类字体，这样不仅能够起到聚焦视线的作用，还具有美观性。
- 色彩设计。在美食类广告设计中，色彩对味觉信息的传递有着非常重要的作用。如灰暗的色彩会让食物呈现出一种不新鲜，不好吃的感觉；明亮、清新的色彩会让食物看起来更加诱人。因此，设计人员在进行设计时可以选择高纯度的黄色为主色调，搭配白色、褐色和红色，让画面的色彩既统一和谐又有亮点。
- 版式设计。智钻广告图是有结构和层次的，不同的布局将呈现不同的视觉焦点，若视觉焦点不统一或者布局不理想，很容易造成信息错乱，让消费者忽视重点。由于智钻广告是以横版为主，其版式设计可选择左右构图的形式，让重要的广告内容集中在视觉中心，并通过文字的对比来突出显示视觉层次。

**3. 创意性**

智钻广告带来的曝光量非常大，设计人员为了提升品牌形象，可在设计时让智钻广告更具创意性，使整个广告设计传达出品牌的价值。如可以在智钻广告中添加品牌的IP形象，让广告更加个性化。同时，为了丰富广告效果，让广告效果与品牌的IP形象更加协调一致，设计人员可以在广告设计中添加一些具有创意性的设计元素，如卡通形状，包括几何图形、云朵等装饰物，这些装饰物的展现不仅让画面更加和谐，还能展示出广告具有艺术性的视觉美感，从而让消费者对品牌产生好感。

慕课视频

智钻广告设计

### 8.3.2 智钻广告设计

本例主要为“绿嬷嬷”品牌制作电商网站上的智钻广告，要求体现出品牌简约、时尚的风格，其具体操作如下。

（1）在Photoshop CC 2018中新建大小为640像素×200像素，分辨率为72像素/英寸，名称为“绿嬷嬷绿豆糕智钻广告”的图像文件。设置背景色为“#ffe826”，按【Ctrl+Delete】组合键填充背景色。

（2）打开“智钻背景.psd”素材文件（配套资源：\素材文件\第8章\智钻背景.psd），将其拖曳到图像编辑区中，调整大小和位置，效果如图8-18所示。

（3）继续添加素材文件“智钻装饰1.psd”素材文件（配套资源：\素材文件\第8章\智钻装饰1.psd），将其拖曳到图像编辑区中，调整大小和位置，效果如图8-19所示。

图8-18 添加素材

图8-19 继续添加素材

（4）选择"横排文字工具" T，输入"1元秒杀嫲嫲绿豆糕"文字，在工具属性栏中设置"字体"为"方正粗圆简体"，"文本颜色"为"#ffffff"，调整文字大小和位置，并单击"创建文字变形"按钮，在"样式"下拉列表中选择"扇形"选项，并设置"弯曲"为"+18"，单击 确定 按钮，如图8-20所示。

（5）新建图层，选择"钢笔工具"，在图像中绘制如图8-21所示的小三角形状，并填充为"#9e6161"颜色。

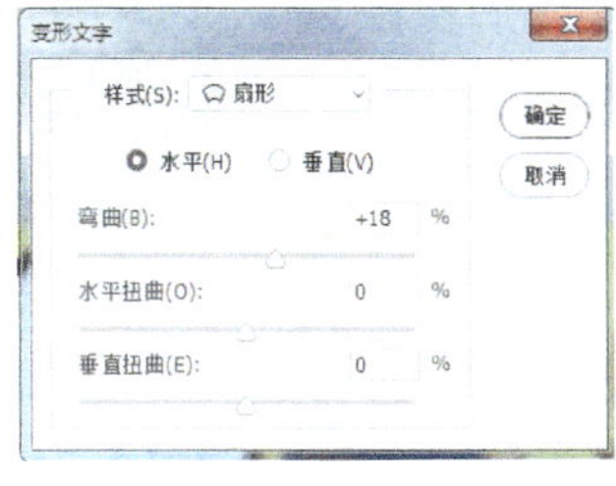


图8-20 变形文字

图8-21 绘制小三角形状

（6）新建图层，选择"钢笔工具"，在图像左侧绘制如图8-22所示的形状，并填充为"#823232"颜色。

（7）选择"横排文字工具" T，输入"吃货们 嗨起来"文字，在工具属性栏中设置"字体"为"汉仪综艺体简"，"文本颜色"为"#fcdf00"，调整文字大小和位置，效果如图8-23所示。

图8-22 绘制形状

图8-23 输入文字

（8）将"吃货们"文字颜色修改为"#ffffff"。双击文字图层，打开"图层样式"对话框，单击勾选"描边"复选框，设置"大小""位置""不透明度""颜色"分别为"5""外部""100""#823232"，单击 确定 按钮，如图8-24所示。

（9）打开"智钻装饰2.psd"素材文件（配套资源：\素材文件\第8章\智钻装饰2.psd），将其中的素材拖曳到图像编辑区中，调整大小和位置，效果如图8-25所示。完成后保存图像，查看完成后的效果（配套资源：\效果文件\第8章\绿嫲嫲绿豆糕智钻广告.psd）。

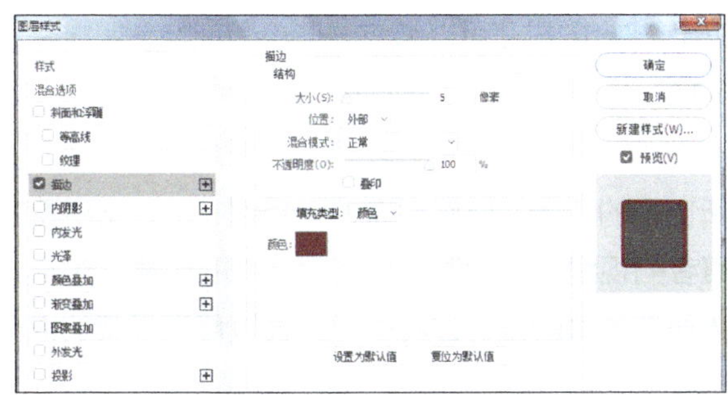


图8-24 设置描边参数

图8-25 添加素材

## 8.4 设计“绿嫲嫲”视频类网站广告

视频网站广告在人们的日常生活中十分常见，具有曝光量大，点击率高的特点。下面将以视频网站广告中的暂停广告为例，先讲解暂停广告的前期策划，再讲解暂停广告的设计方法。

### 8.4.1 暂停广告的前期策划

慕课视频

暂停广告的前期策划

暂停广告拥有独占广告位的优势，因此其曝光率有保障，而且对消费者的干扰度也比较低，是一个非常具有优势的广告方式。下面将从文案写作、设计要素以及创意性3个方面来讲解暂停广告前期策划的具体内容。

**1. 文案写作**

从品牌方的需求来看，本例中的品牌比较注重提高商品的销售量，因此其文案写作可以从商品促销的角度出发，并运用数字的方式将广告具体的促销信息展示出来，如“五折钜惠”“新品买1送1”等。

**2. 设计要素**

在设计前，设计人员还需要对设计要素进行简单分析，以便更好地明确设计方向与风格，最终设计出符合需求的广告作品。下面将从图像设计、文字设计、色彩设计和版式设计这4个方面进行简单介绍。

- 图像设计。本例中的图像为静态图像，设计人员先将收集的素材和绘制的渐变形状作为背景图像，然后再添加品牌IP形象作为装饰图像，最后添加文字，完成整个图像设计。
- 文字设计。从广告类型上来看，本例主要是制作一个暂停广告，所占的尺寸较小，因此文案只需展示出最主要的广告信息即可，如品牌名称“绿嫲嫲”、商品信息“樟林绿豆糕”，以及广告的优惠信息“新品买1送1”“五折钜惠”等，并将品牌名称与IP形象相结合，让品牌形象更加具体。
- 色彩设计。从广告的内容来看，本例中的广告内容主要是商品的大力度促销活动，因此其色彩的设计应体现出活动的促销氛围。如可采用红色作为广告的主色调，红色是促销活动的常用色彩，在很多广告设计中都非常适用，然后再采用了黄色进行搭配，给消费者一种明亮、兴奋的感觉。
- 版式设计。本例中所制作的暂停广告主要投放在腾讯视频网站，其尺寸大小偏向于横版，在版式设计上主要选择左右构图的形式，同时还可以通过一些小装饰物，如线条、圆形、灯笼等，来增加整体排版的灵动性。

**3. 创意性**

暂停广告是在消费者点击视频暂停之后所出现的广告，能够对消费者起到一种强制观看的作用，而具有创意性的广告页面更能吸引消费者的视线，以加深消费者对品牌的印象。对于本例来说，提升品牌形象是设计的目的，设计人员在具体的设计过程中可以通过展示品牌的IP形象来突出品牌的创意性。

## 8.4.2 暂停广告设计

慕课视频

暂停广告设计

本例主要为“绿嫲嫲”品牌制作发布在腾讯视频网站上的暂停广告，在设计时以品牌IP为主要形象，然后添加促销文字，以更好地展现广告内容。其具体操作如下。

（1）在Photoshop CC 2018中新建大小为400像素×300像素，分辨率为72像素/英寸，名称为“绿嫲嫲绿豆糕暂停广告”的图像文件。

（2）新建图层，设置“背景色”为“#d4262f”，按【Ctrl+Delete】组合键，填充背景色。打开“素材.png”素材文件（配套资源：\素材文件\第8章\素材.png），将其中的素材拖曳到图像编辑区中，调整其大小和位置，效果如图8-26所示。

（3）新建图层，选择“钢笔工具”，在图像的左下角绘制如图8-27所示的形状，并填充渐变颜色为“#e95a54~#ff927b”。

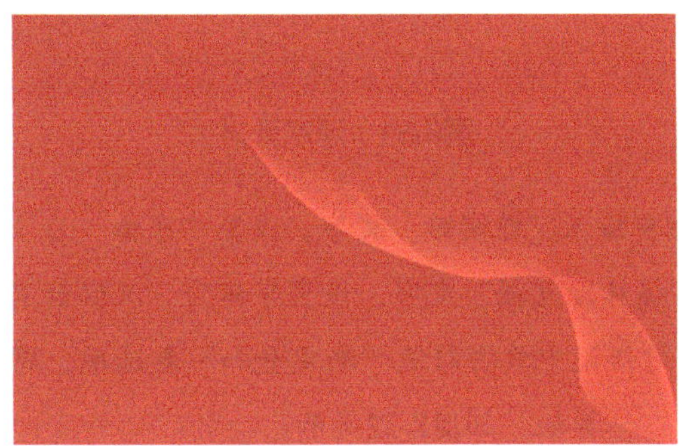

图8-26　添加素材

图8-27　绘制形状

（4）再次新建图层，选择“钢笔工具”，在图像左侧绘制如图8-28所示的两个形状，并分别填充“#f14148”“#d82933”颜色。

（5）打开“暂停背景.psd”素材文件（配套资源：\素材文件\第8章\暂停背景.psd），将其拖曳到图像编辑区，调整大小和位置，效果如图8-29所示。

图8-28　绘制形状

图8-29　添加暂停背景

（6）选择“矩形工具”，在图像的中间区域绘制“填充”为“#ffffff”，“描边”为“dab369”，描边宽度为“2像素”，大小为“344像素×183像素”的矩形，效果如图8-30所示。

（7）打开“暂停素材1.psd”素材文件（配套资源：\素材文件\第8章\暂停素材1.psd），将其拖曳到图像编辑区，并调整大小和位置，效果如图8-31所示。

图8-30 绘制矩形

图8-31 添加素材

（8）选择“横排文字工具”，在白色矩形中输入“绿嫲嫲”文字，设置“字体”为“黑体”，“文本颜色”为“#dab369”。继续输入“樟林绿豆糕”文字，设置字体为“汉仪长黑美简”，双击该文字图层，在打开的“图层样式”对话框中单击勾选“渐变叠加”复选框，将渐变颜色设置为“#a03132~#cc4c4d”，单击 确定 按钮，如图8-32所示。

（9）再次选择“横排文字工具”，在白色矩形中输入“新品买1送1”文本，设置字体为“Adobe 黑体 Std”，文本颜色为“#bf0800”，继续输入“五折钜惠 超级划算”文本，设置文本颜色为“#000000”，效果如图8-33所示。

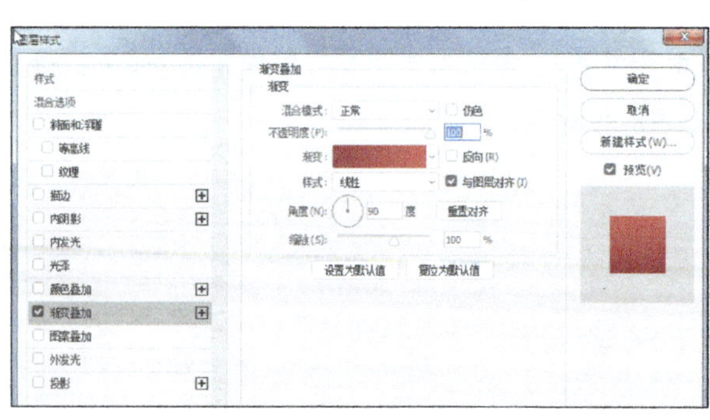

图8-32 设置渐变叠加参数

图8-33 输入文字

（10）选择“圆角矩形工具”，绘制2个填充颜色分别为“#bf0800”“#ffa500”，半径为“10像素”的圆角矩形，调整其大小，并将“五折钜惠”文本颜色修改为“#ffffff”，效果如图8-34所示。

（11）打开“暂停素材2.psd”素材文件（配套资源：\素材文件\第8章\暂停素材2.psd），将其拖曳到图像编辑区，调整大小和位置，效果如图8-35所示。完成后保存图像，查看完成后的效果（配套资源：\效果文件\第8章\绿嫲嫲绿豆糕暂停广告.psd）。

图8-34　绘制圆角矩形

图8-35　添加素材后的效果

## 8.5 设计“绿嫲嫲”社交类媒体广告

社交媒体时代是一种共享、协作、交互、开放的互联网新媒体时代，覆盖了消费者生活和工作的方方面面，对消费者的影响较大，这也让社交媒体广告呈现出一种非常好的发展趋势。对于“绿嫲嫲”品牌方来说，在社交平台进行广告投放是一种非常好的选择。下面将以H5广告为例，巩固社交媒体广告设计的相关知识。

### 8.5.1 H5广告的前期策划

慕课视频

H5广告的前期策划

在互联网社交媒体广告中，H5广告能为品牌带来较多的营销机会，因此H5广告也是品牌方进行广告投放的重点。设计人员同样可以从文案写作、设计要素以及创意性这3个方面来对H5广告进行前期策划，下面进行简单介绍。

#### 1. 文案写作

从广告内容上来看，本例广告的内容主要是一些简单的问答，因此其文案必须通俗易懂，让消费者能够快速地明白文案所表达的含义。同时，由于本例H5广告目的是宣传品牌，其内容主要是让将品牌的IP形象“绿嫲嫲”与消费者产生互动，因此文案语言上要具有感情色彩，如“真乖，没白疼你”“哼，白疼你了！”。

#### 2. 设计要素

H5广告有着非常丰富的展现形式，因此更需要对设计要素进行分析，让不同的展现方式得到更加充分的发挥。下面将从图像设计、文字设计、色彩设计和版式设计这4个方面对设计要素进行简单介绍。

- 图像设计。本例中的图像主要为动态图像。首先设计人员将调整背景素材的尺寸大小，然后再利用Photoshop软件中的钢笔工具绘制出背景图像，最后运用易企秀工具制作出

动态的图像效果。

- 文字设计。本例中H5广告的内容较少，因此需要在有限的文字信息中准确地传达出广告内容，并且文字的层级要分明。设计人员可以通过文字的大小、色彩对比来展现出文字的层级。
- 色彩设计。本例广告内容主要是宣传品牌，因此其色彩设计主要是以品牌色为主，即红色和黄色，然后搭配纯度较低的蓝色为辅助色，使画面有一种冷暖色的对比效果，使完成后的效果能够在第一时间抓住消费者的眼球，为品牌带来更多的浏览量和转发量。
- 版式设计。H5广告的排版必须要整洁、有条理，文字、图片、动画等内容合理分布，突出H5广告的主题与重点，使消费者能够在短时间内找到自己需要的信息，提高产品或品牌营销信息的传播效率。H5主要是在手机端进行观看，因此尽量采用上下构图的版式。

**3. 创意性**

H5广告能够同时展现图文、音频、视频等内容，为企业或品牌提供了新的营销方式。对于设计人员来说，H5广告更能充分发挥互联网广告的创意性作用，如可以以一种问答的方式来展示该品牌，让品牌与消费者进行互动，以展示出品牌互动化的创意视觉性。

## 8.5.2 H5广告设计

本例将为“绿嫲嫲”品牌进行H5广告设计，主要包括图像制作和动效制作两个部分，其具体操作如下。

慕课视频

使用Photoshop CC 2018制作图像效果

**1. 使用Photoshop CC 2018制作图像效果**

下面将讲解利用Photoshop CC 2018软件制作H5图像的具体操作方法。

（1）制作第1页。在Photoshop CC 2018中新建大小为640像素×1008像素，分辨率为72像素/英寸，名称为“H5广告第1页”的图像文件。

（2）新建图层，设置“背景色”为“#dcb930”，按【Ctrl+Delete】组合键，填充背景色。打开“H5背景.png”素材文件（配套资源：\素材文件\第8章\H5背景.png），将其中的背景素材拖曳到图像编辑区中，调整其大小和位置，效果如图8-36所示。

（3）选择“矩形工具”▣，在图像上方绘制两个填充颜色分别为“#ef524e”“#ffffff”，大小分别为“640像素×91像素”“640像素×31像素”的矩形。继续在图像下方绘制1个填充颜色为“#28346c”，大小为“640像素×143像素”的矩形，效果如图8-37所示。

（4）再次选择“矩形工具”▣，在工具属性栏中设置填充颜色为“#e7bdb5”，描边颜色为“#f9655c”，描边宽度为“1像素”的矩形，调整矩形的角度，并复制多个矩形。创建新组，将矩形拖进新组中，在图层面板中单击鼠标右键，在弹出的快捷菜单中选择“合并组”命令，继续单击鼠标右键，在弹出的快捷菜单中选择“创建剪贴蒙版”命令，将该步骤中的所有图层置入矩形中，效果如图8-38所示。

图8-36 添加素材　　图8-37 绘制矩形　　图8-38 绘制形状

（5）新建图层，选择“钢笔工具”，在图像左侧绘制如图8-39所示的形状，设置填充颜色为“#ef524e”，描边颜色为“#535353”，描边宽度为“1像素”。

（6）新建图层，使用相同的方法在形状上绘制描边颜色为“#535353”的线条，如图8-40所示，并取消填充颜色。

（7）在图层面板中将步骤（5）和步骤（6）所绘制的图层全部选中，按【Ctrl+G】组合键组成新组，并修改组的名称为“窗帘左”，然后将组合并操作。选中合并后的图层，按【Ctrl+J】组合键复制图层，将其拖曳到图像编辑区右侧，按【Ctrl+T】组合键，在其上单击鼠标右键，选择“水平翻转”选项，翻转形状，效果如图8-41所示。

图8-39 绘制形状　　图8-40 绘制线条　　图8-41 复制并翻转形状

（8）打开“H5素材1.psd”素材文件（配套资源：\素材文件\第8章\H5素材1.psd），将其中的素材分别拖曳到图像中，并调整其大小和位置。选择“椭圆工具”，设置填充颜色为“#deac3b”，描边颜色为“#ffffff”，描边宽度为“3像素”，在图像上方绘制5个大小为“40像素×40像素”的圆形，并在其中分别输入“樟林绿豆糕”白色文字，并将形状与文字图层合并，效果如图8-42所示。

（9）选择“横排文字工具”，输入“绿嫲嫲”文字，在工具属性栏中设置“字体”为“方正大黑_GBK”，“文本颜色”为“#ffffff”，调整文字大小和位置，并选择“创建文字变形”按钮，设置“弯曲”为“+14”，效果如图8-43所示。

（10）选择“横排文字工具”，输入“每天都很可爱的嫲嫲来了”文字，在工具属性栏中设置“字体”为“方正兰亭大黑_GBK”，“文本颜色”为“#cccaca”，并为其添加颜色为“#000000”，大小为“5像素”的描边。打开“横纹1.png”素材文件（配套资源：\素材文件\第8章\横纹1.png），将其中的素材拖曳到文字上方，并调整大小和位置，选择横纹素材所在图层，将其置入下方的文字中，效果如图8-44所示。

图8-42　绘制圆形并输入文本

图8-43　输入文本

图8-44　输入文本并添加素材

（11）再次输入“每天都很可爱的嫲嫲来了”文字，在工具属性栏中设置“字体”为“方正超粗黑_GBK”，“文本颜色”为“#ffffff”，调整文字位置，将步骤（10）和步骤（11）所制作的所有图层进行合并，效果如图8-45所示。

（12）选择“圆角矩形工具”，在工具属性栏中设置填充颜色为“#e72129”，描边颜色为“#313131”，描边宽度为“2像素”，在图像编辑区下方绘制半径为“20像素”的圆角矩形。打开“横纹2.png”素材文件（配套资源：\素材文件\第8章\横纹2.png），将其中的素材拖曳到圆角矩形上方，选择素材图层，将其置入下方的文字中，效果如图8-46所示。

（13）再次绘制相同大小的圆角矩形，并将其放于“横纹”图层的上方。选择“横排文字工具”，在工具属性栏中设置字体为“方正大黑_GBK”，文本颜色为“#ffffff”，在圆角矩形中输入“点击了解”文字，将步骤（12）制作的文字图层与步骤（13）所制作的圆角矩形图层合并。打开“H5素材2.psd”素材文件（配套资源：\素材文件\第8章\H5素材2.psd），将其中的素材分别拖曳到图像中，并调整大小和位置。完成后保存图像，查看完成后的效果，效果如图8-47所示（配套资源：\效果文件\第8章\H5广告第1页.psd）。

图8-45 输入文本

图8-46 绘制圆角矩形

图8-47 添加素材后的效果

（14）制作第2页。在Photoshop CC 2018中新建大小为640像素×1008像素，分辨率为72像素/英寸，名称为“H5广告第2页”的图像文件。

（15）新建图层，设置“背景色”为“#e5c029”，按【Ctrl+Delete】组合键，填充背景色。打开“Logo.jpg”素材文件（配套资源：\素材文件\第8章\Logo.jpg），将其中的素材拖曳图像中，并调整大小和位置。

（16）使用步骤（10）和步骤（11）的方法制作文本素材“NO.1觉得嬷嬷平时对你怎么样？”，并将图层合并，效果如图8-48所示。

（17）选择“圆角矩形工具”，在工具属性栏中设置填充颜色为“#ffffff”，描边颜色为“#313131”，描边宽度为“1像素”，半径为“10像素”，在图像编辑区绘制大小为“410像素×62像素”的圆角矩形，并在其中输入“A.好”文字，调整文字大小、颜色与位置。复制文字与圆角矩形图层，修改文字内容为“B.不好”，效果如图8-49所示。

（18）复制“A.好”文字图层和下方的圆角矩形图层，并将复制后的“A.好”文字颜色修改为“#7e7a7a”，圆角矩形颜色修改为“#bfbfbf”。使用同样的方法修改“B.不好”文字图层和下方的圆角矩形图层，将这4种效果图层分别合并，完成点击后效果的制作，效果如图8-50所示。完成后保存图像（配套资源：\效果文件\第8章\H5广告第2页.psd）。

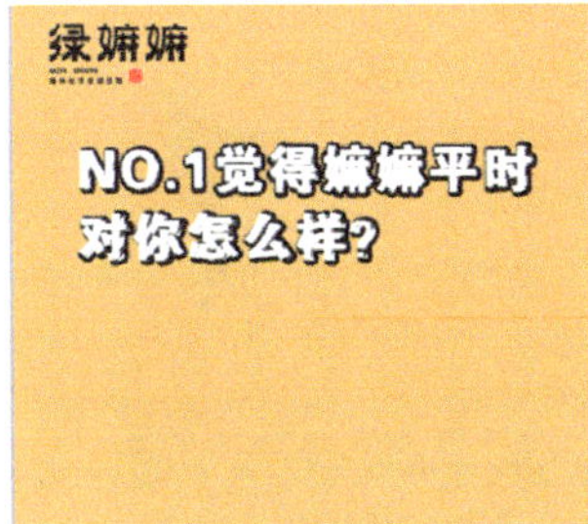

图8-48 输入文本

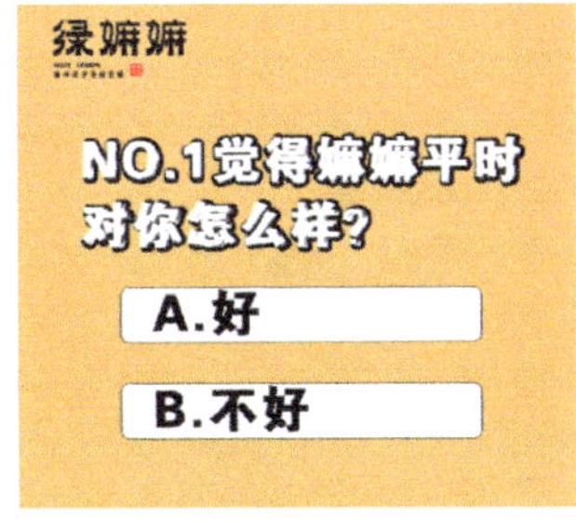

图8-49 绘制圆角矩形并输入文本

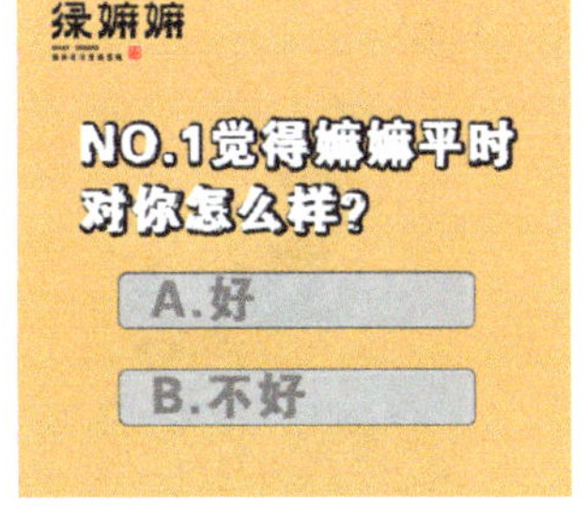

图8-50 修改文字颜色

（19）使用第2页的方法制作第3页，效果如图8-51所示。完成后保存图像（配套资源：\效果文件\第8章\H5广告第3页.psd）。

（20）制作第4页。在Photoshop CC 2018中新建大小为640像素×1008像素，分辨率为72像素/英寸，名称为“H5广告第4页”的图像文件。将“H5广告第1页.psd”效果文件中如图8-52所示的图层拖曳到新建图像中。

（21）新建图层，选择“钢笔工具”，在图像右侧绘制如图8-53所示的形状，并设置填充颜色为“#ffffff”。

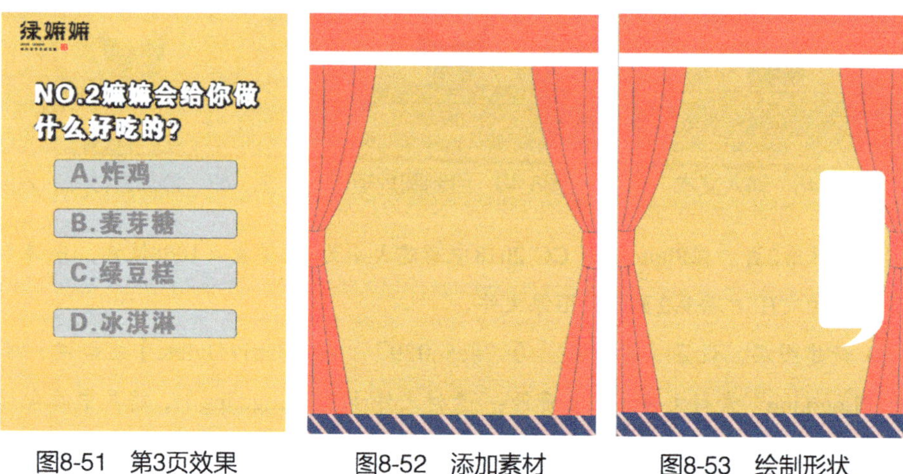


图8-51 第3页效果　图8-52 添加素材　图8-53 绘制形状

（22）打开“人物.psd”素材文件（配套资源：\素材文件\第8章\人物.psd），将其中的素材1拖曳到图像中，并调整大小和位置。选择“直排文字工具”，在形状中输入“真乖，没白疼你”文字，设置文本颜色为“#dcb930”，字体为“方正大黑_GBK”，在图像上方输入“樟林绿豆糕”文字，设置文本颜色为“#ffffff”，字体为“黑体”。继续使用相同的方法制作第5页和第6页，查看完成后的效果，如图8-54所示（配套资源：\效果文件\第8章\H5广告第4页.psd~H5广告第6页.psd）。

图8-54 查看完成后的效果

## 2. 使用易企秀工具制作H5广告

慕课视频
使用易企秀工具制作H5广告

H5广告的特点是动态的图像展示，能够给消费者很好的视觉享受，同时也能够进行一些简单的互动，因此本例还需要为H5广告制作动态效果。下面将使用易企秀工具制作H5动效，其具体操作如下。

（1）登录易企秀官方网站，在其中新建一个H5空白模板，并将“H5广告第1页.psd”图像文件（配套资源：\效果文件\第8章\H5广告第1页.psd）上传到页面中。

（2）为左侧窗帘添加“向右移入”进入动画，为右侧窗帘添加“向左移入”进入动画，如图8-55所示。

图8-55 为窗帘添加进入动画

（3）为上方的两个矩形添加“向下移入”进入动画。为下方的蓝色矩形添加“向上移入”进入动画；为上方除矩形外的所有图层都添加“中心放大”进入动画；为下方的红色矩形添加“放大抖动”强调动画；为“每天都很可爱的嫲嫲”图层与2个糕点素材装饰图层统一添加“悬摆”强调动画；为嫲嫲添加“闪烁”强调动画。

（4）单击页面右侧的+常规页按钮，建立第2个空白页面，选择下方的红色圆角矩形图层，为其添加跳转链接，并选择跳转到“第2页”，如图8-56所示。

（5）进入第2页，使用相同的方法将“H5广告第2页.psd”图像文件（配套资源：\效果文件\第8章\H5广告第2页.psd）上传到第2个空白页面中，为标题图层添加“淡入”进入动画，如图8-57所示。

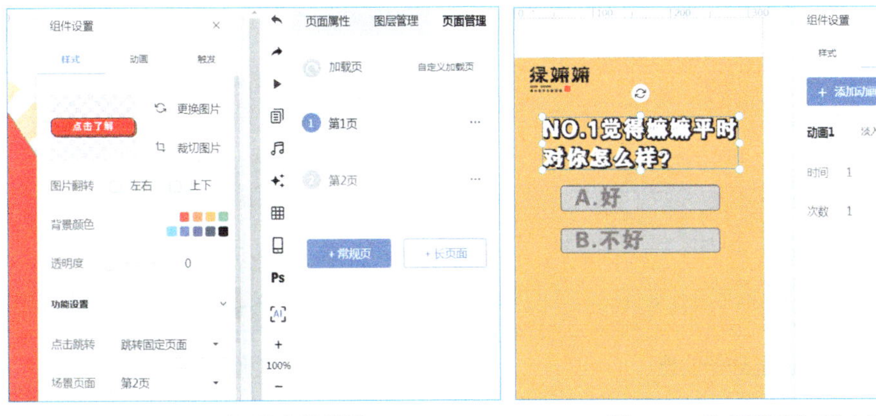


图8-56 设置跳转链接　　图8-57 为标题添加进入动画

（6）在右侧的“图层管理”栏中将“A点击后”图层和“B点击后”图层前的小眼睛关闭。

（7）选择“A”图层，在“组件设置”对话框，在其中选择“触发”选项，单击+添加触发按钮，选择触发条件为“点击触发”，选择“目标对象”为“A点击后”图层，单击显示按钮，如图8-58所示。使用相同的方法设置“B”图层的触发对象为“B点击后”图层，如图8-59所示。

图8-58　添加触发

图8-59　添加触发

（8）在页面上方单击“图片”按钮，打开“图片库”页面，单击本地上传按钮，打开“打开”对话框，选择文件“动图1.gif”（配套资源：\素材文件\第8章\动图1.gif），单击打开(O)按钮，返回“图片库”对话框，在其中单击上传成功的图片，返回页面编辑区调整动图位置，如图8-60所示。

（9）单击页面右侧的+常规页按钮，建立第3个空白页面，并将“H5广告第3页.psd”（配套资源：\效果文件\第8章\H5广告第3页.psd）上传到第3个空白页面中，为标题图层添加“淡入”进入动画。进入第3页，使用步骤（7）的方法为A、B、C、D图层添加“触发”效果。

（10）在第3页页面上方单击“图片”按钮，打开“图片库”对话框，单击本地上传按钮，打开“打开”对话框，选择“动图2.gif”图像文件（配套资源：\素材文件\第8章\动图2.gif），单击打开(O)按钮，返回“图片库”对话框，在其中选择上传成功的图片，回到页面编辑区调整动图位置，如图8-61所示。

图8-60　调整动图位置

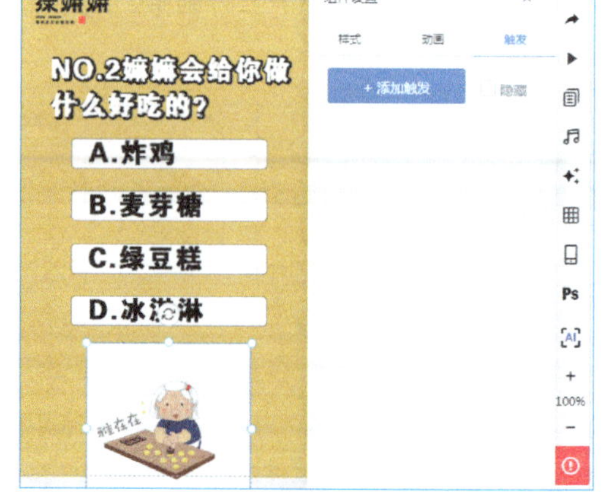

图8-61　再次调整动图位置

（11）单击页面右侧的+常规页按钮，新建第4个、第5个和第6个空白页面，并将“H5广告第4

页.psd” “H5广告第5页.psd” “H5广告第6页.psd”图像文件（配套资源：\效果文件\第8章\H5广告第4页.psd~H5广告第6页.psd）分别上传到空白页面中，统一为所有页面的标题添加“淡入”进入动画，并设置时间为“1.5”。在右侧“页面管理”中进入第4页页面，在页面上方单击“组件”按钮，并选择“跳转链接”选项，在组件设置中设置跳转的固定页面为“第2页”，按钮名称为“返回”，如图8-62所示。

图8-62　添加跳转链接组件

（12）使用相同的方法为第5页添加跳转按钮，并设置跳转页面为“第2页”。为第6页中添加跳转按钮，并选择跳转到“第3页”。

（13）在右侧“页面管理”中进入第2页页面，选择“A”图层，为其添加跳转链接，并选择跳转到“第4页”。继续选择“B”图层，为其添加跳转到链接，并选择跳转到“第5页”，如图8-63所示。

图8-63　添加跳转链接

（14）使用同样的方法为第3页中的“C”图层添加跳转链接，并选择跳转到“第6页”，完成后，单击页面右上角的发布按钮，如图8-64所示。

（15）打开预览对话框，将名称修改为“绿嫲嫲H5”，如图8-65所示。最终完成H5的制作，

并将其分享到微博、QQ等社交平台。

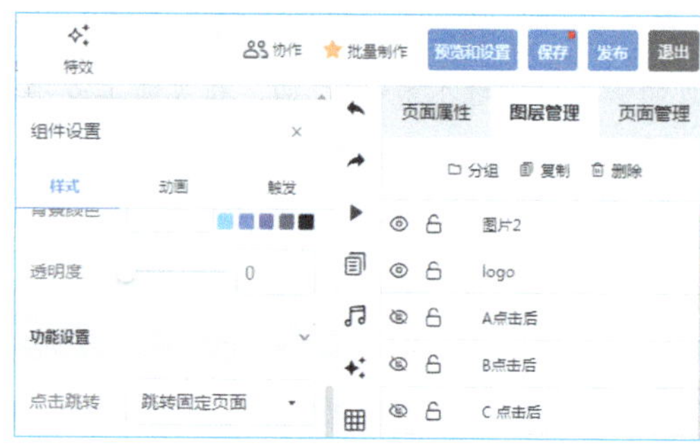


图8-64　发布H5效果

图8-65　修改H5名称

## 8.6 设计“绿嫲嫲”短视频App广告

随着短视频行业的不断发展，短视频广告的同质程度越来越高，而在互联网广告市场中，只有优质的内容，才是广告市场中的核心竞争力，才能取得良好的广告效果。下面先讲解短视频App广告中的前期策划，再设计并制作一个短视频App广告。

慕课视频

短视频App广告的前期策划

### 8.6.1 短视频App广告的前期策划

质量越高的短视频App广告，其点击率往往越高，消费者也更愿意去了解短视频App广告中的重点信息，而短视频的质量与广告的前期策划密不可分。设计人员可以从文案写作、设计要素以及创意性这3个方面来进行前期策划，下面分别进行介绍。

#### 1. 文案写作

从广告类型上来看，本例主要是制作一个短视频App广告。由于短视频App广告的主体是视频，文案则只是起到辅助的作用，文案字数太多会让消费者忽略了视频内容。从广告内容上来看，本例主要展示嫲嫲的生活，因此在进行文案写作时，语言就不需要特别严肃、正式，可以采用一些幽默的、生活化的用语，如“嫲嫲的美食VLOG”等，突出广告的内容与主题，以赢得消费者的好感。

#### 2. 设计要素

由于本例中短视频App广告的展现时间较短，不需要过于复杂的设计，因此更多的关注重点应该在视频本身。下面将对图像设计、色彩设计和版式设计进行简单介绍。

- 图像设计。本例主要通过剪映App中的短视频模板将图片、文案和配乐组合起来，呈现出最后的动态图像。
- 文字设计。本例的短视频App广告的整体风格比较幽默、可爱，因此其文字设计也应以可爱类的艺术体为主。
- 色彩设计。本例的短视频App广告是以美食为主，因此在色彩的选择上应选择较亮的色彩进行搭配，如黄色、白色等。

**3. 创意性**

在“内容为王”的营销时代，短视频App广告的内容质量才是视频的生存之本，大部分消费者会更愿意主动分享和传播一些有趣、轻松、有创意点的短视频，这种传播能为品牌带来可观的曝光量。此外，大多数广为传播的短视频App广告通常具备共同的特点，那就是具有故事性，因此一个优秀的短视频App广告一定要会讲故事，这也是广告的创意所在。本例讲述的是一个主要销售纯手工绿豆糕的老字号品牌的嫲嫲，其IP形象可爱、幽默，因此可以从这一个层面上来制作出具有创意性的视频广告，如可以通过讲述“嫲嫲的一天”小故事来展示绿豆糕纯手工的制作过程。

慕课视频

设计短视频App广告

## 8.6.2 设计短视频App广告

本例将先在剪映App中找一个视频模板，并更改视频中的内容，使广告内容更加吸引消费者，然后发布在抖音短视频App平台中，其具体操作如下。

（1）打开剪映App，进入软件的主界面，点击下方的“剪同款”按钮，打开剪映App的主页面，可看到有许多短视频模板与教程，如图8-66所示。

（2）在顶部的搜索框中输入“美食Vlog”，搜索相应的模板，如图8-67所示。

（3）找到合适的模板后，点击视频查看具体内容，在视频模板的播放页面中点击右下角的剪同款按钮，如图8-68所示。

图8-66 进入主界面

图8-67 选择视频模板

图8-68 查看视频模板

（4）进入选择素材的页面，在页面中选择需要的素材图片（配套资源：\素材文件\第8章\图片1.jpg~图片8.jpg），完成点击右下角的下一步按钮，如图8-69所示。

（5）进入编辑界面，在下方选择“文本编辑”选项，选择第1个图片模块，如图8-70所示。

（6）再次点击第1个模块，打开文本框，去文本框中修改文本为“嫲嫲的美食VLOG”，完成后点击完成按钮，如图8-71所示。

图8-69 导入素材

图8-70 选择第1个模块

图8-71 修改文本信息

（7）在视频编辑界面的下方选择第2个图片模块，使用前面相同的方法修改第2个图片模块的文字内容为“Top1”，修改第3个图片模块的文字内容为“晾晒”，修改第4个图片模块的文字内容为“洗净”，修改第5个图片模块的文字内容为“熬煮”，如图8-72所示。

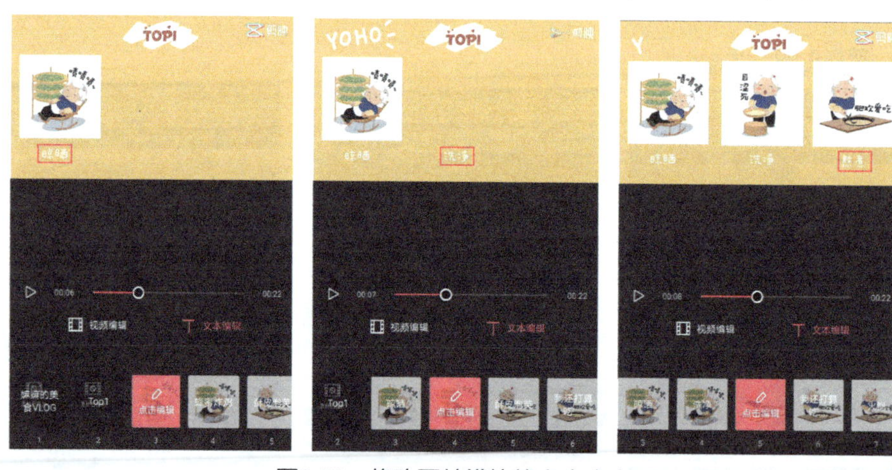

图8-72 修改图片模块的文字内容

（8）继续在视频编辑界面的下方选择第6个图片模块，并修改其中的文字内容为“先别划走，重点还在后面呢”；修改第7个图片模块的文字内容为“研磨”；修改第8个图片模块的文字内容为“揉面”；修改第9个图片模块的文字内容为“制作”；修改第10个图片模块的文字内容为“蒸制”；将第11个图片模块的文字内容删除，修改第11个图片模块的文字内容为“哈哈，你学会了吗”。点击右上角的导出按钮，如图8-73所示。

（9）打开“导出选择”对话框，在其中点击无水印保存并分享按钮，如图8-74所示。

（10）等导出完成后，继续在打开的页面中点击右上角的下一步按钮，如图8-75所示。

图8-73　输入字幕文字

图8-74　导出视频

图8-75　单击“下一步”按钮

（11）进入视频编辑页面，在下方点击“特效”按钮。进入特效编辑界面，在下方点击“转场”，在视频的开头点击“开场”转场样式，如图8-76所示，完成后点击上方的“保存”按钮保存。

（12）完成后返回视频编辑页面，在页面中点击右下角的下一步按钮，在发布页面中输入“嫲嫲喊你回家吃绿豆糕啦”标题，并带话题“绿豆糕”，完成后点击右下角的发布按钮，如图8-77所示。

（13）在“抖音短视频”App主界面的下方点击“我”选项，进入个人中心，点击“作品”选项即可查看最终效果（配套资源：\效果文件\第8章\美食Vlog短视频.mp4），如图8-78所示。

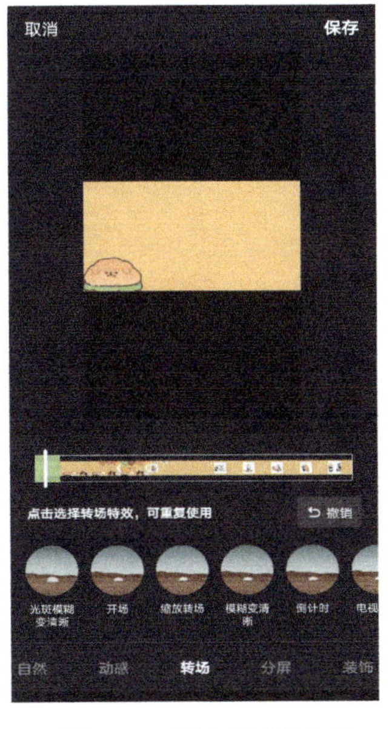

图8-76　添加转场样式

图8-77　输入视频标题并发布

图8-78　查看最终效果

## 思考与练习

1. 简述互联网广告项目设计中的要点。

2. 查找相关资料，了解互联网广告项目设计中还有哪些比较重要的步骤。

3. 本项目中的品牌为了继续扩大品牌影响力，提高商品销售量，选择了“中秋节”主题活动来进行广告营销。“中秋节”是一个传统节日，与“绿嫲嫲”老字号品牌的调性相符合，其商品绿豆糕也与“中秋节”的传统概念相关，因此比较适合本项目中的品牌进行营销活动。本练习将根据提供的素材文件（配套资源：\素材文件\第8章\练习素材.psd）制作互联网广告，其参考效果如图8-79所示（配套资源：\效果文件\第8章\练习\弹窗广告.psd、智钻广告.psd、H5广告.psd）。

图8-79　参考效果